中国非洲研究院文库 ———————— 新时代中国与非洲丛书

新时代
中非命运共同体构建

Build a China-Africa
Community with a Shared Future in the New Era

中国非洲研究院　主编

李新烽　谷亚平　等　著

社会科学文献出版社
SOCIAL SCIENCES ACADEMIC PRESS (CHINA)

"中国非洲研究院文库"
编委会名单

充分发挥智库作用　助力中非友好合作

——"中国非洲研究院文库"总序

当前，世界之变、时代之变、历史之变正以前所未有的方式展开。一方面，和平、发展、合作、共赢的历史潮流不可阻挡，人心所向、大势所趋决定了人类前途终归光明。另一方面，恃强凌弱、巧取豪夺、零和博弈等霸权霸道霸凌行径危害深重，和平赤字、发展赤字、安全赤字、治理赤字加重，人类社会面临前所未有的挑战。

作为世界上最大的发展中国家，中国始终是世界和平的建设者、国际秩序的维护者、全球发展的贡献者。非洲是发展中国家最集中的大陆，是维护世界和平、促进全球发展的重要力量之一。在世界又一次站在历史十字路口的关键时刻，中非双方比以往任何时候都更需要加强合作、共克时艰、携手前行，共同推动构建人类命运共同体。

中国和非洲都拥有悠久灿烂的古代文明，都曾走在世界文明的前列，是世界文明百花园的重要成员。中非双方虽相距万里，但文明交流互鉴的脚步从未停歇。进入 21 世纪，特别是中共十八大以来，中非文明交流互鉴迈入新阶段。中华文明和非洲文明都孕育和彰显出平等相待、相互尊重、和谐相处等重要理念，深化中非文明互鉴，增强对彼此历史和文明的理解认知，共同讲好中非友好合作故事，有利于为新时代中非友好合作行稳致远汲取历史养分、夯实思想根基。

中国式现代化，是中国共产党领导的社会主义现代化，既有各国现代化的共同特征，又有基于自己国情的中国特色。中国式现代化，深深植根于中华优秀传统文化，体现了科学社会主义的先进本质，借鉴吸收一切人类优秀文明成果，代表了人类文明进步的发展方向，展现了不同于西方现代化模式的新图景，是一种全新的人类文明形态。中国式现代化的新图景，为包括非洲国家在内的广大发展中国家发展提供了有益参考和借鉴。近年来，非洲在自主可持续发展、联合自强道路上取得了可喜进步，从西方人眼中"没有希望的大陆"变成了"充满希望的大陆"，成为"奔跑的雄狮"。非洲各国正在积极探索适合自身国情的发展道路，非洲人民正在为实现《2063 年议程》与和平繁荣的"非洲梦"而努力奋斗。中国坚定支持非洲国家探索符合自身国情的发展道路，愿与非洲人民共享中国式现代化机遇，在中国全面建设社会主义现代化国家新征程上，以中国的新发展为非洲和世界提供发展新机遇。

中国与非洲传统友谊源远流长，中非历来是命运共同体。中国高度重视发展中非关系，2013 年 3 月，习近平担任国家主席后首次出访就选择了非洲；2018 年 7 月，习近平连任国家主席后首次出访仍然选择了非洲；截至 2023 年 8 月，习近平主席先后 5 次踏上非洲大陆，访问坦桑尼亚、南非、塞内加尔等 8 国，向世界表明中国对中非传统友谊倍加珍惜，对非洲和中非关系高度重视。在 2018 年中非合作论坛北京峰会上，习近平主席指出："中非早已结成休戚与共的命运共同体。我们愿同非洲人民心往一处想、劲往一处使，共筑更加紧密的中非命运共同体，为推动构建人类命运共同体树立典范。"2021 年中非合作论坛第八届部长级会议上，习近平主席首次提出了"中非友好合作精神"，即"真诚友好、平等相待，互利共赢、共同发展，主持公道、捍卫正义，顺应时势、开放包容"。这是对中非友好合作丰富内涵的高度概括，是中非双方在争取民族独立和国家解放的历史进程中培育的宝贵财富，是中非双方在发展振兴和团结协作的伟大征程上形成的重要风范，体现了友好、平等、共赢、正义的鲜明特征，是新型国际关系的时代标杆。

　　随着中非合作蓬勃发展，国际社会对中非关系的关注度不断提高。一方面，震惊于中国在非洲影响力的快速上升；另一方面，忧虑于自身在非洲影响力的急速下降，西方国家不时泛起一些肆意抹黑、诋毁中非关系的奇谈怪论，如"新殖民主义论""资源争夺论""中国债务陷阱论"等，给中非关系的发展带来一定程度的干扰。在此背景下，学术界加强对非洲和中非关系的研究，及时推出相关研究成果，提升中非双方的国际话语权，展示中非务实合作的丰硕成果，客观积极地反映中非关系良好发展，向世界发出中国声音，显得日益紧迫和重要。

　　以习近平新时代中国特色社会主义思想为指导，中国社会科学院努力建设马克思主义理论阵地，发挥为党和国家决策服务的思想库作用，努力为构建中国特色哲学社会科学学科体系、学术体系、话语体系作出新的更大贡献，不断增强我国哲学社会科学的国际影响力。中国社会科学院西亚非洲研究所是遵照毛泽东主席指示成立的区域性研究机构，长期致力于非洲问题和中非关系研究，基础研究和应用研究双轮驱动，融合发展。

　　以西亚非洲研究所为主体、于 2019 年 4 月成立的中国非洲研究院，是习近平主席在中非合作论坛北京峰会上宣布的加强中非人文交流行动的重要举措。西亚非洲研究所及中国非洲研究院自成立以来，发表和出版了大量论文、研究报告和专著，为国家决策部门提供了大量咨询报告，在国内外的影响力不断扩大。遵照习近平主席致中国非洲研究院成立贺信精神，中国非洲研究院的宗旨是：汇聚中非学术智库资源，深化中非文明互鉴，加强中非治国理政和发展经验交流，为中非和中非同其他各方的合作集思广益、建言献策，为中非携手推进"一带一路"高质量发展、共同建设面向未来的中非全面战略合作伙伴关系、构筑更加紧密的中非命运共同体提供智力支持和人才支撑。

　　中国非洲研究院有四大功能：一是发挥交流平台作用，密切中非学术交往。办好三大讲坛、三大论坛、三大会议。三大讲坛包括"非洲讲坛""中国讲坛""大使讲坛"，三大论坛包括"非洲留学生论坛""中非学术翻译论坛""大航海时代与 21 世纪海上丝绸之路海峡两岸学术论坛"，三大会议包括"中非文明对话大会""《（新编）中国通史》和《非洲通史（多卷本）》比较研究国际研讨会""中国非洲研究年会"。二是发挥研究基地作用，聚焦共建"一带一路"。开展中非合作研究，对中非共同关注的重大问题和热点问题进行跟踪研究，定期发布研究课题及其成果。三是发挥人才高地作用，培养高端专业人才。开展学历学位教育，实施中非学者互访项目，扶持青年学者，培养高端专业人才。四是发挥传播窗口作用，讲好中非友好故事。办好中国非洲研究院微信公众号，办好中国非洲研究院中英文网站，创办多语种《中国非洲学刊》。

为贯彻落实习近平主席的贺信精神，更好汇聚中非学术智库资源，团结非洲学者，引领中国非洲研究队伍提高学术水平和创新能力，推动相关非洲学科融合发展，推出精品力作，同时重视加强学术道德建设，中国非洲研究院面向全国非洲研究学界，坚持立足中国，放眼世界，特设"中国非洲研究院文库"。"中国非洲研究院文库"坚持精品导向，由相关部门领导与专家学者组成的编辑委员会遴选非洲研究及中非关系研究的相关成果，并统一组织出版。文库下设五大系列丛书："学术著作"系列重在推动学科建设和学科发展，反映非洲发展问题、发展道路及中非合作等某一学科领域的系统性专题研究或国别研究成果；"学术译丛"系列主要把非洲学者以及其他方学者有关非洲问题研究的学术著作翻译成中文出版，特别注重全面反映非洲本土学者的学术水平、学术观点和对自身发展问题的认识；"智库报告"系列以中非关系为研究主线，中非各领域合作、国别双边关系及中国与其他国际角色在非洲的互动关系为支撑，客观、准确、翔实地反映中非合作的现状，为新时代中非关系顺利发展提供对策建议；"研究论丛"系列集结中国专家学者研究非洲国际关系和非洲政治、经济、安全、社会发展等方面的重大问题，形成的一批创新性学术研究成果，具有基础性、系统性和标志性的特点；"年鉴"系列是连续出版的资料性文献，分中英文两种版本，设有"重要文献""热点聚焦""专题特稿""研究综述""新书选介""学刊简介""学术机构""学术动态""数据统计""年度大事"等栏目，系统汇集每年度非洲研究的新观点、新动态、新成果。

　　在中国非洲研究院成立这一新的历史起点上，期待中国的非洲研究和非洲的中国研究凝聚国内研究力量，联合非洲各国专家学者，开拓进取，勇于创新，不断推进我国的非洲研究、非洲的中国研究以及中非关系研究，从而更好地服务于中非高质量共建"一带一路"，助力新时代中非友好合作全面深入发展，推动构建更加紧密的中非命运共同体。

中国非洲研究院

2023 年 9 月

习近平外交思想指引
新时代中国非洲研究

——"新时代中国与非洲丛书"总序

党的十八大以来，中国特色社会主义进入新时代，这是我国发展新的历史方位。经过新时代十年团结奋斗，中国完成了全面建成小康社会的历史任务，实现了第一个百年奋斗目标，迈上全面建设社会主义现代化国家新征程，向第二个百年奋斗目标进军。新时代十年的伟大变革，在党史、新中国史、改革开放史、社会主义发展史、中华民族发展史上具有里程碑意义。

与此同时，国际形势发生深刻复杂变化，当今世界处于大发展大变革大调整时期，正在经历百年未有之大变局。习近平总书记在党的二十大报告中指出："当前，世界之变、时代之变、历史之变正以前所未有的方式展开。一方面，和平、发展、合作、共赢的历史潮流不可阻挡，人心所向、大势所趋决定了人类的前途光明。另一方面，恃强凌弱、巧取豪夺、零和博弈等霸权霸道霸凌行径危害深重，和平赤字、发展赤字、安全赤字、治理赤字加重，人类社会面临前所未有的挑战。"

"世界怎么了？我们怎么办？"习近平总书记深刻思考人类命运前途，积极推进重大外交理论和实践创新，形成了习近平外交思想。习近平外交思

1

想是习近平新时代中国特色社会主义思想的重要组成部分，为新时代我国对外工作提供了根本遵循和行动指南。

新时代十年，我们全面推进中国特色大国外交，努力推动构建人类命运共同体和构建新型国际关系，积极发展全球伙伴关系，维护大国关系总体稳定，深化同周边国家外交，加强同发展中国家团结合作，形成全方位、多层次、立体化的外交总体布局。在中国外交总体布局中，非洲占有非常重要之地位。中国是世界上最大的发展中国家，非洲是发展中国家最集中的大陆，中非从来都是命运共同体。发展同非洲国家的团结合作是中国对外政策的重要基石，也是中国长期坚定的战略选择。

新时代十年，习近平主席高度重视中非关系，以元首外交引领中非关系行稳致远。2013 年 3 月，习近平就任国家主席后首次出访便选择了非洲，至今共四次踏上非洲大陆，足迹遍及非洲东西南北中。非洲国家领导人也纷纷来华访问或者出席国际会议。对此，习近平主席都予以热情接待，进行会谈或会见。习近平主席高度重视中非合作论坛工作，连续出席 2015 年约翰内斯堡峰会、2018 年北京峰会和 2021 年第八届部长级会议并发表重要演讲。新冠疫情发生后，习近平主席主持中非团结抗疫特别峰会，并通过视频、通话等方式与非洲领导人保持密切沟通。2022 年 11 月，坦桑尼亚总统萨米娅·哈桑访华，成为党的二十大后中方接待的首位非洲国家元首，充分体现了中坦关系的密切程度和中非关系在中国外交全局中的重要地位。

新时代十年，习近平主席基于对中非发展和世界大势的深刻认识和准确把握，就中非关系发展作出一系列重要论述，提出一系列新理念、新思想、新倡议，为中非友好合作全面深入发展指明了方向。习近平主席提出的"真实亲诚"政策理念和正确义利观，成为中国加强同包括非洲国家在内的广大发展中国家团结合作的重要理念和指导原则。习近平主席提出构建"责任共担、合作共赢、幸福共享、文化共兴、安全共筑、和谐共生"的新时代中非命运共同体，为推动构建人类命运共同体树立典范。习近平主席倡导中非高质量共建"一带一路"，助力中非实现共同发展，造福中非人民。习近平主席提出将中非关系提升为全面战略合作伙伴关系，明确了新时代中非关系的战略定位和方向。习近平主席还高度概括总结了中非友好合作精神，即"真诚友好、平等相待，互利共赢、共同发展，主持公道、捍卫正义，顺应时势、开放包容"，成为新时代中非关系继往开来的力量源泉。

新时代十年，是中非合作成果丰硕的十年。在中非双方共同努力下，中非合作实现跨越式发展，结出丰硕成果。中非政治互信持续深化，为中非合作保驾护航；中非经贸合作迅速发展，为中非关系注入强大动力；中非人文交流日益扩大，促进中非民心相通；中非安全合作稳步拓展，助力非洲实现和平稳定；中非国际合作不断增强，维护国际公平正义。其中，人文交流与合作是新时代中非合作的重要内容，是中非全面战略合作伙伴关系的重要组成部分，是中非命运共同体的重要支柱。近年来，中非在文化、教育、科技、卫生、媒体、智库、青年、妇女等方面的交流与合作日益扩大，取得积极成效，从而使中非关系的社会民意基础不断夯实巩固。

随着中非关系快速发展，中非双方都认识到智库在提供知识和智力支持方面的积极作用，中非智库交流与合作不断增强。2018 年 9 月 3 日，习近平主席在中非合作论坛北京峰会上宣布，"中国决定设立中国非洲研究院，同非方深化文明互鉴"。2019 年 4 月 9 日，中国非洲研究院正式成立，习近平主席专门致信祝贺，将中非智库交流与合作推向新阶段。

习近平主席在贺信中指出："希望中国非洲研究院汇聚中非学术智库资源，增进中非人民相互了解和友谊，为中非和中非同其他各方的合作集思广益、建言献策，为促进中非关系发展、构建人类命运共同体贡献力量！"习近平主席贺信为中国非洲研究院发展指明了方向，贺信精神是中国非洲研究院建院之本、强院之魂。

中国非洲研究院成立以来，认真学习领会习近平新时代中国特色社会主义思想，深入贯彻落实习近平主席贺信精神，紧紧围绕"四大功能"定位，全面扎实推进各项工作。中国非洲研究院设立"三大交流机制"，包括中非治国理政交流机制、中非可持续发展交流机制和中非共建"一带一路"交流机制，积极促进中非学术交流，加强交流平台建设。推出"中国非洲研究院文库"，出版学术专著、智库报告、学术译丛、研究论丛、中国非洲研究年鉴等系列学术研究成果，扎实推进国内非洲研究和中非联合研究，加强研究基地建设。创办"三大讲坛"，包括中国讲坛、非洲讲坛和大使讲坛，举办"中非文明对话大会"和"非洲留学生论坛"，精心打造知名品牌，加强传播窗口建设。深入学习贯彻习近平外交思想，紧密配合我国外交大局，组织"非洲大使中国行"等活动，同时加强应用对策研究，充分发挥高端智库功能。高度重视人才培养，加大力度培养致力于中非友好合作的"中国通"和"非洲通"，加强人才高地建设。设立中国非洲研究院国际顾问委员会，同时创新完善机制建设，汇聚学术智库资源。经过不懈努力，中国非洲研究院工作初见成效，在国内外的影响力逐步显现，引领中国非洲研究和汇聚中非学术智库资源的作用不断增强。

新时代，中国非洲研究院肩负着"为促进中非关系发展、构建人类命运共同体贡献力量"的重要使命。为加强新时代中非关系的研究，中国非洲研究院经过深入调研后决定设立"新时代中国与非洲"重点课题，并成立专门课题组，吸纳科研骨干力量，开展专题研究。该课题旨在深入研究新时代元首外交对中非关系的引领作用，系统阐述习近平主席关于中非关系的重要论述，深刻领悟习近平外交思想中关于中非关系的新思想、新理念、新倡议，全面总结新时代中非友好合作的重要成就及意义。

我们希望，通过该丛书，为加强新时代中国非洲研究，促进中非文明交流互鉴，增进中非人民相互了解和友谊，推动构建中非命运共同体和人类命运共同体贡献学术力量！

中国非洲研究院

2023 年 9 月

目　录

第一章　习近平论构建中非命运共同体

第一节　人类命运共同体的内涵

坚持推动构建人类命运共同体是习近平新时代中国特色社会主义思想的重要组成部分，也是中国特色大国外交的总目标。"人类命运共同体理念，顺应时代大势，反映了各国人民追求发展进步的共同愿望；超越国际关系中的零和博弈思维，树立命运与共的新视角、合作共赢的新理念，为人类社会共同发展、持续繁荣、长治久安绘制了蓝图。"① 当前，这一概念已经被写入党的十九大报告，载入党章和宪法，多次被写入联合国正式文件当中，可见这一概念的巨大影响力和感召力。自这一概念提出以来，习近平总书记在多个场合提到了人类命运共同体，并且根据国内国际形势的变化，对这一概念不断地进行丰富和创新。

通过整理、分析习近平总书记关于构建人类命运共同体的讲话，可以从以下几个方面来理解这一概念。

一　人类命运共同体理念提出的背景

2013 年 3 月，习近平就任国家主席后首次出访，在俄罗斯莫斯科国际关系学院发表演讲时提出了构建人类命运共同体的理念，"人类生活在同一

① 王灵桂：《推动构建人类命运共同体的行动指南——深入学习〈习近平外交思想学习纲要〉》，《光明日报》2021 年 10 月 29 日，第 11 版。

个地球村里，生活在历史和现实交汇的同一个时空里，越来越成为你中有我、我中有你的命运共同体"①。这一概念的提出，顺应和平、发展、合作、共赢的时代潮流，揭示了世界各国相互依存和人类命运紧密相连的客观现实和发展规律。② 2015 年 10 月，习近平主席在伦敦金融城进行演讲，提出"随着商品、资金、信息、人才的高度流动，无论近邻还是远交，无论大国还是小国，无论发达国家还是发展中国家，正日益形成利益交融、安危与共的利益共同体和命运共同体"③。基于对世界局势的判断，习近平总书记提出了"构建人类命运共同体"的理念。他在博鳌亚洲论坛 2018 年年会的主旨演讲中表示，"从顺应历史潮流、增进人类福祉出发，我提出推动构建人类命运共同体的倡议"④。在 2018 年 11 月同联合国秘书长古特雷斯会谈时，习近平主席说："我提出构建人类命运共同体，倡议共建'一带一路'，就是在反复思考世界各国应如何在千差万别的利益和诉求中实现共商共享、和而不同、合作共赢。"⑤ "世界上的问题错综复杂，解决问题的出路是维护和践行多边主义，推动构建人类命运共同体。"⑥ 可以说，习近平主席提出的命运共同体理念以及构建人类命运共同体倡议就是在对当前的国内国际形势作出正确研判之后，"站在人类历史发展进程的高度，着眼于推进民族复兴和世界和平与发展的崇高事业，以大国领袖的责任担当，深入思考'建设一个什么样的世界、如何建设这个世界'这个关乎人类前途命运的重大课

---

① 习近平：《顺应时代前进潮流，促进世界和平发展》，载《论坚持推动构建人类命运共同体》，中央文献出版社，2018，第 5 页。

② 《共同建设更加美好的世界（新时代的关键抉择）》，《人民日报》2021 年 11 月 9 日，第 1 版。

③ 习近平：《中国是一个负责任大国》，载《论坚持推动构建人类命运共同体》，中央文献出版社，2018，第 271 页。

④ 习近平：《开放共创繁荣，创新引领未来》，载《论坚持推动构建人类命运共同体》，中央文献出版社，2018，第 522 页。

⑤ 《习近平会见联合国秘书长古特雷斯》，中华人民共和国外交部网站，2018 年 12 月 1 日，https://www.mfa.gov.cn/web/zyxw/201812/t20181201_345538.shtml，最后访问日期：2021 年 11 月 30 日。

⑥ 习近平：《让多边主义的火炬照亮人类前行之路——在世界经济论坛"达沃斯议程"对话会上的特别致辞》，《人民日报》2021 年 1 月 26 日，第 2 版。

题"①，是针对全人类面临的共同挑战而提出的中国方案。

在实践中，人类携手抗击疫情的壮举更加彰显了构建人类命运共同体对世界和平与发展的重要性和紧迫性。疫情发生以来，习近平总书记在致其他受到疫情影响国家的慰问电中，无一例外地提到面对百年变局与世纪疫情带来的挑战，各方必须树立人类命运共同体意识，并且只有通过团结协作才能够取得胜利。2020 年 3 月 12 日，习近平主席在同古特雷斯通电话时指出，"新冠肺炎疫情的发生再次表明，人类是一个休戚与共的命运共同体"②；在致西班牙国王的慰问电中指出，"人类是命运共同体，唯有团结协作才能战胜这一公共卫生安全挑战。相信只要中西两国同国际社会共同努力，一定能够取得抗击疫情的最终胜利"③；在同比利时国王菲利普通电话时提到，"病毒没有国界，不分种族，是全人类面临的共同挑战，国际社会只有形成合力，才能战而胜之。中方秉持人类命运共同体理念，全面加强国际合作"④。针对新冠疫情在全球蔓延的严峻形势，习近平主席提出了"打造卫生健康共同体"⑤的解决方案，这是根据国际大形势提出的战略构想，一方面丰富了人类命运共同体的内涵，另一方面为当前全人类面临的最大的共同挑战——新冠疫情提出了应对方案。"在应对这场全球公共卫生危机的过程中，构建人类命运共同体的迫切性和重要性更加凸显。唯有团结协作、携手应对，国际社会才能

---

① 王公龙等：《构建人类命运共同体思想研究》，人民出版社，2019，第 58 页。

② 《习近平同联合国秘书长古特雷斯通电话》，新华网，2020 年 3 月 12 日，http：//www.xinhuanet.com/politics/leaders/2020-03/12/c_1125704243.htm，最后访问日期：2021 年 11 月 30 日。

③ 《习近平就西班牙发生新冠肺炎疫情向西班牙国王费利佩六世致慰问电》，新华网，2020 年 3 月 21 日，http：//www.xinhuanet.com/politics/2020-03/21/c_1125747947.htm，最后访问日期：2021 年 11 月 30 日。

④ 《习近平同比利时国王菲利普通电话》，新华网，2020 年 4 月 2 日，http：//www.xinhuanet.com/politics/leaders/2020-04/02/c_1125806601.htm，最后访问日期：2021 年 11 月 30 日。

⑤ 《习近平同法国总统马克龙通电话》，新华网，2020 年 3 月 24 日，http：//www.xinhuanet.com/politics/leaders/2020-03/24/c_1125757107.htm，最后访问日期：2021 年 11 月 30 日。

战胜疫情，维护人类共同家园。"① "我呼吁，让我们携起手来，共同佑护各国人民生命和健康，共同佑护人类共同的地球家园，共同构建人类卫生健康共同体！"② "无论是应对疫情，还是恢复经济，我们都要高举人类命运共同体旗帜，走团结合作、共同发展之路。"③

"人类命运共同体"是站在人类命运与人类解放的高度，在理论与实践的双重探索中寻求人类解放的一种方式。这种探索无论是对世界上各个国家、各种制度的自我完善和自我发展，还是对人类新型文明形态的创建都具有重大意义。构建人类命运共同体是习近平新时代中国特色社会主义思想的重要组成部分和中国特色大国外交的总目标，同时也是中国为解决当前世界所面临的共同问题而开出的一剂良方。2017 年 11 月，习近平主席在会见俄罗斯总统普京时表示，"中国外交的目标，就是要推动建设相互尊重、公平正义、合作共赢的新型国际关系，构建人类命运共同体"④。"中国将推动构建新型国际关系，推动构建人类命运共同体。这是中国特色社会主义理念的应有之义，是新时代中国外交追求的目标，也是世界各国共同努力的方向。"⑤

二 人类命运共同体的内涵

习近平总书记关于人类命运共同体的论述体现了人类命运共同体的丰富内涵和多维视角，可以从其本质含义，不同范畴的命运共同体，双边、周边

---

① 《习近平同哈萨克斯坦总统托卡耶夫通电话》，新华网，2020 年 3 月 24 日，http：//www. xinhuanet. com/politics/leaders/2020-03/24/c_ 1125762683. htm，最后访问日期：2021 年 11 月 30 日。

② 习近平：《团结合作战胜疫情　共同构建人类卫生健康共同体——在第 73 届世界卫生大会视频会议开幕式上的致辞》，《人民日报》2020 年 5 月 19 日，第 2 版。

③ 《习近平同阿根廷总统费尔南德斯通电话》，新华网，2020 年 9 月 29 日，http：//www. xinhuanet. com/politics/leaders/2020-09/29/c_ 1126559910. htm，最后访问日期：2021 年 11 月 30 日。

④ 《习近平会见俄罗斯总统普京》，新华网，2017 年 11 月 11 日，http：//m. xinhuanet. com/2017-11/11/c_1121938335. htm，最后访问日期：2021 年 11 月 30 日。

⑤ 《习近平集体会见北欧和波罗的海国家议长》，新华网，2018 年 1 月 10 日，http：//www. xinhuanet. com/politics/2018-01/10/c_1122240321. htm，最后访问日期：2021 年 11 月 30 日。

和区域命运共同体以及人类命运共同体几个维度来理解其内涵。

（一）人类命运共同体的本质含义

自人类命运共同体的概念提出以来，习近平总书记对其内涵进行了深刻的论述和阐释。2017 年 12 月，习近平总书记在中国共产党与世界政党高层对话会上指出，"人类命运共同体，顾名思义，就是每个民族、每个国家的前途命运都紧紧联系在一起，应该风雨同舟，荣辱与共，努力把我们生于斯、长于斯的这个星球建成一个和睦的大家庭，把世界各国人民对美好生活的向往变成现实"①。此外，从习近平总书记提到的涉及共同体以及人类命运共同体讲话的前置词中可以对人类命运共同体的内涵进行更加深入的理解。这些前置词主要有"携手共进""同舟共济""荣辱与共""守望相助""具有战略意义""平等互利""安危与共""合作共赢""休戚与共""安危共担""牢不可破""一荣俱荣""一损俱损""普遍安全""互惠互利""互尊互信""互帮互助""互学互鉴""开放包容""新时代""互联互通"等，这些定语使得人类命运共同体的内涵更加立体、丰富和全面。总而言之，人类命运共同体的含义就是坚持对话协商、共建共享、合作共赢、交流互鉴、绿色低碳，建设一个持久和平、普遍安全、共同繁荣、开放包容、清洁美丽的世界。在党的二十大报告当中，专门有一个章节来论述人类命运共同体。报告指出，当前，世界之变、时代之变、历史之变正以前所未有的方式打开，我们处在一个充满挑战和希望的时代，"中国始终坚持维护世界和平、促进共同发展的外交政策宗旨，致力于推动构建人类命运共同体"②。党的二十大报告还指出，构建人类命运共同体是各国人民前途所在，是天下之大道，也是中国式现代化的本质要求。"构建人类命运共同体是世界各国人民前途所在。万物并育而不相害，道并行而不相悖。只有各国行天下之大道，

---

① 习近平：《携手建设更加美好的世界——在中国共产党与世界政党高层对话会上的主旨讲话》，《人民日报》2017 年 12 月 2 日，第 2 版。

② 习近平：《高举中国特色社会主义伟大旗帜　为全面建设社会主义现代化国家而团结奋斗——在中国共产党第二十次全国代表大会上的报告》，人民出版社，2022，第 60 页。

和睦相处、合作共赢，繁荣才能持久，安全才有保障"①；"中国式现代化的本质要求是：坚持中国共产党领导，坚持中国特色社会主义，实现高质量发展，发展全过程人民民主，丰富人民精神世界，实现全体人民共同富裕，促进人与自然和谐共生，推动构建人类命运共同体，创造人类文明新形态"②。

（二）不同范畴的命运共同体

为解决人类面临的共同挑战和复杂难题，习近平总书记不断丰富构建人类命运共同体的理念内涵，提出了不同范畴的命运共同体。为加强全球互联网治理，习近平总书记提出"构建网络空间命运共同体"，"网络空间是人类共同的活动空间，网络空间前途命运应由世界各国共同掌握。各国应该加强沟通、扩大共识、深化合作，共同构建网络空间命运共同体"③。为抗击新冠疫情，习近平主席在向法国总统马克龙致慰问电时提出"打造人类健康卫生共同体"，"中方愿同法方共同推进疫情防控国际合作，支持联合国及世界卫生组织在完善全球公共卫生治理中发挥核心作用，打造人类卫生健康共同体"④。为应对全球气候挑战，习近平主席提出"构建人与自然生命共同体"，"面对全球环境治理前所未有的困难，国际社会要以前所未有的雄心和行动，勇于担当，勠力同心，共同构建人与自然生命共同体"⑤。为推动全球发展迈向平衡协调包容新阶段，习近平主席在第七十六届联合国大会一般性辩论上提出"构建全球发展共同体"。为保护地球生物多样性，习近平主席在《生物多样性公约》第十五次缔约方大会领导人峰会上的主旨讲话中提出"共建地球生命共同体"。为解决全球发展问题，习近平主席

---

① 习近平：《高举中国特色社会主义伟大旗帜　为全面建设社会主义现代化国家而团结奋斗——在中国共产党第二十次全国代表大会上的报告》，人民出版社，2022，第62页。

② 习近平：《高举中国特色社会主义伟大旗帜　为全面建设社会主义现代化国家而团结奋斗——在中国共产党第二十次全国代表大会上的报告》，人民出版社，2022，第23~24页。

③ 《习近平就共同构建网络空间命运共同体提出5点主张》，人民网，2015年12月16日，http://politics.people.com.cn/n1/2015/1216/c1024-27936719.html，最后访问日期：2021年11月11日。

④ 《习近平向法国总统马克龙致慰问电》，《人民日报》2020年3月22日，第1版。

⑤ 习近平：《共同构建人与自然生命共同体——在"领导人气候峰会"上的讲话》，《人民日报》2021年4月23日，第2版。

提出"构建全球发展命运共同体"。为促进全球可持续发展，习近平主席在第二届联合国全球可持续交通大会开幕式上提出"构建全球发展命运共同体"①。为加强同其他国家和地区的务实合作，习近平主席提出了"利益共同体"，"我们要全面加强务实合作，将政治关系优势、地缘毗邻优势、经济互补优势转化为务实合作优势、持续增长优势，打造互利共赢的利益共同体"②。为促进与沙特的能源合作，习近平主席提出了"中沙能源合作共同体"③。2020 年 11 月 10 日，习近平主席在上海合作组织成员国理事会第二十次会议上提出了"卫生健康共同体"、"安全共同体"、"发展共同体"和"人文共同体"，"加强抗疫合作，构建卫生健康共同体……维护安全和稳定，构建安全共同体……深化务实合作，构建发展共同体……促进民心相通，构建人文共同体"④。这些概念的提出丰富了人类命运共同体的内涵，也使得人类命运共同体的概念更加具体。特别是疫情发生以来，习近平主席提出的"人类卫生健康共同体"和"全球发展命运共同体"正是统筹疫情防控和经济社会发展的中国理念的世界表达，也是人类命运共同体在疫情下的生动写照。

（三）双边、周边和区域命运共同体

大道之行，天下为公。人类命运共同体汇聚着世界各国对和平、发展、繁荣向往的最大公约数。在国家层面，中国正在与越来越多的友好伙伴构建起双边命运共同体。在地区层面，打造周边命运共同体是构建人类命运共同体的重要路径。为了促进中国和世界其他国家和地区之间的关系发展，构建人类命运共同体，习近平主席还提出了区域命运共同体。

习近平主席提出推动构建中国与其他国家之间的双边命运共同体。2015

① 习近平：《与世界相交　与时代相通　在可持续发展道路上阔步前行——在第二届联合国全球可持续交通大会开幕式上的主旨讲话》，《人民日报》2021 年 10 月 15 日，第 2 版。

② 《习近平在纳扎尔巴耶夫大学的演讲（全文）》，新华网，2013 年 9 月 8 日，http://www.xinhuanet.com/world/2013-09/08/c_117273079_2.htm，最后访问日期：2021 年 11 月 30 日。

③ 习近平：《做共同发展的好伙伴》，刊载于沙特《利雅得报》2016 年 1 月 18 日，《人民日报》2016 年 1 月 19 日，第 1 版。

④ 习近平：《弘扬"上海精神"　深化团结协作　构建更加紧密的命运共同体》，《人民日报》2020 年 11 月 11 日，第 2 版。

年 4 月，习近平主席在巴基斯坦议会发表演讲，提出了构建"中巴命运共同体"①。2016 年 10 月，习近平主席同柬埔寨首相洪森举行会谈，双方一致决定继续做"高度互信的好朋友、肝胆相照的好伙伴、休戚相关的命运共同体"②。2016 年 1 月 28 日，习近平主席在致阮富仲再次当选越南共产党中央总书记的贺电中提出"中越两国是社会主义友好邻邦，是具有战略意义的命运共同体"③。2016 年 1 月 22 日，习近平主席在致本扬当选老挝人民革命党中央总书记的贺电中提出"打造牢不可破的中老命运共同体"④。2016 年 3 月 21 日，习近平主席在会见尼泊尔总理奥利时提到"切实打造中尼命运共同体"⑤。

　　针对中国与世界其他区域之间的合作与发展，习近平主席站在构建人类命运共同体的高度，提出"打造周边命运共同体"，"要切实抓好周边外交工作，打造周边命运共同体，秉持亲诚惠容的周边外交理念，坚持与邻为善、以邻为伴，坚持睦邻、安邻、富邻，深化同周边国家的互利合作和互联互通"⑥。习近平主席在博鳌亚洲论坛 2015 年年会上指出，"通过迈向亚洲命运共同体，推动建设人类命运共同体"⑦，构建周边命运共同体是构建人类命运共同体的必经阶段。习近平主席提出的周边命运共同体包括以下四种："中国—东盟

① 《习近平在巴基斯坦议会的演讲（全文）》，新华网，2015 年 4 月 21 日，http://www.xinhuanet.com/world/2015-04/21/c_1115044392.htm，最后访问日期：2021 年 11 月 30 日。
② 《习近平同柬埔寨首相洪森举行会谈》，新华网，2016 年 10 月 14 日，http://www.xinhuanet.com/politics/2016-10/14/c_1119713919.htm，最后访问日期：2021 年 11 月 30 日。
③ 《习近平致电祝贺阮富仲当选越共中央总书记》，新华网，2021 年 1 月 31 日，http://www.xinhuanet.com/politics/leaders/2021-01/31/c_1127047277.htm，最后访问日期：2021 年 11 月 30 日。
④ 《习近平致电祝贺本扬当选老挝人民革命党中央总书记》，中国政府网，2016 年 1 月 22 日，http://www.gov.cn/xinwen/2016-01/22/content_5035423.htm，最后访问日期：2021 年 11 月 30 日。
⑤ 《习近平会见尼泊尔总理奥利》，外交部网站，2016 年 3 月 21 日，https://www.fmprc.gov.cn/web/gjhdq_676201/gj_676203/yz_676205/1206_676812/xgxw_676818/201603/t20160321_7990694.shtml，最后访问日期：2021 年 11 月 30 日。
⑥ 《习近平出席中央外事工作会议并发表重要讲话》，新华网，2014 年 11 月 29 日，http://www.xinhuanet.com//politics/2014-11/29/c_1113457723.htm，最后访问日期：2021 年 11 月 19 日。
⑦ 习近平：《迈向命运共同体　开创亚洲新未来——在博鳌亚洲论坛 2015 年年会上的主旨演讲》，《人民日报》2015 年 3 月 29 日，第 2 版。

命运共同体"，"将推动'一带一路'倡议同东盟发展战略深入对接，打造更高水平的中国—东盟战略伙伴关系，迈向更为紧密的中国—东盟命运共同体，为亚太地区实现联动发展和共同繁荣注入新动力"①；"中国—中亚命运共同体"，"中国愿同中亚国家乘势而上，并肩奋斗，携手构建更加紧密的中国—中亚命运共同体"②；"亚洲命运共同体"，"面对风云变幻的国际和地区形势，我们要把握世界大势，跟上时代潮流，共同营造对亚洲、对世界都更为有利的地区秩序，通过迈向亚洲命运共同体，推动建设人类命运共同体"③；"上海合作组织命运共同体"，"我们要继续在'上海精神'指引下，同舟共济，精诚合作，齐心协力构建上海合作组织命运共同体，推动建设新型国际关系，携手迈向持久和平、普遍安全、共同繁荣、开放包容、清洁美丽的世界"④。

习近平主席提出的区域命运共同体包括以下三种："中阿命运共同体"，"让我们发扬丝路精神，一步一个脚印朝着目标前行，为实现中阿两大民族伟大复兴、推动建设中阿利益和命运共同体而不懈努力"⑤；"中拉命运共同体"，"中拉关系全面快速发展，得益于双方对世界发展潮流认知更加一致，对中拉关系发展前景信心更加坚定，对互为发展机遇共识更加清晰，对构建中拉命运共同体愿望更加强烈"⑥；"中非命运共同体"，"我们愿同非洲人民心往一处想、劲往一处使，共筑更加紧密的中非命运共同体，为推动构建人类命运共同体树立典范"⑦。

---

① 杜尚泽、俞懿春、丁林：《习近平出席亚太经合组织领导人与东盟领导人对话会》，《人民日报》2017年11月11日，第3版。

② 习近平：《携手共命运 一起向未来——在中国同中亚五国建交30周年视频峰会上的讲话》，《人民日报》2022年1月26日，第2版。

③ 习近平：《迈向命运共同体 开创亚洲新未来——在博鳌亚洲论坛2015年年会上的主旨演讲》，《人民日报》2015年3月29日，第2版。

④ 习近平：《弘扬"上海精神" 构建命运共同体——在上海合作组织成员国元首理事会第十八次会议上的讲话》，《人民日报》2018年6月11日，第3版。

⑤ 习近平：《携手推进新时代中阿战略伙伴关系——在中阿合作论坛第八届部长级会议开幕式上的讲话》，《人民日报》2018年7月11日，第2版。

⑥ 习近平：《共同谱写中拉全面合作伙伴关系新篇章——在中国—拉共体论坛首届部长级会议开幕式上的致辞》，《人民日报》2015年1月9日，第2版。

⑦ 习近平：《携手共命运 同心促发展——在二〇一八年中非合作论坛北京峰会开幕式上的主旨讲话》，《人民日报》2018年9月4日，第2版。

双边命运共同体、周边命运共同体和区域命运共同体的提出加强了中国同周边、世界其他区域和国家之间的紧密关系，为构建人类命运共同体奠定了基础。

（四）人类命运共同体意识

构建人类命运共同体的根本落脚点还是在人身上，各国和各国人民树立命运共同体意识是构建人类命运共同体的坚实保障。习近平总书记在不同场合多次提及了人类命运共同体意识："各国要树立命运共同体意识，真正认清'一荣俱荣、一损俱损'的连带效应，在竞争中合作，在合作中共赢"[1]；"让命运共同体意识在两国人民心中落地生根"[2]；"我们要牢固树立亚太命运共同体意识，以自身发展带动他人发展，以协调联动最大限度发挥各自优势，传导正能量，形成各经济体良性互动、协调发展的格局"[3]；"我们应该倡导人类命运共同体意识，在追求本国利益时兼顾他国合理关切，在谋求本国发展中促进各国共同发展，建立更加平等均衡的新型全球发展伙伴关系"[4]。

三　构建人类命运共同体的路径

构建人类命运共同体是一项系统工程，关键在行动。关于构建人类命运共同体的路径，习近平主席提出了富有远见卓识的可行方案。

（一）"一带一路"是构建人类命运共同体的重要平台

2013 年秋天，习近平主席在出访哈萨克斯坦和印度尼西亚时，分别提出了建设"丝绸之路经济带"和"21 世纪海上丝绸之路"，它们是构建人类命运共同体的重要实践平台。2019 年 4 月，习近平主席在第二届"一带一路"

---

① 习近平：《共同维护和发展开放型世界经济——在二十国集团领导人峰会第一阶段会议上关于世界经济形势的发言》，《人民日报》2013 年 9 月 6 日，第 2 版。

② 习近平：《续写千年胞波情谊的崭新篇章》，2020 年 1 月 16 日在缅甸《缅甸之光》《镜报》《缅甸环球新光报》同时发表的署名文章，《人民日报》2020 年 1 月 17 日，第 1 版。

③ 习近平：《深化改革开放　共创美好亚太——在亚太经合组织工商领导人峰会上的演讲》，《人民日报》2013 年 10 月 8 日，第 3 版。

④ 习近平：《弘扬传统友好　共谱合作新篇——在巴西国会的演讲》，《人民日报》2014 年 7 月 18 日，第 3 版。

国际合作高峰论坛记者会上表示，"共建'一带一路'合作取得的早期收获，为各国和世界经济增长开辟了更多空间，为加强国际合作打造了平台，为构建人类命运共同体作出了新贡献"①。迄今已有 141 个国家和 32 个国际组织加入"一带一路"大家庭，亚洲基础设施投资银行成员数量超过 100 个。②

（二）五位一体的总体布局

2015 年 9 月，习近平主席出席第七十届联合国大会一般性辩论并发表重要讲话，提出建立平等相待、互商互谅的伙伴关系，营造公道正义、共建共享的安全格局，谋求开放创新、包容互惠的发展前景，促进和而不同、兼收并蓄的文明交流，构筑尊崇自然、绿色发展的生态体系，形成"五位一体"打造人类命运共同体的总布局和总路径。③ 2018 年 4 月 8 日，习近平主席在会见联合国秘书长古特雷斯时指出，"中国正在统筹推进经济、政治、文化、社会、生态文明建设'五位一体'总体布局，这五方面也是构建人类命运共同体的主要内容"④。

（三）寻求各方利益的最大公约数

各方进行合作的前提是具有共同的利益，只有建立在共同利益基础上的命运共同体才能稳固和长久。习近平主席将寻求各方利益的最大公约数、构建各方利益共同体作为构建人类命运共同体的重要方面，他关于人类命运共同体的讲话经常把命运共同体和利益共同体放在一起进行论述。例如，习近平主席在 2014 年 3 月中法建交 50 周年纪念大会上指出，"中方愿意同法方一道，牢固树立利益共同体意识，寻找更多利益契合点，深化经济合

① 习近平：《在第二届"一带一路"国际合作高峰论坛记者会上的讲话》，《人民日报》2019 年 4 月 28 日，第 2 版。

② 《共同建设更加美好的世界（新时代的关键抉择）》，《人民日报》2021 年 11 月 9 日，第 1 版。

③ 《共同建设更加美好的世界（新时代的关键抉择）》，《人民日报》2021 年 11 月 9 日，第 1 版。

④ 《习近平会见联合国秘书长古特雷斯》，新华网，2018 年 4 月 8 日，http://www.xinhuanet.com/politics/2018-04/08/c_1122651110.htm，最后访问日期：2021 年 11 月 30 日。

作"①；2014 年 3 月 31 日，在会见欧盟委员会主席巴罗佐时强调，"在经济全球化时代，中欧是利益高度交融的命运共同体"②；2016 年 6 月，在上海合作组织成员国元首理事会第十六次会议上的讲话中提到，"上海合作组织不断加强利益融合，形成了你中有我、我中有你的利益共同体"③；2014 年 7 月，在韩国国立首尔大学演讲时指出，"构建开放融合发展格局，共同打造利益共同体"④；2015 年 3 月，在会见哈萨克斯坦总理马西莫夫时指出，"打造中哈利益和命运共同体"⑤；2015 年 5 月，在白俄罗斯影响最大的报纸《苏维埃白俄罗斯报》发表署名文章时指出，"双方应该对接战略构想，打造利益和命运共同体"⑥。打造利益和命运共同体是加强同各国关系的重要基础和目的。

（四）切实将构建人类命运共同体的理念落到实处

构建人类命运共同体不仅仅是一个概念和倡议，还必须通过各种计划和行动来实现。例如，2019 年 4 月，《中国共产党和老挝人民革命党关于构建中老命运共同体行动计划》在北京签署，这是中老双方首次在双边层面签署的命运共同体的合作文件。2019 年 4 月，中柬构建命运共同体行动计划在北京签署。2021 年 11 月，在达喀尔召开的中非合作论坛第八届部长级会议上，习近平主席在致辞中提到了对非合作的九项工程，将对非合作的各项政策理念落地，实实在在造福非洲各国人民。

---

① 《习近平在中法建交 50 周年纪念大会上的讲话（全文）》，新华网，2014 年 3 月 28 日，http：//www.xinhuanet.com/world/2014-03/28/c_119982956_2.htm，最后访问日期：2021 年 11 月 30 日。

② 杜尚泽、吴刚、张杰：《习近平会见欧盟委员会主席巴罗佐》，《人民日报》2014 年 4 月 1 日，第 1 版。

③ 习近平：《弘扬上海精神 巩固团结互信 全面深化上海合作组织合作——在上海合作组织成员国元首理事会第十六次会议上的讲话》，《人民日报》2016 年 6 月 25 日，第 3 版。

④ 习近平：《共创中韩合作未来 同襄亚洲振兴繁荣——在韩国国立首尔大学的演讲》，《人民日报》2014 年 7 月 5 日，第 2 版。

⑤ 李伟红、张铎：《习近平会见哈萨克斯坦总理马西莫夫》，《人民日报》2015 年 3 月 28 日，第 1 版。

⑥ 习近平：《让中白友好合作的乐章激越昂扬》，刊载于白俄罗斯《苏维埃白俄罗斯报》2015 年 5 月 8 日，《人民日报》2015 年 5 月 9 日，第 1 版。

中国自身为了构建人类命运共同体也做出了实实在在的努力。人类命运共同体是中国向世界贡献的公共产品，中国必须以身作则，以自身行动来推动构建人类命运共同体。世界和平安全以及完善的全球治理体系是构建人类命运共同体的坚实保障，中国在这两方面作出了积极贡献。习近平总书记在致第八届香山论坛的贺信中提到，"中国坚持共同、综合、合作、可持续的新安全观，愿以更加开放的姿态与各国同心协力，以合作促发展、以合作促安全，推动构建人类命运共同体"①；在中央政治局第二十六次集体学习时指出，"推动树立共同、综合、合作、可持续的全球安全观，加强国际安全合作，完善全球安全治理体系，共同构建普遍安全的人类命运共同体"②。此外，中国还致力于通过坚持对外开放来促进构建人类命运共同体。习近平总书记表示，"我们要站在历史正确的一边，坚持深化改革、扩大开放，加强科技领域开放合作，推动建设开放型世界经济，推动构建人类命运共同体"③。同时，在脱贫领域，中国积极履行自己的国际责任，积极向广大发展中国家分享经验。"我们积极开展国际减贫合作，履行减贫国际责任，为发展中国家提供力所能及的帮助，做世界减贫事业的有力推动者。纵览古今、环顾全球，没有哪一个国家能在这么短的时间内实现几亿人脱贫，这个成绩属于中国，也属于世界，为推动构建人类命运共同体贡献了中国力量！"④

（五）促进多元主体参与到构建人类命运共同体当中

人类命运共同体是全人类的命运共同体，需要各个主体参与到这一伟大倡议的建设过程当中。一方面是发挥国际组织的作用。习近平主席重视国际组织在构建人类命运共同体中的作用，诸如联合国、世界卫生组织、国际货

① 《习近平向第八届北京香山论坛致贺信》，《人民日报》2018 年 10 月 26 日，第 1 版。
② 《习近平在中央政治局第二十六次集体学习时强调　坚持系统思维构建大安全格局　为建设社会主义现代化国家提供坚强保障》，新华网，2020 年 12 月 12 日，http：//www.xinhuanet.com/politics/leaders/2020-12/12/c_1126852702.htm，最后访问日期：2021 年 11 月 30 日。
③ 习近平：《在企业家座谈会上的讲话》，《人民日报》2020 年 7 月 22 日，第 2 版。
④ 习近平：《在全国脱贫攻坚总结表彰大会上的讲话》，《人民日报》2021 年 2 月 26 日，第 2 版。

币基金组织、欧盟、二十国集团、金砖国家组织等。2019 年 3 月，在中法全球治理论坛闭幕式上，习近平主席指出，"我们要继续高举联合国这面多边主义旗帜，充分发挥世界贸易组织、国际货币基金组织、世界银行、二十国集团、欧盟等全球和区域多边机制的建设性作用，共同推动构建人类命运共同体"①；"推动构建人类命运共同体，需要一个强有力的联合国，需要改革和建设全球治理体系"②；"联合国教科文组织作为全球最大的智力合作组织，可以为构建人类命运共同体发挥重要作用"③。同时，习近平主席也提到了金砖国家组织在构建人类命运共同体过程中的重要作用。"金砖国家要顺应历史大势，把握发展机遇，合力克服挑战，为构建新型国际关系、构建人类命运共同体发挥建设性作用。"④ 此外，习近平主席也多次提到世界卫生组织在抗击此次新冠疫情、构建人类卫生健康共同体过程中所发挥的重要作用。2021 年 1 月，习近平主席在世界经济论坛"达沃斯议程"对话会上的特别致辞中指出，"我们要发挥世界卫生组织作用，构建人类卫生健康共同体"⑤；2021 年 1 月，习近平主席在同多米尼克总理斯凯里特通电话时指出，"中多双方要坚定支持世卫组织发挥应有作用，共同推动构建人类卫生健康共同体"⑥。

另一方面是充分发挥发展中国家在构建人类命运共同体中的作用。中国作为最大的发展中国家，愿意同广大发展中国家共享发展的成果与机遇，共同构建人类命运共同体。需要指出的是，共建"一带一路"的国家大多是发展中国家，从"一带一路"中受益最多的也是发展中国家。习近平主席

---

① 习近平：《为建设更加美好的地球家园贡献智慧和力量——在中法全球治理论坛闭幕式上的讲话》，《人民日报》2019 年 3 月 27 日，第 3 版。

② 习近平：《在中华人民共和国恢复联合国合法席位 50 周年纪念会议上的讲话》，《人民日报》2021 年 10 月 26 日，第 2 版。

③ 李伟红、王远、王迪、谢环驰：《习近平会见联合国教科文组织总干事阿祖莱》，《人民日报》2018 年 7 月 17 日，第 1 版。

④ 习近平：《顺应时代潮流 实现共同发展——在金砖国家工商论坛上的讲话》，《人民日报》2018 年 7 月 26 日，第 2 版。

⑤ 习近平：《让多边主义的火炬照亮人类前行之路——在世界经济论坛"达沃斯议程"对话会上的特别致辞》，《人民日报》2021 年 1 月 26 日，第 2 版。

⑥ 《习近平同多米尼克总理斯凯里特通电话》，《人民日报》2021 年 1 月 26 日，第 1 版。

多次强调发展中国家在构建人类命运共同体中的重要作用。2021 年 1 月，习近平主席在同玻利维亚总统阿尔塞通电话时指出，"双方要密切在联合国等多边框架内协作，共同维护发展中国家正当权益，推动构建人类命运共同体"①；2021 年 8 月，习近平主席在向新冠疫苗合作国际论坛首次会议发表的书面致辞中提到，"中国始终秉持人类卫生健康共同体理念，向世界特别是广大发展中国家提供疫苗，积极开展合作生产"②；2021 年 8 月，习近平主席在同厄瓜多尔总统拉索通电话时提到，"中方愿同厄方加强多边事务沟通协调，维护国际公平正义和发展中国家正当权益，推动构建人类命运共同体"③。

（六）发挥构建人类命运共同体的典范作用

习近平主席强调打造人类命运共同体的典范，为其他地区和国家提供参考和经验，从而促进构建全人类命运共同体。从相关论述来看，习近平主席提到的人类命运共同体的典范有："中巴命运共同体"，"我们要加强战略协调，深化务实合作，携手共谋发展，将中巴命运共同体打造成为中国同周边国家构建命运共同体的典范"④；"中国—东盟命运共同体"，"建设更为紧密的中国—东盟命运共同体，使之成为亚洲命运共同体的典范"⑤，"中国—东盟关系成为亚太区域合作中最为成功和最具活力的典范，成为推动构建人类命运共同体的生动例证"⑥；"中柬命运共同体"，2020 年 11 月 6 日，习近平主席在为柬埔寨太后莫尼列颁授中华人民共和国友谊勋章的仪式上指出，"中柬建交 62 年来，双方始终相互支持、相互帮助，结下牢不可破的

---

① 《习近平同玻利维亚总统阿尔塞通电话》，《人民日报》2021 年 1 月 29 日，第 1 版。
② 《习近平向新冠疫苗合作国际论坛首次会议发表书面致辞》，《人民日报》2021 年 8 月 6 日，第 1 版。
③ 《习近平同厄瓜多尔总统拉索通电话》，新华网，2021 年 8 月 30 日，http：//www.news.cn/politics/leaders/2021-08/30/c_1127809013.htm，最后访问日期：2021 年 11 月 30 日。
④ 习近平：《中巴人民友谊万岁》，刊载于巴基斯坦《战斗报》和《每日新闻报》2015 年 4 月 19 日，《人民日报》2015 年 4 月 20 日，第 1 版。
⑤ 《习近平就东盟成立 50 周年向东盟轮值主席国菲律宾总统杜特尔特致贺电》，《人民日报》2017 年 8 月 9 日，第 1 版。
⑥ 习近平：《在第十七届中国—东盟博览会和中国—东盟商务与投资峰会开幕式上的致辞》，《人民日报》2020 年 11 月 28 日，第 2 版。

'铁杆'友情,成为具有战略意义的命运共同体;"中俄命运共同体","当前,中俄全面战略协作伙伴关系处于历史最好水平,为构建相互尊重、公平正义、合作共赢的新型国际关系和人类命运共同体树立了典范";"中埃命运共同体","中方高度重视发展中埃关系,愿同埃方携手努力,深化各领域务实合作,把中埃关系打造成构建中阿和中非命运共同体的先行先试样板";"中塔命运共同体","建交 30 年来,中塔关系实现跨越式发展,达到历史最好水平。特别是近年来,两国率先构建发展共同体和安全共同体,树立了共建人类命运共同体的典范"。星星之火,可以燎原。以上提到的人类命运共同体的典范基本上覆盖了世界上的各大区域,这些地区典范必能有力地推动构建人类命运共同体。

(七)通过文明交流互鉴促进构建人类命运共同体

文明交流互鉴为构建人类命运共同体奠定了民意和社会基础,是推动构建人类命运共同体的积极力量。2018 年 10 月,习近平主席在向太湖世界文化论坛第五届年会的贺信中指出,"文明因交流而多彩,文明因互鉴而丰富。我们愿同国际社会一道,推动不同文明相互尊重、和谐共处,让文明互学互鉴成为推动构建人类命运共同体的积极力量,携手分享发展机遇、应对共同挑战,建设更加美好的世界"[①]。2019 年 1 月,习近平主席在"中国—老挝旅游年"的贺词中提到,"希望双方以举办旅游年为契机,扩大人员往来,加强文化交流,为构建中老命运共同体培育更为深厚的民意和社会基础"[②]。2019 年 5 月,习近平主席在亚洲文明对话大会开幕式的主旨演讲中指出,"文明因多样而交流,因交流而互鉴,因互鉴而发展。我们要加强世界上不同国家、不同民族、不同文化的交流互鉴,夯实共建亚洲命运共同体、人类命运共同体的人文基础"[③]。同时,习近平主席还强调加强同共建

---

① 《习近平向太湖世界文化论坛第五届年会致贺信》,《人民日报》2018 年 10 月 19 日,第 1 版。

② 《习近平向 2019 年"中国—老挝旅游年"致贺词》,《人民日报》2019 年 1 月 26 日,第 1 版。

③ 习近平:《深化文明交流互鉴 共建亚洲命运共同体——在亚洲文明对话大会开幕式上的主旨演讲》,《人民日报》2019 年 5 月 16 日,第 2 版。

"一带一路"国家以及不同文明之间的文化交流，共同推动构建人类命运共同体。例如，习近平主席在敦煌研究院座谈时提到，"在共建'一带一路'过程中，我们要积极传播中华文化，加强同沿线国家的文化交流，增进民心相通，共同构建亚洲命运共同体、人类命运共同体，共同创造更多更优秀的人类文明成果"①。2019 年 11 月，习近平主席在希腊《每日报》发表的文章中提到，"中希应该挖掘古老文明的深邃智慧，展现文明古国的历史担当，共同推动构建相互尊重、公平正义、合作共赢的新型国际关系，共同推动构建人类命运共同体"②。总之，文明交流互鉴是推动构建人类命运共同体的重要力量，不同文明要加强对话沟通交流，促进民心相通，寻求不同文明之间的相同相似之处，从而为构建人类命运共同体奠定坚实的基础。

第二节　中非命运共同体的内涵

中非命运共同体是构建人类命运共同体的重要组成部分，习近平总书记关于中非命运共同体有很多论述，可以从以下几个方面对习近平总书记的相关论述进行分析和总结。

一　中非命运共同体提出的背景

2013 年 3 月，习近平主席在坦桑尼亚的尼雷尔会议中心发表演讲时表示，"中非从来都是命运共同体，共同的历史遭遇、共同的发展任务、共同的战略利益把我们紧紧联系在一起"③，这是对中非关系的特性与本质的定位和概括，其中"中非从来都是命运共同体"是构建中非命运共同体所具有的历史基础。2013 年 7 月，习近平主席在同尼日利亚总统乔纳森举行会

① 习近平：《在敦煌研究院座谈时的讲话》，《求是》2020 年第 3 期，第 7 页。
② 习近平：《让古老文明的智慧照鉴未来》，刊载于希腊《每日报》2019 年 11 月 10 日，《人民日报》2019 年 11 月 11 日，第 1 版。
③ 习近平：《永远做可靠朋友和真诚伙伴——在坦桑尼亚尼雷尔国际会议中心的演讲》，《人民日报》2013 年 3 月 26 日，第 2 版。

谈时表示，"非洲有着光明的发展前景，中非是休戚与共的命运共同体，中国需要非洲，非洲也需要中国"①。2018 年 7 月，习近平主席在对塞内加尔共和国进行国事访问前夕，在《太阳报》发表题为《中国和塞内加尔团结一致》的署名文章，指出"中国同包括塞内加尔在内的广大非洲国家从来都是休戚与共的命运共同体，有着相同的历史遭遇，面临共同的发展任务，怀揣对美好生活的共同追求。我们应该携起手来构建更加紧密的中非命运共同体，实现共同发展、共同繁荣"②。2018 年 9 月，习近平主席在中非合作论坛北京峰会发表主旨演讲时指出，"中国是世界上最大的发展中国家，非洲是发展中国家最集中的大陆，中非早已结成休戚与共的命运共同体。我们愿同非洲人民心往一处想、劲往一处使，共筑更加紧密的中非命运共同体，为推动构建人类命运共同体树立典范"③。可以说，中国和非洲历来是休戚与共的利益共同体和命运共同体，加强同非洲国家的团结合作是中方长期坚定的战略选择，相似的历史遭遇和共同的发展任务将双方紧紧地联系在一起，为构建中非命运共同体奠定了基础。

在新冠疫情发生后，中非之间的合作更为必要和紧迫。"当前形势下，中国和非洲比以往任何时候都更需要命运与共、团结抗疫、共克时艰。中方将继续同非洲兄弟姐妹坚定站在一起。双方应支持联合国和世卫组织在协调国际抗疫合作中发挥积极作用。中方愿同非方一道，构建更加紧密的中非命运共同体。"④ 2020 年 6 月，习近平主席在中非团结抗疫特别峰会上提出，"中方将继续全力支持非方抗疫行动，抓紧落实我在世界卫生大会开幕式上

---

① 《习近平和尼日利亚总统乔纳森举行会谈》，新华网，2013 年 7 月 10 日，http：//www.xinhuanet.com//politics/2013-07/10/c_116486371_2.htm，最后访问日期：2021 年 11月 30 日。

② 习近平：《中国和塞内加尔团结一致》，刊载于塞内加尔《太阳报》2018 年 7 月 20 日，《人民日报》2018 年 7 月 21 日，第 1 版。

③ 习近平：《携手共命运 同心促发展——在二〇一八年中非合作论坛北京峰会开幕式上的主旨讲话》，《人民日报》2018 年 9 月 4 日，第 2 版。

④ 《习近平同南非总统拉马福萨通电话》，中华人民共和国外交部网站，2020 年 5 月 15 日，https：//www.fmprc.gov.cn/zyxw/202005/t20200515_348198.shtml，最后访问日期：2021 年 11月 30 日。

宣布的举措，继续向非洲国家提供物资援助、派遣医疗专家组、协助非方来华采购抗疫物资。中方将提前于年内开工建设非洲疾控中心总部，同非方一道实施好中非合作论坛框架内'健康卫生行动'，加快中非友好医院建设和中非对口医院合作，共同打造中非卫生健康共同体。中方承诺，新冠疫苗研发完成并投入使用后，愿率先惠及非洲国家"①；"无论国际形势如何变化，无论个别势力如何干扰，中非合作共赢、共同发展的初心不会改变，中非携手构建更加紧密的命运共同体的决心不会动摇。"②

从根本上说，构建中非命运共同体的基础是中非双方共同的利益需求。2018 年 7 月，习近平主席在同塞内加尔总统萨勒举行会谈时指出，"中国的发展将给非洲带来更多机遇，非洲的发展也将为中国发展增添动力"③；2020 年 2 月，习近平主席在致非洲联盟第 33 届首脑会议的贺电中指出，"面对世界百年未有之大变局，共筑更加紧密的中非命运共同体，符合中非人民共同利益"④；2014 年 5 月，习近平主席在致第三届中非民间论坛的贺信中指出，"中国和非洲国家是休戚与共的命运共同体。真诚友好、互相尊重、平等互利、共同发展是中非关系的本质特征……中国致力于推动全方位和互利共赢的中非合作，始终遵循'真、实、亲、诚'的理念，秉持正确义利观"⑤。此外，构建中非命运共同体的根本目的在于增进中非双方人民的福祉，让双方人民感受到中非友好带来的切切实实的好处。"中非友好合作有助于增进 24 亿人民的福祉。"⑥ "中国历来支持非洲国家维护自身独立、和平、稳定和发展的努力。中国和非洲历来是休戚与共的命运共同体。发展

① 习近平：《团结抗疫 共克时艰——在中非团结抗疫特别峰会上的主旨讲话》，《人民日报》2020 年 6 月 18 日，第 2 版。

② 汪晓东、刘军国、庞兴雷：《习近平主持中非领导人会晤》，《人民日报》2019 年 6 月 29 日，第 2 版。

③ 《习近平同塞内加尔总统萨勒举行会谈 两国元首一致同意携手努力推动开创中塞关系更加美好的明天》，中华人民共和国外交部网站，2018 年 7 月 22 日，https://www.fmprc.gov.cn/web/zyxw/201807/t20180722_344324.shtml，最后访问日期：2021 年 11 月 30 日。

④ 《习近平向非洲联盟第 33 届首脑会议致贺电》，《人民日报》2020 年 2 月 10 日，第 1 版。

⑤ 《习近平向第三届中非民间论坛致贺信》，《人民日报》2014 年 5 月 13 日，第 1 版。

⑥ 《习近平致信祝贺 2015 中非媒体领袖峰会召开》，《人民日报》2015 年 12 月 2 日，第 1 版。

同非洲国家的友好合作关系始终是中国外交政策的基石。作为最大的发展中国家和发展中国家最集中的大陆，中国和非洲的发展互为机遇，加强中非合作符合双方根本利益。"① "中国和非洲历来是休戚与共的命运共同体，是合作共赢的利益共同体。中非传统友好深得人心，发展同非洲国家的团结合作始终是中国对外政策基石。"②

二　中非命运共同体的内涵

2018 年 9 月，习近平主席在中非合作论坛北京峰会上进行了题为《携手共命运　同心促发展》的主旨讲话，提出"我们愿同非洲人民心往一处想、劲往一处使，共筑更加紧密的中非命运共同体，为推动构建人类命运共同体树立典范"。同时，习近平主席提出同非洲携手打造"责任共担""合作共赢""幸福共享""文化共兴""安全共筑""和谐共生"的中非命运共同体，并分别对这六大内涵进行了阐释。具体来说，"责任共担"就是加强中非之间的政治对话和沟通，加强双方在涉及彼此核心利益和重大关切问题上的相互理解和支持，同时加强双方在国际和地区问题上的合作，共同维护中国、非洲国家和广大发展中国家的利益；"合作共赢"就是要加强中非双方的战略对接，并且和联合国的可持续发展议程结合起来，开拓新的合作空间，发掘新的合作潜力；"幸福共享"是指中非关系发展的根本目的是增进中非的民生福祉，让中非合作的成果能切实惠及双方人民；"文化共兴"就是要加强中非文明的交流互鉴和交融共存，为中非合作提供深厚的精神滋养；"安全共筑"指的是中国坚定支持非洲国家和非洲联盟等地区组织以非洲方式解决非洲问题，支持非洲落实"消弭枪声的非洲"倡议，为促进非洲和平稳定发挥建设性作用，支持非洲国家提升自主维稳和维和的能力；"和谐共生"指的是中国愿意同非洲一道，倡导绿色、低碳、循环、可持续

---

① 赵明昊、饶爱民：《习近平同赤道几内亚总统奥比昂举行会谈》，《人民日报》2015 年 4 月 29 日，第 1 版。

② 赵明昊、黄敬文：《习近平同利比里亚总统瑟利夫会谈》，《人民日报》2015 年 11 月 4 日，第 1 版。

的发展方式，共同保护绿水青山和万物生灵，加强同非洲在应对气候变化、应用清洁能源、防控荒漠化等生态环保领域的交流合作。此外，2021 年 11 月国务院新闻办公室发布的《新时代的中非合作》白皮书指出，"中非双方就携手打造'责任共担、合作共赢、幸福共享、文化共兴、安全共筑、和谐共生'的中非命运共同体达成战略共识。这是中非命运共同体基本纲领，是中非双方共同奋斗的宏伟目标，为新时代中非合作规划了路径"①，该白皮书进一步肯定了这六大内涵在发展中非关系中的核心地位。这六大内涵是中非命运共同体的本质所在，是全面理解中非命运共同体的依据。中非命运共同体六大内涵之间属于"六位一体"的关系，各个部分相互联系又相互支撑。

2021 年 11 月，在中非合作论坛第八届部长级会议的开幕式上，习近平主席发表了题为《同舟共济，继往开来，携手构建新时代中非命运共同体》②的主旨演讲，对中非命运共同体的内涵进行了丰富和发展；在构建新时代中非命运共同体的历史起点上，习近平主席提出了中非合作的四点主张，分别是"坚持团结抗疫""深化务实合作""推进绿色发展""维护公平正义"，以及中非合作的九项工程，分别是卫生健康工程、减贫惠农工程、贸易促进工程、投资驱动工程、数字创新工程、绿色发展工程、能力建设工程、人文交流工程、和平安全工程。这是中非为了配合《中非合作2035 年愿景》而做出的首个三年规划，其中九项工程的提出为未来三年的中非合作提供了指引。同时，习近平主席还总结了中非友好合作精神，那就是"真诚友好、平等相待，互利共赢、共同发展，主持公道、捍卫正义，顺应时势、开放包容"。此外，中国也将在对非合作中继续秉承真实亲诚理念和正确义利观。这是对中非命运共同体在新时代背景下做出的最新阐释。

外交是内政的延续，中国提出的构建中非命运共同体的外交战略就是建

---

①　《新时代的中非合作》，中国政府网，2021 年 11 月 26 日，http：//www.gov.cn/zhengce/2021-11/26/content_5653540.htm，最后访问日期：2022 年 3 月 25 日。

②　习近平：《同舟共济，继往开来，携手构建新时代中非命运共同体——在中非合作论坛第八届部长级会议开幕式上的主旨演讲》，《人民日报》2021 年 11 月 30 日，第 2 版。

立在中国的发展理念和发展实践之上的，就是要将中国的发展经验、智慧和成果同非洲国家、人民共享，欢迎非洲搭乘中国发展的快车。习近平主席提出的人类命运共同体具有包容性，"中非命运共同体作为人类命运共同体的组成部分，欢迎中非各国参与到命运共同体的建构之中，无论成员国处于哪一个发展阶段，采取哪一种社会制度，信仰哪一种文化和宗教，都可以为了中非之间的共同发展前途同呼吸、共命运"[①]。新时代中非命运共同体是对以往中非关系的继承，同时又是结合当前国际国内形势的新发展和新变化对中非关系作出的正确判断。对新时代中非命运共同体的理解，离不开对习近平新时代中国特色社会主义思想的理解，离不开对习近平经济思想、习近平生态文明思想、习近平外交思想、总体国家安全观等重要思想理论的把握。可以说，构建中非命运共同体正是习近平新时代中国特色社会主义思想在中非关系领域的生动体现。

三 构建中非命运共同体的路径

关于构建中非命运共同体的路径，习近平总书记也提出了切实可行的方案。

（一）形成了具有特色的中非合作精神

在 2018 年 9 月中非合作论坛北京峰会上，习近平主席指出，中非双方基于相似遭遇和共同使命，在过去的岁月里同心同向、守望相助，走出了一条特色鲜明的合作共赢之路。在这条道路上，中国始终秉持真实亲诚和正确的义利观，始终在对非合作中坚持"真诚友好、平等相待，义利相兼、以义为先，发展为民、务实高效，开放包容、兼收并蓄"的原则。同时，中国始终尊重非洲国家走符合自身情况的发展道路。"中方将秉持真实亲诚的对非工作方针和正确义利观，支持非洲国家提高自我发展能力，推动中非新型战略伙伴关系更好惠及双方人民。中非应该紧密携起手来，为推动构建以

---

① 曹亚雄、孟颖：《"一带一路"倡议与中非命运共同体建构》，《陕西师范大学学报》（哲学社会科学版）2019 年第 3 期，第 57 页。

合作共赢为核心的新型国际关系、促进国际秩序和国际体系朝着更加公正合理的方向发展，作出新的更大贡献。"①

（二）以切实行动构建中非命运共同体

从约翰内斯堡峰会上提出的"十大合作计划"，到北京峰会上提出的"八大行动"，再到达喀尔会议上的"九项工程"，这些都是构建中非命运共同体落到实处的保障。习近平主席指出，"我们致力于落实中非合作论坛成果，共筑更加紧密的中非命运共同体"②。"十大合作计划"分别是中非工业化合作计划、中非农业现代化合作计划、中非基础设施合作计划、中非金融合作计划、中非绿色发展合作计划、中非贸易和投资便利化合作计划、中非减贫惠民合作计划、中非公共卫生合作计划、中非人文合作计划、中非和平与安全合作计划；"八大行动"分别是"产业促进行动""设施联通行动""贸易便利行动""绿色发展行动""能力建设行动""健康卫生行动""人文交流行动""和平安全行动"；"九项工程"分别是"卫生健康工程""减贫惠农工程""贸易促进工程""投资驱动工程""数字创新工程""绿色发展工程""能力建设工程""人文交流工程""和平安全工程"。可以看出，以上这些举措既保证了中非合作的持续性，又能根据新的形势做出创新调整，以实际行动促进构建中非命运共同体。例如，习近平主席在达喀尔会议上提出了数字创新工程，这是以前的计划中没有提过的，是根据中非之间的实际情况而做出的调整，以适应时代的变化。同时，为了保证计划的顺利实施，中国还提供了相应的资金支持，例如，在2015年和2018年的中非合作论坛致辞中，习近平主席均提出向非洲提供600亿美元的支持；而2021年的致辞中，习近平主席将资金支持方面的内容更加细化和精准化，落实到了每一项具体的工程当中。同时，2021年的《中非合作论坛——达喀尔行动计划（2022—2024年）》对每一项合作工程提出了三年内具体的量化目标，

---

① 李伟红、刘卫兵：《习近平会见喀麦隆总理菲勒蒙》，《人民日报》2015年6月20日，第1版。

② 习近平：《携手努力共谱合作新篇章——在金砖国家领导人巴西利亚会晤公开会议上的讲话》，《人民日报》2019年11月15日，第2版。

使得中非合作的成果落地生根，更加惠及双方人民。最后，"一带一路"作为构建中非命运共同体的实践平台，几乎所有中非合作论坛的非方国家都参与到了这一伟大倡议之中。

（三）充分利用中非合作论坛的平台

中非合作论坛为促进中非双方合作、构建中非命运共同体提供了平台，三年一次的部长级会议已经形成了机制，保证了中非合作在各个方面的延续性。"20 年来，在中非双方共同努力下，中非合作论坛已成为中非开展集体对话的重要、活跃平台和务实合作的有效机制，也是南南合作的一面重要旗帜。"① 自 2000 年中非合作论坛成立以来，每届论坛在会议结束之后都会出台相关的宣言和行动计划，将中非合作落到实处。特别是 2021 年的中非合作论坛达喀尔会议之后，除了宣言和行动计划，中非双方还发布了《中非合作 2035 年愿景》以及《中非应对气候变化合作宣言》，为双方共同构建中非命运共同体指明了方向，注入了新的动力。

（四）注重中非之间的战略对接

在中非合作论坛成立 20 周年之际，习近平主席指出："我们愿同论坛各成员携手合作，继续秉持'共商、共建、共享'原则，不断丰富和完善论坛机制，进一步发挥论坛在中非关系中的引领作用，对接中国'两个一百年'奋斗目标和非盟《2063 年议程》，全面推动论坛北京峰会和中非团结抗疫特别峰会成果落实，把中非全面战略合作伙伴关系推向更高水平，构建更加紧密的中非命运共同体，造福中非人民，共创人类美好未来。"②

（五）打造样板

习近平总书记重视打造中非命运共同体的样板作用，提出将中埃关系、中南关系打造成为构建人类命运共同体的典范。"中方高度重视发展中埃关系，愿同埃方携手努力，深化各领域务实合作，把中埃关系打造成构建中阿

---

① 《习近平同塞内加尔总统萨勒就中非合作论坛成立 20 周年共致贺电》，《人民日报》2020 年 10 月 13 日，第 1 版。

② 《习近平同塞内加尔总统萨勒就中非合作论坛成立 20 周年共致贺电》，《人民日报》2020 年 10 月 13 日，第 1 版。

和中非命运共同体的先行先试样板"①；"中南关系已经成为中非关系、南南合作以及新兴市场国家团结合作的典范，对打造更加紧密的中非命运共同体，构建相互尊重、公平正义、合作共赢的新型国际关系具有重要示范意义"②。

---

① 《习近平同埃及总统塞西通电话》，《人民日报》2020年3月24日，第1版。
② 习近平：《携手开创中南友好新时代》，刊载于南非《星期日独立报》《星期日论坛报》《周末守卫者报》2018年7月22日，《人民日报》2018年7月23日，第1版。

第二章　构建中非命运共同体的历史基础

对于中国和非洲而言，构建中非命运共同体具有坚实的历史基础。非洲大陆与中国虽相隔万水千山，相距万里之遥，但相与源远流长，相知心有灵犀。在我国丰富的古籍中，就保存着不少关于非洲的史料，记录着中非悠久的交往史，讲述着中非友好的故事。

第一节　古代的中非交往与中非命运共同体构建

一　宋元之前的中非交往

中国与非洲的交往有着悠久的历史。希腊化时代或罗马控制下的埃及已与中国建立了间接的贸易往来，且很可能已经具备一定规模。公元元年前后，中国已与罗马治下的北非取得了至少是间接的联系。公元 166 年，一支自称由罗马皇帝马可·奥勒留派出却不见于罗马史籍的商队经海路在越南登陆后造访洛阳。无论是否代表官方，该商队与汉朝的接触都标志着罗马与中国第一次有据可查的直接交往，因此也可以说是中国与非洲的第一次直接交流。商队带来的礼物包括象牙、犀角等，也是非洲"特产"。此后中国与非洲东北部的贸易往来越来越频繁。位于今厄立特里亚、苏丹东部和也门的阿克苏姆王国也与中国有贸易往来。① 在这一时期，中国的船只也到达了东南

---

① Molefi Kete Asante, *The History of Africa*, New York: Routledge, 2019, p. 111.

亚，参与到印度洋的贸易中，但是否曾直接到达非洲，学者意见不一。① 鉴于中非两地相去甚远，且其间地理、人文情况复杂，直接往来即便存在也很可能并非常态，因此双方贸易往来的维持很大程度上仍需依赖西亚、东南亚的其他文明。其后中国经历了两百年的乱世，至少让中非交流在史料层面陷入低谷。

七世纪上半叶，阿拉伯帝国建立并扩张至非洲，中国也在唐朝治下迎来另一个盛世，中国与非洲的交往又迈入一个新阶段。第一，杜环在 751 年唐朝与阿拉伯帝国（大食）的怛逻斯之战中被俘后，在阿拉伯帝国居住十年有余，其间游历中亚、西亚、北非，并在回国后著有《经行记》，成为第一位有据可考的到达非洲的中国人。第二，这个时代中国与非洲交往的范围从北非扩大至东非海岸，并间接影响了非洲内陆地区，例如，产自长沙铜官窑和四川邛崃窑的瓷器在东非沿岸和津巴布韦内陆均有发现。② 唐德宗时期贾耽记录了"广州通海夷道"，言"大食国最西南，谓之三兰国"，并记录了从广州到三兰国的航路和用时。学者虽对该地具体所指意见不一，但基本可以确定其位于东非（许永璋认为在桑给巴尔地区）。③ 第三，从这个时代开始，中国陶瓷制品逐渐成为整个环印度洋贸易网络最显著的商品（至少从考古发掘的角度讲是如此），这个现象在唐宋之际达到高峰，并一直持续到近现代。④

---

① 沈福伟认为中国人到达了阿克苏姆的阿杜利斯港，亦即史书中的"兜勒"，见沈福伟《中国和非洲国家最早建立的外交关系》，《海交史研究》1984 年第 00 期，第 13～21 页；沈福伟《中西文化交流史》（第 2 版），上海人民出版社，2006，第 53 页。王小甫认为"兜勒"位于今阿曼，见王小甫《香丝之路：阿曼与中国的早期交流——兼答对"丝绸之路"的质疑》，《清华大学学报》（哲学社会科学版）2020 年第 4 期，第 1～14 页。庞乃明认为中国对罗马帝国的认识主要来自道听途说，见庞乃明《亦真亦幻大秦国：古代中国的罗马帝国形象》，《世界历史》2017 年第 5 期，第 141～155 页。

② UNESCO, *General History of Africa*, Vol. III, Paris: UNESCO Publishing, 1992, p. 88；Molefi Kete Asante, *The History of Africa*, New York: Routledge, 2019, pp. 175-176.

③ 景兆玺：《试论唐代的中非交通》，《西北第二民族学院学报》（哲学社会科学版）2000 年第 2 期，第 26 页。

④ 对中非关系史古代、近代、现代的划分，本书采用许永璋建议，以中国被大规模殖民（1840 年左右）前为古代，殖民至解放前为近代，新中国成立为现代开始；另以改革开放后为当代。相关讨论见许永璋《古代中非关系史若干问题探讨》，《西亚非洲》1993 年第 5 期，第 66～67 页。

宋朝时期，中非双方有了更加直接的人员往来。南宋赵汝适曾在重要港口泉州任福建路市舶司提举，他通过走访居住在泉州的外国商人于1225 年完成了《诸蕃志》，其中记录了泉州港贸易状况、在华胡商的信仰习俗，以及包括北非、东非地区在内的海外数十个城市的风土人情。元朝的汪大渊更是亲身经历远航，自述到达了今埃及的库塞尔、肯尼亚的马林迪、坦桑尼亚的达累斯萨拉姆和桑给巴尔等地[①]，回程后于 1349 年在泉州完成了《岛夷志略》，记录了自己的见闻。同一时期，曾到访中国的摩洛哥旅行家伊本·白图泰也完成了游记手稿。他在随官方使团到达中国的广州、泉州、杭州、北京（大都）之前，曾先在北非和东非游历过，所以除了通过游记将中国介绍给包括非洲在内的伊斯兰世界，也可能与当时的中国人交流过关于伊斯兰世界的信息。不过，仍有学者怀疑二人是否真如自己所说，亲身经历了所有的旅程（即汪大渊是否到达过坦桑尼亚[②]、伊本·白图泰是否到达过中国北方[③]）。无论如何，这都表明与之前相比，中非之间的直接交流更为可能，东非海岸似乎还有更多中国人曾到访的证据。除了上文提到的中国陶瓷器外，摩加迪沙、桑给巴尔、基尔瓦、马菲亚等地还总计发现了数百枚中国唐宋时期（以宋为主）的钱币。[④] 宋元时期的中非交往，在贸易和物资交换的层面已经得到确立，成为印度洋贸易网络不可分割的一部分。

二　郑和下西洋与中非友好交往

明代最值得注意的外交事件无疑是郑和七下西洋（1405～1433 年），郑

---

① 吴远鹏：《航海游历家汪大渊与〈岛夷志略〉》，《中国港口》2018 年第 S1 期，第 50 页。

② 周运中：《〈岛夷志略〉地名与汪大渊行程新考》，载刘迎胜主编《元史及民族与边疆研究集刊》（第二十七辑），上海古籍出版社，2014，第 98～130 页。

③ Ibn Battuta, *Travels in Asia and Africa 1325 - 1354*, trans. by H. A. R. Gibb, London: Routledge, 1953, pp. 13-14；许永璋：《伊本·白图泰访华若干问题探讨》，《黄河科技大学学报》2003 年第 2 期，第 68～69 页。

④ 许永璋：《北宋钱币在非洲的发现及相关问题》，《中原文物》1993 年第 2 期，第 80～81 页；李安山：《丝绸之路与华侨华人：以非洲为例》，《中央社会主义学院学报》2019 年第 4 期，第 149～150 页。

和在其中至少后四次都到达了东非，造访了摩加迪沙、布拉瓦等地，最南至少到达莫桑比克的索法拉①，并在沿途积极派遣船只访问附近邦国，与当地各政权广泛建立了外交和贸易联系。《明实录》为明朝官方当时记录实事的第一手档案史料，史料的真实性和可靠性毋庸置疑。《明实录》中明确记载了郑和曾访问过非洲的比剌、孙剌、麻林、木骨都束和卜剌哇等国。据《明实录》记载："永乐十年（1412 年）十一月丙申（十五日），遣太监郑和等赍敕往赐满剌加、爪哇、占城、苏门答剌、阿鲁、柯枝、古里、喃渤利、彭亨、急兰丹、加异勒、忽鲁谟斯、比剌、溜山、孙剌诸国王锦绮、纱罗、彩绢等物有差。"② 文中记载的比剌即今非洲莫桑比克岛，孙剌位于非洲东岸索法拉以南，可见郑和在永乐十一年第四次下西洋时即到过非洲，沿东非海岸南下访问了位于东非沿海索法拉以南的孙剌等国。郑和四次访问非洲，其中永乐年间访问三次，宣德年间访问一次。

郑和船队到访非洲传播的是友好、友谊。欧洲殖民征服史伴随着基督教的传播，与其不同，郑和对到访地区保持着平等尊重的态度，并没有试图将自己的价值观强加给别国。直至今天，中国一直恪守着这一外交原则。明朝时期，中国在经济活动和朝贡贸易方面推行"厚往薄来"的利他政策，不计较海外诸国贡物的好孬多寡与进贡次数，凡有进贡，回礼一律从丰，以奖励海外国家远来中华的诚心。郑和出国，携带诏书、丝绸、金银、瓷器等珍贵物品，赠送给沿途各国国王。"郑和每到一地，必先拜会土酋或国王，赠送各种珍贵礼物或王冠王印王袍以承认其王权，尊重国王权威。对亚非各国的外交关系基本上采取不干预政策，创造和谐世界。"郑和下西洋是和平和谐之旅。通过海路至海外各民族，发展与亚非诸国的邦交，是明朝的一项基本方针。明朝统治者采取了以和平外交手段联络世

---

① 沈福伟认为郑和在第五次航行中发现了好望角，见沈福伟《十四至十五世纪中国帆船的非洲航行》，《历史研究》2005 年第 6 期，第 132~133 页。

② 《明成祖实录》卷 86，载郑鹤声、郑一钧编《郑和下西洋资料汇编（中）》，海洋出版社，2005，第 84 页。

界各国，建立以自身为主导的国际和平局势的方针，在与世界各国联系时，自始至终实行传统的怀柔政策。《明宣宗实录》记载，宣德五年六月，明宣宗朱瞻基为郑和第七次下西洋特颁诏曰："兹特遣太监郑和、王景弘等赍诏往谕，其各敬天道，抚人民，共享太平之福。"① 共享太平之福就是要建立起一种和平格局，在消除中国面临的海上威胁的同时，努力发展与亚非诸国在政治、经济、文化等方面的友好关系。这也是郑和非洲之旅的总方针，即"友好和平之旅"。这和西方殖民者登陆非洲有着实质性的区别，不可相提并论。关于郑和远航的和平性，国务委员戴秉国曾这样总结："历史地看，中国没有扩张称霸的文化和传统。我们有几千年以'仁''和'为核心的政治文化传统，崇尚'和为贵''亲仁善邻''协和万邦'。几百年前，中国即使在最强大、国内生产总值占到世界 30% 的时候，也没有去搞扩张、搞霸权。郑和曾率领世界上最强大的船队七下西洋，带去的不是血与火、掠夺与殖民，而是瓷器、丝绸和茶叶。"②

中国历史表明，强盛一时的大明帝国没有穷兵黩武、炫耀实力征服别国；正在发展中的中国告诉世界，强大了的中国依然不会盛气凌人、依仗武力威胁他人。郑和下西洋之时，中国处于强盛时期，拥有世界 1/3 的财富。孙中山先生在《建国方略》中曾这样形象地描述中国当时的综合国力："……乃郑和竟能于十四个月之中而造成六十四艘之大舶，载运二万八千人巡游南洋，示威海外，为中国超前轶后之奇举。"郑和船队访问亚非 30 多个国家和地区，没有侵占别国一寸土地，没有掠夺他人一分钱财，没有贩卖非洲一名奴隶，没有威胁任何一个国家。以中国当时的经济和军事实力，"是不为也，非不能也"，因为中华民族是一个崇尚和平的民族，以和为贵，

---

① 《明宣宗实录》卷 67，载郑鹤声、郑一钧编《郑和下西洋资料汇编（中）》，海洋出版社，2005，第 1577 页。

② 《戴秉国：坚持走和平发展道路》，中华人民共和国外交部网站，2010 年 12 月 6 日，https：//www. fmprc. gov. cn/web/ziliao _ 674904/zt _ 674979/ywzt _ 675099/2011nzt _ 675363/jianchizouhepingfazhan daolu _ 675415/201012/t20101206 _ 7956521. shtml，最后访问日期：2022 年 6 月 29 日。

以和为美，以和为荣。正因如此，郑和代表中国出访，不是试图抢掠土地、索取财物、奴役他人和恫吓别国，而是为了开展交流、发展友谊、拓展贸易、宣示和平。

此外，中国首批非洲移民的实践告诉世界，中国没有用武力征服任何一国，中国没有向任何国家输出自己的价值观，汉语从来没有也永远不会成为任何一个非洲国家的官方语言。中国不想也不会当殖民主义者。事实表明，正是满口"自由""民主""人权"的西方国家，不断变换花样，对非洲人民进行殖民掠夺和奴役，他们不但是地地道道的老牌殖民主义者，而且是货真价实的新殖民主义者。

郑和访问非洲具有多重历史和现实意义。它开辟了横跨印度洋的海上丝绸之路，缩短了中非之间的海上距离；开启了中非官方直接交往的历史，传播了平等与和平的中国理念；开通了中非之间的官方贸易渠道，奠定了双方平等、公平"二平贸易"的基础；开拓了中非交往的领域，纳入了文化交流的内容。一言以蔽之，郑和船队四访非洲传递了和平友好的中国理念，传播了中国优秀传统文化，传承了源远流长的中非关系，并把古代中非关系推向了高峰。

但是，郑和下西洋的壮举并没有持续。郑和出海是明中央政府为了获得合法性而采取的策略，也收获了一定成果。后因为东南沿海的海盗活动影响政治、社会稳定，明政府在郑和最后一次航行后开始逐渐限制朝贡，并实施"海禁政策"。[①] 不过，海禁政策并没有完全禁止贸易活动，此时中国的对外贸易主要是以瓷器、丝绸等贵重产品换取通货（银），这使得民间（尤其是东南沿海）获得了一定的白银储备和货币流通性。大航海时代，欧洲从美洲那里掠夺了大量白银，这些白银在隆庆六年（1572 年）后随贸易大量流入中国，很大程度上缓解了明朝的货币危机，使明朝失去了海外探索的动机。此外，欧洲殖民活动的横行也打破了印度洋周边原有的贸易秩序。在这

---

① Phillipe Beaujard, *The Worlds of the Indian Ocean Vol. II*, Cambridge：Cambridge University Press, 2019, p. 469.

个过程中，中国和东非作为两个端点，无疑是最早失去直接联系的（甚至霍尔木兹在 1436 年后都停止了向中国遣使①）。

三 古代中非交往对构建中非命运共同体的启示

"以史为鉴，可以知兴替。"回顾中非交往的古代史，能够得到一些认识，这对当前中非关系的进一步发展、中非命运共同体乃至人类命运共同体的构建具有启示意义。

首先，中非交往是历史的必然，反映了人类希望互通有无、改善自己生活的美好愿望。从遥远的古代开始，无论是中国还是非洲人民，在构建了稳定的社群、获得了足够的物质条件后，都试图探索自己生存的边界，追求更丰富的物质条件。在接触到周围的其他社群，并经过一段时间的交往后，两个国家或族群之间或相互融合，或建立稳定的关系，互通有无。在这种模式的不断重复下，中国和非洲的人们先是通过其他文明在陆上间接取得了联系，然后随着时间的推移和技术的进步，这种联系的广度和深度又逐渐增加，并在国家力量的支持下最终实现了具有一定规模的直接联系。但受到时代和文化的制约，有规模的官方交往并没有得到保持，而欧洲进行的大规模殖民活动又破坏了这种联系进一步发展的可能。但这并没有阻断中非民间交往的持续和发展，说明中非交往是符合历史规律的。在科技发达、信息高速流通、不同区域人们联系越发紧密的当代，中非交往无论在官方还是民间层面，无论在经济、文化还是科学领域都得到进一步的发展，并最终形成全面的共同体无疑是顺应历史潮流的。

其次，古代中非交往的历史证明，中非交往能够给双方带来丰厚的物质和精神回报，这也是双方能够一直寻求并维持交往的现实基础。在长期的贸易往来中，非洲通过出售资源和农产品积累了财富，逐渐在海岸发展出了繁荣的城邦如摩加迪沙、布拉瓦、马林迪、蒙巴萨、桑给巴尔、基尔瓦、索法

---

① Phillipe Beaujard, *The Worlds of the Indian Ocean Vol. II*, Cambridge：Cambridge University Press, 2019, p. 469.

拉等，并带动了内陆大津巴布韦的发展；而中国则获得了香料、奢侈品、木材、贵金属等物资。不仅如此，物质、人员交流带来的经济增长和技术进步还促进了双方的产业发展：通过与中国进行贸易，北非的丝织业得到了发展；东非诸城邦诞生了自己的纺织和制铁等产业，产品销往非洲内陆、北非和南亚。① 而在外国需求刺激下，中国的民窑蓬勃发展，规模得到扩大，设计和工艺得到改进。此外，人员交流还促进了双方的文化多元化：斯瓦希里城邦自身就是由东非本土人、阿拉伯移民、南亚移民构成的文化熔炉。

再次，中国一直在平等互惠、相互尊重的前提下，与包括非洲在内的各个文明进行交往。尤其相较于东非而言，中国的政治、经济相对强势，但中国从未以霸凌的姿态对待任何非洲族群。如宋神宗加倍回报远道而来的非洲使节，"念其绝远，诏颁赉如故事，仍加赐白金二千两"②。明成祖对东非诸邦的使者也是以礼相待："……诸国奉表朝贡，命郑和赍敕及币偕其使者往报之。后再入贡，复命和偕行，赐王及妃彩币。"③ 在记述当地风土人情时，中国史书的行文用词也比较客观，还偶有褒扬之词。④ 当然，一些行文也多少有些傲慢或以己度人的色彩⑤，但这更多来自古代中国对自身文化的自信，以及对初识文化的陌生，并非出于鄙视，叙述者也没有进行任何歧视性的举动。郑和的船队虽有少数几次动武，但或为剿灭海盗，或因受辱在先，

---

① Phillipe Beaujard, *The Worlds of the Indian Ocean Vol. II*, Cambridge：Cambridge University Press, 2019, pp. 301, 329, 333, 359.

② 〔元〕脱脱等：《二十四史·宋史》，中华书局，1997，第3590页。

③ 〔清〕张延玉等：《二十四史·明史》，中华书局，1997，第2162~2163页。

④ 如《岛夷志略·层摇罗》："国居大食之西南，崖无林，地多淳。田瘠，穀少，故多种薯以代粮食。每货贩于其地者，若有穀米与之交易，其利甚薄。气候不齐。俗亦直。男女挽发，穿无缝短裙。民事网罟，取禽兽为食。煮海为盐，酿蔗浆为酒。有酋长。地产红檀、紫蔗、象齿、龙涎、生金、鸭觜胆矾。贸易之货，用牙箱、花银、五色鞋之属。"《明史·列传·外国七》："（不剌哇）其国，傍海而居，地广斥卤，少草木，亦垒石为屋。其盐池。但投树枝于中，已而取起，盐即凝其上。俗淳。田不可耕，蒜葱之外无他物，专捕鱼为食。所产有马哈兽，状如獐；花福禄，状如驴；及犀、象、骆驼、没药、乳香、龙涎香之类，常以充贡。竹步，亦与木骨都束接壤。永乐中尝入贡。其地户口不繁，风俗颇淳。"

⑤ 如《岛夷志略·麻呵斯离》："风俗鄙俭。男女编发，眼如铜铃。……"

而且行事十分克制，没有以无辜平民为目标，因此绝非殖民或者类似殖民的行为。[①]

最后，中非古代交往的历史中也存在一些问题，对当代中非命运共同体的构建具有一定警示意义。如前文所述，中国围绕货币政策和海禁的种种争论实际上也是贸易的成本和收益在不同群体分配不均的体现。明清因"消极开放"而失去海权，最终落后于时代的教训也警示今人，在制定外交政策、进行外交活动时要把握住历史大势，紧随"和平、发展、合作、共赢"的时代潮流，积极构建中非命运共同体，并为实现人类命运共同体而奋斗。

第二节　当代中非友好交往与中非命运共同体构建

自明清政府放弃海权以后，中国与非洲的直接官方往来便告停止，欧洲殖民者逐渐填补了印度洋地区海权的空缺，中非关系也失去了自主性，逐渐沦为欧洲主导的近代殖民体系的一部分。晚清到民国，连年的战乱让政府无暇顾及海外事务，中国与非洲的往来乃至全世界的贸易往来几乎全部被欧洲国家掌握。中非关系连同中国和非洲的人民一起，深陷于殖民体系造成的苦难。在政府缺位，殖民地、半殖民地人民遭受不公待遇的背景下，在非华人仍尽个人之力参与非洲的建设，参加反殖民、反法西斯的斗争，协助祖国的事业，维系、传播中华文化。[②] 直到新中国成立之后，中非交往情况才有所好转。

一　新中国成立后的中非关系

新中国成立后，中国开始奉行独立自主的和平外交政策，但受到冷战大背景的影响，以及新中国成立初期经济水平的限制，中国能采取的外交措施有限，

---

① 孙竞昊：《郑和下西洋军事行动的研究述评——兼析海外"原始殖民主义论"的若干论调》，《学术月刊》2020年第9期，第176～178页。
② 张象：《论中非关系的演变：历史意义、经验与教训》，《西亚非洲》2009年第5期，第8～9页。

也遭遇了一些波折。但总体上讲，新中国提出了自己的外交原则，并奉行至今。中非交往在实践过程中展现出了务实的精神，也取得了一定的成就。

在新中国成立初期，中国共产党在一系列的国际会议上与南非、喀麦隆等国的反殖民、反帝国主义政党取得了初步接触。这也为中国立足"第三世界"、支持亚非拉人民进行反殖民运动的外交战略奠定了基调。1955 年，在历史性的万隆会议上，周恩来总理提出了"求同存异"的方针。更重要的是，周恩来所提出的"和平共处五项原则"——"互相尊重主权和领土完整、互不侵犯、互不干涉内政、平等互利、和平共处"得到了与会各国乃至广大亚非拉国家的广泛认可，不仅被写入《亚非会议最后公报》，更成为中华人民共和国奉行至今的外交原则。认识到非洲在中国外交中的重要性，中国作为创始国之一参加了 1957 年亚非人民团结组织的第一次会议，并以此为平台重申了对反殖民运动的支持和对"和平共处五项原则"的坚持。新中国出于自身经历，十分同情非洲人民的反帝反封建斗争，但在这个时间段里，受自身实力和国际关系大背景的制约，除了为阿尔及利亚民族解放运动提供了有限的帮助外，基本只能表达道义上的支持。另外，新中国在 20 世纪 60 年代初遭遇严重经济困难，能动用的外交资源进一步受限，于是开始通过组建中国非洲人民友好协会（1960 年成立）等民间团体拓展中非关系。1964 年，周恩来总理访问非洲十国，并以"和平共处五项原则"为基础提出了中国与非洲和阿拉伯国家关系的五项原则："一、支持非洲和阿拉伯各国人民反对帝国主义和新老殖民主义、争取和维护民族独立的斗争。二、支持非洲和阿拉伯各国政府奉行和平中立的不结盟政策。三、支持非洲和阿拉伯各国人民用自己选择的方式实现统一和团结的愿望。四、支持非洲和阿拉伯国家通过和平协商解决彼此之间的争端。五、主张非洲和阿拉伯国家的主权应当得到一切其他国家的尊重，反对来自任何方面的侵犯和干涉。"[1] 长期以来，中国都坚持奉行上述原则。此外，中国对非的外交举措展现了一定的务实精神和对非洲国家国计民生的重视，坦赞铁路便是其具体

---

[1] 郑谦：《中华人民共和国史 1956—1965》，人民出版社，2010，第 479 页。

体现。

这一阶段的中非关系呈现如下特点。首先，中国和非洲双方在"和平共处""求同存异"等思想上达成了共识，并以此作为外交关系的基本准则。这些思想既是殖民前古代中非"相互尊重""互通有无"交往模式的精神延续，又是深化当代中非关系的思想基础。其次，中国和非洲人民都展现出了打破殖民体系和冷战格局、建立新型外交关系的愿望，也在独立建交、建设国际组织、援助建设等方面取得了一定成果，但受制于当时的世界形势和自身力量的不足，这些成果尚不足以撼动世界格局。然而它们无疑为当代中非关系的进一步发展和中非命运共同体的建设指出了一些具体的方向。最后，掌握霸权的殖民者们不会甘心自己来之不"义"的所得回到正当的主人手中，他们动用意识形态、外交攻势、舆论压力、经济封锁等更现代而"文明"的办法，甚至不惜（以更隐蔽的方式）沿用殖民时代的政治、军事手段，阻挠并破坏殖民地和前殖民地的国家和人民之间形成合力。在这样的背景下，非洲许多国家虽然独立但并不能完全自主，中国虽然自主但内政外交也不免被外部因素左右。而在科技更为发达、信息更为畅通的当代，某些国家对中非关系的阻挠和破坏还会以更隐蔽、更具破坏性的方式出现。这要求中国和非洲双方在开展更广泛、深入交往之时，分清主要矛盾和次要矛盾，着眼成就、总结教训，坚持为中非命运共同体的构建而努力。

二 构建新时代中非命运共同体

改革开放以后的中国在经济上取得了举世瞩目的成果，在思想上探索出了有中国特色的社会主义道路，社会治理方面的进步也在近年逐渐展现出来。这些成就也逐渐在中非关系上得到了反映。

中国充分吸取了上个时代中非交往中的经验教训，从"解放思想、实事求是"的精神出发，不再以意识形态选择合作对象，转而着重发展经济合作。尤其是在 21 世纪后，中非投资、贸易往来得到迅速发展。1950 年，中非贸易额仅为 1214 万美元，1980 年达到 9.59 亿美元，2000 年突破 100 亿美元，2020 年更是达到 2000 亿美元。中国对非直接投资到 2003 年累计

4.9亿美元，2006年累计25.5亿美元，2020年仅一年就达到42.3亿美元。此外，中国还于2013~2018年为非洲提供了总计2702亿元的援助（包括无偿援助、无息贷款、优惠贷款），并在疫情发生后，免除了15个非洲国家2020年底到期的无息贷款债务。①除了日益深化的经济合作以外，中国也没有忘记上个时代与非洲结下友谊的其他方面的交往，继续在文化（学术交流）、医疗（抗击埃博拉病毒）、环保（光伏发电）、安全（维和任务）等各个领域积极开展合作，为中非命运共同体的提出打下了坚实的物质基础。

在这一时期，中国仍然坚持从第三世界国家的地位出发，坚持"和平共处五项原则"，并根据形势的变化不断丰富、完善对非政策，最终形成了建设中非命运共同体的理念。1996年，时任国家主席江泽民访问非洲时，提出发展面向21世纪长期稳定、全面合作中非关系的五点建议：真诚友好，彼此成为可以信赖的"全天候朋友"；平等相待，相互尊重主权，互不干涉内政；互利互惠，谋求共同发展；加强磋商，在国际事务中密切合作；面向未来，创造一个更加美好的世界。2009年，时任国家主席胡锦涛在访问坦桑尼亚时，提出六个中非共同努力的发展方向：团结互助，携手应对国际金融危机挑战；增进互信，巩固中非传统友好政治基础；互惠互利，提升中非经贸务实合作水平；扩大交流，深化中非人文领域合作；紧密配合，加强在国际事务中的协调；加强协作，共同推进中非合作论坛建设。2018年，国家主席习近平结合中非交往的经验和当前世界的挑战，倡议中国和

---

① 张象：《论中非关系的演变：历史意义、经验与教训》，《西亚非洲》2009年第5期，第10页；David H. Shinn and Joshua Eisenman, *China and Africa: A Century of Engagement*, Philadelphia: University of Pennsylvania Press, 2012, p.47；《中非经贸合作提质升级》，中国政府网，2021年11月29日，http://www.gov.cn/xinwen/2021-11-29/content_5653909.htm，最后访问日期：2022年2月20日；国务院新闻办公室：《中国与非洲的经贸合作》，中国政府网，2010年12月23日，http://www.gov.cn/zwgk/2010-12/23/content_1771638.htm，最后访问日期：2022年2月20日；《新时代的中非合作》，中国政府网，2021年11月26日，http://www.gov.cn/zhengce/2021-11/26/content_5653540.htm，最后访问日期：2022年3月25日；商务部、国家统计局、国家外汇管理局编《2020年度中国对外直接投资统计公报》，中国商务出版社，2021，第16页。

非洲"携手打造责任共担、合作共赢、幸福共享、文化共兴、安全共筑、和谐共生的中非命运共同体",并承诺中国在合作中坚持"真诚友好、平等相待,义利相兼、以义为先,发展为民、务实高效,开放包容、兼收并蓄"。这既是对当代中非关系取得成就的总结,又是进一步发展中非关系、完成中非命运共同体构建的思想基础。2021 年 11 月,在第八届中非合作论坛达喀尔会议上,习近平主席提出了中非合作的"九项工程",这些构成《中非合作 2035 年愿景》的项目之实现无疑将把自古以来就连绵不绝,并在世代人民探索中不断发展、深化的中非关系推向崭新的、全面的共同体高度。

为了应对新时代科技、环保、经济、疫情方面的新形势,习近平主席在2021 年的中非合作论坛上为中非命运共同体勾勒出了更细致的图景,提出与非洲国家密切配合,共同实施"九项工程"。第一,卫生健康工程。中国承诺为非洲的疫苗可及化目标提供支持,并将继续向非洲援助实施医疗卫生项目,派遣医疗队和公共卫生专家。第二,减贫惠农工程。为非洲援助实施减贫和农业项目,派遣专家,在华建立交流和培训中心,在非洲建立农业发展与减贫示范区。第三,贸易促进工程。中国将为非洲农产品输华建立"绿色通道",支持非洲出口,在华建设中非深度合作先行区和中非合作产业园。并且继续为非洲援助实施设施联通项目,支持非洲大陆自由贸易区建设。第四,投资驱动工程。中国未来 3 年将推动企业对非洲投资总额不少于100 亿美元,向非洲金融机构提供 100 亿美元授信额度,将免除非洲最不发达国家截至 2021 年年底到期未还的政府间无息贷款债务,并且从国际货币基金组织增发的特别提款权中拿出 100 亿美元,转借给非洲国家。第五,数字创新工程。加强同非洲在数字经济领域的合作,为非洲援助实施数字经济项目,建设中非卫星遥感应用合作中心,支持建设中非联合实验室、伙伴研究所、科技创新合作基地,拓展"丝路电商"合作。第六,绿色发展工程。中国将为非洲援助实施绿色环保和应对气候变化项目,支持"非洲绿色长城"建设。第七,能力建设工程。中国将为非洲援助建设学校,邀请非洲高端人才来华交流,促进双方就业领域的交流合作。第八,人文交流工程。

支持所有非洲建交国成为中国公民组团出境旅游目的地国。在中国和非洲分别举办电影节，同时举办中非青年服务论坛和中非妇女论坛。第九，和平安全工程。为非洲援助实施和平安全领域项目，落实对非盟军事援助，支持非洲国家自主维护地区安全和反恐努力，开展中非维和部队合作。

第三章　构建中非命运共同体的
哲学基础和现实需要

第一节　构建中非命运共同体的哲学基础

中非命运共同体的哲学基础必须从中国和非洲各自优秀的传统文化思想中去探寻。在对其进行探寻之前，首先必须对亚洲和非洲文明之间的相通性做出分析，这种相通性奠定了构建中非命运共同体的文明基础。

一　中国传统文化中的"命运共同体思想"

任何理论和概念的提出必定有其思想来源和基础，命运共同体概念也是如此。通过前文对习近平总书记关于"人类命运共同体"和"中非命运共同体"的阐释和分析可以得出，这一思想来源于中华优秀传统文化和马克思主义相关理论。人类命运共同体思想主要源于马克思主义相关理论和思想（如共同体思想、交往理论、世界历史理论和国家理论等），借鉴了中华优秀传统文化，继承与发展了中国当代外交思想与实践，融合了新一代领导人智慧①，是马克思主义和中华优秀传统文化的有机融通。命运共同体是中国共产党人在深刻理解当前形势和人类社会构成与发展规律的基础上做出

---

① 卢黎歌、吴凯丽：《十九大以来"构建人类命运共同体"研究，文献回顾与进路展望》，《北京工业大学学报》（社会科学版）2020年第4期，第83页。

的一种正确论断，其来源于中国古代优秀的传统文化，与马克思的共同体思想不谋而合。①

中华优秀传统文化体现了"命运共同体"的思想，"命运共同体"思想是对中华优秀传统文化的继承和发展。中华优秀传统文化是中华民族的精神命脉，是人类命运共同体理念产生的重要源泉。党的十八大以来，习近平总书记不断探索中华优秀传统文化的现代表达，将'和而不同''和衷共济''天下为公''天人合一'等中华传统理念和价值进行创造性转化和创新性发展，高瞻远瞩提出构建人类命运共同体理念。② 习近平总书记在对人类命运共同体进行论述时经常提到中国的优秀传统文化，诸如"世界大同""和合共生""和而不同"等概念，正是"人类命运共同体"的生动体现。2017年11月，习近平主席在亚太经合组织第二十五次领导人非正式会议第一阶段会议上的发言中提到，"要强化命运共同体意识，加强政策协调对接，形成合力。要秉持和而不同理念，促进优势互补、合作互惠、发展互鉴"③。2018年7月，习近平主席在会见联合国教科文组织总干事阿祖莱时讲到，"进入新时代的中国，我们一方面坚持文化自信，大力发展教育、科技、文化事业，提高文明素质，一方面秉持'世界大同'、和合共生的传统理念，主张各国文化相互尊重，交流互鉴"④。2018年9月，习近平主席在会见出席夏季达沃斯论坛的爱沙尼亚总统卡柳莱德时提出，"中国提倡构建人类命运共同体，就是主张国与国相互尊重，平等相待，和而不同，合作共赢"⑤；"我提出构建人类命运共同体，倡议共建'一带一路'，就是在反复思考世

---

① 余涛、张宏明：《全球治理背景下的中非命运共同体研究》，《河南师范大学学报》（哲学社会科学版）2021年第4期，第39~40页。
② 王灵桂：《推动构建人类命运共同体的行动指南——深入学习〈习近平外交思想学习纲要〉》，《光明日报》2021年10月29日，第11版。
③ 习近平：《携手谱写亚太合作共赢新篇章——在亚太经合组织第二十五次领导人非正式会议第一阶段会议上的发言》，《人民日报》2017年11月12日，第3版。
④ 李伟红、王远、王迪：《习近平会见联合国教科文组织总干事阿祖莱》，《人民日报》2018年7月17日，第1版。
⑤ 李伟红、丁林：《习近平会见爱沙尼亚总统卡柳莱德》，《人民日报》2018年9月19日，第1版。

界各国应如何在千差万别的利益和诉求中实现共商共享、和而不同、合作共赢"①。2021 年 10 月，习近平主席在中华人民共和国恢复联合国合法席位50 周年纪念会议上发表重要讲话，指出"人类是一个整体，地球是一个家园。任何人、任何国家都无法独善其身。人类应该和衷共济、和合共生，朝着构建人类命运共同体方向不断迈进，共同创造更加美好未来"②。

周朝初年，史伯就提出，"和实生物，同则不继"③；春秋时期，孔子就曾经说过，"君子和而不同"④；荀子认为，"万物各得其和以生，各得其养以成"⑤。这些均体现了"命运共同体"理念中的和而不同、和合共生的思想。"党的十八大以来，以习近平同志为核心的党中央提出坚持以人民为中心的发展思想……倡导以共商共建共享为基本原则，共建'一带一路'，构建人类命运共同体。所有这些，都是对中国历史上传承下来的'以民为本''天下为公''天下大同'和'以和为贵''协和万邦''万国咸宁'等思想智慧的创新性发展，是这些先进思想理念和美好社会理想在当今世界与当代社会的新的倡导与体现。"⑥ "打造人类命运共同体，正是对'世界大同''天人合一'等中华文化的接续传承，同坚持独立自主的和平外交政策、坚持和平共处五项原则、坚持互利共赢的开放战略、坚持推动建设和谐世界等中国外交理念一脉相承。"⑦ 正如习近平主席所说"人类命运共同体思想很好地传承了中华传统文化中'和合共生''天下为公''海纳百川''天人

---

① 《习近平论人类命运共同体（2018）》（2018 年 11 月 30 日会见联合国秘书长古特雷斯时的讲话），学习强国，2020 年 8 月 27 日，https：//www.xuexi.cn/lgpage/detail/index. html？id = 4432380091765838835&item＿id = 4432380091765838835，最后访问日期：2021 年 11 月 30 日。

② 习近平：《在中华人民共和国恢复联合国合法席位 50 周年纪念会议上的讲话》，《人民日报》2021 年 10 月 26 日，第 2 版。

③ 《国语》，陈桐生译注，中华书局，2013，第 573 页。

④ 《论语》，张燕婴译注，中华书局，2015，第 199 页。

⑤ 《荀子》，安小兰译注，中华书局，2007，第 111 页。

⑥ 滕文生：《构建人类命运共同体是世界发展的历史必然》，《人民日报》2019 年 1 月 11 日，第 9 版。

⑦ 吴绮敏、杜尚泽、赵成、杜一菲：《让人类命运共同体理念照亮未来——写在习近平主席二〇一七年首次出访之际》，《人民日报》2017 年 1 月 15 日，第 3 版。

合一'等思想理念之精华。"①

具体来说，人类命运共同体思想继承和发展了中华传统文化中"天下大同"的世界观、"和而不同"的社会观。"天下大同"体现了古代中国人的世界观，是儒家政治理想的最高境界，也是中国古代共同体思想的一种体现，在这个大同世界里，人人互助友爱，安居乐业，世界和平，实现了普天下的最大和谐，"协和万邦""万国咸宁"正是这种大同社会的体现。而构建人类命运共同体就是要实现持久和平、普遍安全、共同繁荣、开放包容、清洁美丽的世界，这和"天下大同"的世界观一脉相承。"和而不同"是中华民族一直追求的求同存异、和平和谐、包容互鉴的相处模式和境界，即文明和民族的差异性并不会阻碍彼此之间的交往和共同发展，反而会创造出更加璀璨的文明成果，从而促进全人类共同发展；一国的强大也并不会阻碍其他国家的发展，而是能够在相互尊重、平等相待的基础上"和合共生"，共同走向繁荣发展。同时，中国对外部世界一直坚持"和为贵"，积极倡导以和平方式解决冲突，这也正是人类命运共同体思想所一直倡导的理念，可以说，"人类命运共同体"的理念可以在中国的"和"思想中找到源头。

二 非洲传统文化中的"共同体"思想

殖民时代，欧洲殖民者对非洲大陆的自然资源和人力资源进行了残酷的掠夺，却几乎不进行基础设施建设和产业开发，使得非洲在近现代"先天"落后于世界。同时，殖民者人为地对殖民地进行划分，导致非洲民族种族冲突频发多发。到了反殖民运动胜利的前夕，殖民者一方面不堪承受高昂的治理成本，不得不承认殖民地独立；另一方面不甘心放弃到手的经济利益，于是扶植"买办政府"继续控制前殖民地经济命脉。冷战时期，美苏双方的援助都伴有意识形态要求，更加深了非洲国家之间、国家内部不同利益集团之间的矛盾。而西方的援助对意识形态的要求也没有随着苏联

---

① 张静、马超：《论习近平人类命运共同体思想对中华传统文化的传承与超越》，《学术论坛》2017 年第 4 期，第 152 页。

解体和冷战结束而减少。随着时代的变化，西方势力不再明目张胆地追求利益，转而用"自由""民主""人权"等堂而皇之的概念做包装，迫使非洲国家按西方要求在经济上"自由化""市场化"，政治上实行西方选票式"民主"，尊重西方资本主义观念中的原子化的"人权"①，再束缚以近年在西方话语体系中越发重要的"环保"、身份政治等议题——以非洲目前的经济、社会发展水平，这些在大多数国家都是难以实现的。于是连年的投资、援助对非洲而言收效甚微，非洲仍然战事四起、内乱频发、民生凋敝、人心散乱。但西方只会认为这一切都是非洲人缺乏"理解力""执行力"的结果，却不会反思是不是自己观念出了问题。

物质、经济条件或许可以通过接受经济援助、增加投资、设立经济特区、加大基础设施建设、促进产业多样化等措施进行改善②，但政治派系林立、社会一盘散沙、国家发展缺少方向的问题还需要在思想层面得到解决，否则物质上取得的成果就难以维持甚至无法实现。

非洲思想家和政治家很早就认识到了问题的存在，从 19 世纪晚期开始产生了"泛非主义"思想。这种思想从反奴隶制、反种族主义、反殖民出发，并随着时间的推移而不断发展，其内核被总结为：①非洲是非洲人和非裔人的家园；②所有非洲后裔当自发而有机地团结起来；③集体和个人当以其非洲属性自豪；④当重建非洲的过去；⑤当以非洲文化而自豪；⑥当在政治和宗教层面将非洲保留给非洲人；⑦当建立一个统一而光荣的非洲国家联盟。③ 泛非主义取得了一些成果，但也存在一些局限性：一方面，它启发了如恩克鲁玛、尼雷尔等杰出非洲政治家，并促成了非洲统一组织（非盟前身）的建立和一系列合作发展方案（如非洲发展新伙伴关系）的达成；另一方面，它没能打破殖民时代留下的边界、真正实现非洲大陆的整合，

---

① Sam Moyo and Yoichi Mine, *What Colonialism Ignored*："*African Potentials*" *for Solving Conflicts in Southern Africa*, Bamenda：Langaa RPCIG, 2016, pp. xvii-xviii.

② Molefi Kete Asante, *The History of Africa*, New York：Routledge, 2019, p. 423.

③ Munyaradzi Mawere and Tapuwa R. Mubaya, *African Philosophy and Thought Systems*, Bamenda：Langaa RPCIG, 2016, p. 115.

没能明确"非洲人"具体所指（如是否包括非洲的白人、亚裔、阿拉伯人），没能深入挖掘"非洲文化"的内涵。[①] 而最坚定推行非洲统一的泛非主义者、加纳前总统恩克鲁玛也因其社会主义倾向，在 1966 年被政变推翻。[②] 稍晚一些的坦桑尼亚前总统尼雷尔则用更为温和的方式推行泛非主义与非洲式的社会主义，他恢复非洲传统公社（乌贾马）的土地公有制，强调以家庭为单位的社员协作，并认为"家庭概念可以一直扩展，直至包括全人类"[③]。但尼雷尔的公社社会主义在经济上并不成功，部分是因为（如某些批评者所言）这样的制度在设计时就过于理想化，忽略了传统社会本身固有的矛盾，更像是对空想社会主义社会实验的照搬。

泛非主义的理想未能实现固然有外部反对势力过于强大的原因，但上述思想或实践本身也存在一定的问题。为对抗殖民主义而诞生的泛非主义没能跳出西方主导的话语体系，它反对的是西方概念（如主权国家、身份认同）的结果，而非概念本身，也就无法从根本上解决非洲问题。而恩克鲁玛和尼雷尔的具体措施都带有一定程度的精英色彩（二人都在英美接受教育），脱离了实际：恩克鲁玛低估了反对一体化的力量；尼雷尔虽然认识到了农村的情况可能不如自己设计的那般理想化，但没有将这种认识体现在具体政策中。[④] 因此，为了寻找非洲真正的"共同体"精神及其具象化的可能性，应该跳出西方话语体系，挖掘殖民时代之前的非洲思想，并寻找这些思想与非洲基层社会之间的现实联系。

新一代的非洲学者已经开始尝试跳出西方话语体系的窠臼，对前殖民时期的各种非洲传统进行了更深入、更独立的探索，发现其中不乏"共同体"

---

① Munyaradzi Mawere and Tapuwa R. Mubaya, *African Philosophy and Thought Systems*, Bamenda：Langaa RPCIG, 2016, p. 137.

② Munyaradzi Mawere and Tapuwa R. Mubaya, *African Philosophy and Thought Systems*, Bamenda：Langaa RPCIG, 2016, p. 180.

③ Munyaradzi Mawere and Tapuwa R. Mubaya, *African Philosophy and Thought Systems*, Bamenda：Langaa RPCIG, 2016, p. 154.

④ Munyaradzi Mawere and Tapuwa R. Mubaya, *African Philosophy and Thought Systems*, Bamenda：Langaa RPCIG, 2016, p. 158.

的精神，对解决当前非洲乃至世界的问题有重大的启示意义。

北非的古埃及人擅长动用集体的智慧和力量，很早就发展出了先进的社会思想，这体现在"马特哲学"中。马特（Maat）是古埃及掌管人类至善的神，也是德行和正义的神，而正义的最根本要求则是"不损害他人"。[①]因此，人的根本价值不在于其作为个体在物质世界的获取，而在于人对社会和群体的责任。[②] 人类虽然天生是善的，但有可能犯错而偏离善的方向，所以接受教育是必要的。这些思想反映在社会上，便是政治上"开明专制"，任用有知识的官员进行治理，并要求官员为民众服务，不可牟取私利，社会上下应当和谐共存。马特思想并没有随着古埃及的消亡而湮灭，它对非洲社会产生了深远的影响，至今仍在非洲中北部的多种语言文化中得到体现。[③]

西非约鲁巴人的传统思想对人与社会的关系也有独特的见解。在约鲁巴人的社会里，人一出生就被赋予了家庭属性，并在儿童时期的成长中不断听母亲口传家族的谱系，在由许多家族成员构成的大家庭中生活，以充分体会自己作为家庭一员的身份。同时，儿童也在成长中目睹族人之间的互助、族人对族群的无私奉献。[④] 在这种环境下成长的个人，以遵守社会规范为德，以不知或无视规范为耻（并因此失去信誉）[⑤]；在语言和认识上将社会和平与个人健康的重要程度等同。[⑥] 当社会利益和个人意愿出现分歧时，人们会

---

① Maulana Karenga, *Maat：The Moral Ideal in Ancient Egypt*, New York：Routledge, 2004, p. 317；马特思想对人的具体要求，见第 80~82 页。

② Maulana Karenga, *Maat：The Moral Ideal in Ancient Egypt*, New York：Routledge, 2004, p. 254.

③ Théophile Obenga, "Egypt: Ancient History of African Philosophy," in Kwasi Wiredu, ed., *A Companion to African Philosophy*, Oxford：Blackwell, 2014, p. 48.

④ Segun Gbadegsin, *African Philosophy：Traditional Yoruba Philosophy and Contemporary African Realities*, New York：Peter Lang, 1991, pp. 62~65.

⑤ J. A. I. Bewaji, "Ethics and Morality in Yoruba Culture," in Kwasi Wiredu, ed., *A Companion to African Philosophy*, Oxford：Blackwell, 2014, p. 400.

⑥ Adebola B. Ekanola, "Yoruba Conception of Peace," in Adeshina Afolayan and Toyin Falola, eds., *The Palgrave Handbook of African Philosophy*, New York：Palgrave Macmillan, 2017, p. 673.

以社会利益为先。西非的另一个族群阿坎人的个人—社会关系思想中也体现着相似的精神。由此可见，"群体大于个人"的共同体意识是西非传统社会中至关重要的元素。

流行于东非和南非班图人中的乌班图思想或许是所有非洲传统思想中最为外界所熟知，且得到最广泛应用的。乌班图意即班图语中的"人"，乌班图思想是关于人和人道的思想，它认为个体是通过集体存在的，这体现在著名格言"我们在，故我在"上。乌班图思想强调友爱、与所有人为善、尊重他人、集体意识、社会凝聚力、为他人着想、尊重生命和自然。[1] 它不在概念上制造群体和个体的对立[2]，主张个体依赖群体，群体也应为个体服务[3]，群体的领袖也应该是无私的，并充分考虑他人的意见[4]。乌班图思想的最终目标是在不同人群之间建立和谐、互惠的关系。目前，乌班图思想与其他非洲传统思想的最显著区别在于，它在非洲南部很多地区的许多方面都发挥着作用。在南非，它曾被圣公会大主教图图和总统曼德拉援引，与基督教思想相结合以弥合种族隔离遗留的社会伤痛。[5] 在津巴布韦的乡村，与乌班图思想相关的朴素信仰体系仍然保持着活力，并在维护社会稳定中发挥作用。展现乌班图精神的政党也

---

[1] Munyaradzi Mawere and Tapuwa R. Mubaya, *African Philosophy and Thought Systems*, Bamenda: Langaa RPCIG, 2016, p. 79.

[2] Munyaradzi Mawere and Gertjan van Stam, "Ubuntu/Unhu as Communal Love: Critical Reflections on the Sociology of Ubuntu and Communal Life in Sub-Saharan Africa," in Munyaradzi Mawere and Ngonidzashe Marongwe, eds., *Violence, Politics and Conflict Management in Africa*, Bamenda: Langaa RPCIG, 2016, p. 293.

[3] D. N. Kaphagawani, "African Conceptions of a Person: A Critical Survey," in Kwasi Wiredu, ed., *A Companion to African Philosophy*, Oxford: Blackwell, 2014, p. 337.

[4] Munyaradzi Mawere and Tapuwa R. Mubaya, *African Philosophy and Thought Systems*, Bamenda: Langaa RPCIG, 2016, p. 100.

[5] Bola Dauda, "African Humanism and Ethics: The Cases of Ubuntu and Omolúwàbí," in Adeshina Afolayan and Toyin Falola, eds., *The Palgrave Handbook of African Philosophy*, New York: Palgrave Macmillan, 2017, p. 487; Munyaradzi Mawere and Gertjan van Stam, "Ubuntu/Unhu as Communal Love: Critical Reflections on the Sociology of Ubuntu and Communal Life in Sub-Saharan Africa," in Munyaradzi Mawere and Ngonidzashe Marongwe, eds., *Violence, Politics and Conflict Management in Africa*, Bamenda: Langaa RPCIG, 2016, p. 291.

能在选举中得到更多支持。① 乌班图还被用在商业领域，被用来提高企业的社会责任感和改进管理。② 新冠疫情在全球范围暴发后，人们逐渐意识到对抗疫情需要集体协作，因此也有学者发掘乌班图精神在应对疫情中的作用。③

非洲各地的传统思想中都弥漫着"群体大于个体"的"共同体"精神，这也是"非洲命运共同体"能够实现的思想和文化基础，只是由于历史条件的制约，前人的努力或失之片面或被外部力量阻挠，其可能性尚未得到充分挖掘。值得欣喜的是，越来越多的学者意识到乌班图思想在打破西方对意识形态的垄断、构建非洲共同体乃至人类共同体时能够发挥的潜力，在学校中加强乌班图教育以培养属于非洲的意识形态，在工人阶级中宣传乌班图思想以催生"有非洲特色的社会主义"的呼声越来越高。④ 相信随着学者越发广博的探索、民众越发积极的参与，非洲人一定能打破殖民时代遗留的历史枷锁，找回自己的精神家园。

三 中华文明和非洲文明的相通性

（一）中华文明和非洲文明的共性

1. 私人利益服从公共利益

亚非国家普遍特别强调禁止为了私人利益而损害公共利益。通常来说，亚非国家公务员的职责不是维护某个个人或者某个部族的利益，而是维护公

---

① Z. W. Sadomba, "Potential of African Philosophy in Conflict Resolution and Peace-building," in Sam Moyo and Yoichi Mine, eds., *What Colonialism Ignored*: *"African Potentials" for Solving Conflicts in Southern Africa*, Bamenda: Langaa RPCIG, 2016, pp. 264–268.

② Munyaradzi Mawere and Tapuwa R. Mubaya, *African Philosophy and Thought Systems*, Bamenda: Langaa RPCIG, 2016, pp. 103, 106.

③ R. K. Chigangaidze, et al., "Ubuntu Philosophy as a Humanistic–Existential Framework for the Fight Against the COVID-19 Pandemic," *Journal of Humanistic Psychology*, Vol. 62, Issue 3, 2022.

④ N. I. Ngubane and Manyane Makua, "Intersection of Ubuntu Pedagogy and Social Justice: Transforming South African Higher Education," *Transformation in Higher Education*, June 30, 2021; Temitope Fagunwa, "Ubuntu: Revisiting an Endangered African Philosophy in Quest of a Pan-Africanist Revolutionary Ideology," *Genealogy*, August 3, 2019.

共的和国家的利益，从而确保整个社会（或国家）最大程度的安全、教育、正义、平等、福利、和谐。这也从很大程度上解释了为什么儒家道德伦理能够与社会主义/共产主义兼容。在亚洲社会中，维护公共利益是一项神圣的使命，国家和官员必须遵守这一原则。在亚非国家中，告发公务人员的腐败行为是公民的责任。亚非国家和行政机构被严禁为私人谋取利益，它们的服务对象只有公共利益。

2. 农业是文明出现的基础

亚非国家都将文化、道德、法律等文明的出现归结为农业的发展。正如色诺芬所说，农业是财富的源泉，决定了幸福生活的方方面面。农业促进了教化，催生了爱国精神，让人们明白自由、正义、友谊和合作。色诺芬得出结论：只要农业能够发展好，其他的艺术就会枝繁叶茂。同样，农业的衰退也会导致其他艺术和道德的沦丧，这点正如伊克斯人的宇宙进化论所阐释的那样。伊克斯人是乌干达一个古代族群遗存至今的小部落。他们所处的生态环境遭遇了一场剧变，这导致了他们认识论和道德的衰退，社会架构分崩离析，政治秩序瓦解。饥饿威胁着这一群体里的每一个人，他们的情况可以用简短的几句话总结：去社会化，去文明化，丧失敏感性，人心变得麻木，家庭和社会分崩离析，道德沦丧，艺术和精神文化衰落。与之相比，埃及地狱之神奥西里斯（Osiris）是土地神话的原型。奥西里斯最初是最卓越的植物之神，被认为是带领人们走出野蛮状态的人。他将埃及人带进了社会生活、教授他们修建城市的技艺和其他人类文明的技术。这位神祇让我们能够理解农业对亚非价值观形成起到的重要作用。

3. 反对暴力和冲突

正是因为农业在亚非文明中占据基础地位，所以战争在这种社会形态中并不扮演重要角色，亚非国家普遍反对战争。君主并不一定要是从军事贵族中选拔出来的军阀，相反，应是能够养活人民的具有生活智慧的人。亚非国家大多人口密集，在这种情况下，人民需要的是一个节制的政府，一个睿智、有德和懂得平衡的合法君主，而不是一个残暴的君主或者战士，埃及和中国的君主很好地符合了这些品质。农业与善治、和平以及和谐之间存在紧密的联系。例如埃及的赛特（Seth）和荷鲁斯（Horus）之间的战争，这两位埃及神之间的战争象征着武力与法律、残暴与美德、暴力与智慧、激情与理性、盲目本能和自我控制之间的冲突。在这场冲突中，法老守护者荷鲁斯最终取得了胜利，也代表理性、法律和道德取得了优越地位。这是非洲社会哲学中最为重要的原则，从古埃及一直延续到今天。非洲文化倡导美德、理性、智慧和法律的优越性。非洲人认为，在生活中，最终胜利的不是最高大、最强或者最暴力的那个人，而是拥有美德，智慧、谦逊、亲切的人。对比印欧和闪米特人的创世神话，诸如阿卡德人的《埃努玛·埃利什》（*Enuma Elish*）、希伯来人的《旧约圣经》、赫西俄德的《神谱》和荷马的《奥德赛》，战争和暴力是最常见的现象。

4. 亚非社会形态具有和平的特征

伏尔泰首先提出了一个一般性的观察结论——道德是"第一科学"，他称赞中国将道德放在最高的位置。的确如此，自古以来，道德处于中华传统文化中的核心地位，中国的道德体系建立了对"美德奖励"的机制，而其他国家则是通过法律来惩罚犯罪活动。同时，伏尔泰还称赞了中国的其他珍贵遗产：历史年鉴的科学性，相对于其他国家写寓言故事，中国人手拿着笔和星盘记录自己真实的历史[1]；思想的理智性，"只要落笔，他们就会很理性地去书写"[2]；法律的世俗化，"在这里没有祭司影响法律"[3]；令人钦佩的宗教宽容，欧洲对神职问题存在的争议，甚至可以算是欧洲的慢性病，伏尔泰认为在宗教宽容方面中国超越所有国家。

在亚非模式的社会中，教育的目的是提高人们的道德素质、培养人们的公民精神、增进人们的人际关系。在提倡战争的社会中，情况恰恰相反，教育将人们的本能野蛮化，为战争进行培训，灌输好战精神，培养暴力和杀戮的能力。这就是斯巴达的模式。斯巴达式的国家类似于一个巨大的军营或者强盗营寨。这一群流氓恶棍训练年轻人去犯罪。最原始和野蛮的本能在他们

---

[1] Voltaire, *Essai Sur Les Moeurs Et L'Esprit Des Nations*, Paris: Garnier Frères, 1963, p. 66.

[2] Voltaire, *Essai Sur Les Moeurs Et L'Esprit Des Nations*, Paris: Garnier Frères, 1963, p. 67.

[3] Voltaire, *Essai Sur Les Moeurs Et L'Esprit Des Nations*, Paris: Garnier Frères, 1963, p. 67.

体内苏醒。在斯巴达有一个机构叫克里普提（Crypteia）。为了加入这个机构，年轻人需要在监督下经历暴力和严酷的野战训练。这一训练的目的是让年轻人更多地享受暴力、抢劫和放荡的生活。

乔治·丹梅兹勒（Georges Dumézil）很好地总结了这种适用于印欧世界社会哲学的"三重功能理论"。根据丹梅兹勒的学说，整个印欧世界都是围绕着三个宗教基本元素展开的，即以众神之王朱庇特为代表的宗教权力、以战神马尔斯为代表的战争权力，以及以奎里努斯为代表的财富与丰饶。其他的创世神话基本上是这一框架的变体。在欧美文明之中，财富是通过战争和劫掠积累的。

5. 知识是权力的基础

埃及和中国是现代以前为数不多将知识视为权力基础的社会。在这样的社会里，书记员的地位非常重要。《赫蒂教谕》出现于古王国时期晚期（约公元前 2100 年）。这篇文章中，一位叫赫蒂（Khety）的父亲带着自己的儿子贝皮（Pépi）去学校。他向孩子表示，在考察了所有的行业之后，发现"没有任何职业能比得上书记员工作"。拥有了知识以后，书记员"地位将超越所有的体力劳动者，成为一位睿智的贵族"。在那里，他过着舒适的生活。在这篇对各个行业的讽刺文章中，普通人、没有接受教育的人被比作被书记员或者学者驱使的负重的驴子。尽管隔着几千年的时间，中国思想家孟子的观点与此相同。在孟子的思想中，社会和政治权力是这样划分的：学者和科学家处于治理者地位，手艺人处于被治理的地位。后者的职责是供养官员和统治者。亚非社会形态中的学者和公务员都处于统治阶级，其他社会阶级从属于他们，其中包括士兵和商人。

6. 刀剑臣服于德性

军事贵族在亚非社会形态中几乎不扮演政治角色，原因是军事活动在农业社会中不具有重要地位，导致亚非国家对武力的鄙视以及对智力和理性的推崇。因此，士兵不像书记员那样在行业或权力分配中占据较高地位也就很合乎逻辑了。我们可以从埃及第十九王朝时期的一封信中得到一些启示。这是一封写给书记员的关于士兵职业的书信。信中这样写道：你想表达什么？

作为一名士兵比书记员更好？好吧，我来跟你讲讲士兵们艰苦的生活吧。他们从很小的时候就被带走，被关在军营里。身上被重击，眼角被重击，头上长长的伤口。埃尔曼（A. Erman）和兰克（H. Ranke）认为埃及人缺乏军事精神，他们无法被战士精神所感染。根据这些学者的说法，埃及人之所以缺乏好斗精神是因为他们本质上只是一群农民。作为农民和努力工作的工人，他们喜欢安静的生活环境，这可以确保他们能享受自己的劳动成果。这解释了为什么埃及人对军事荣誉相关的事以及携带武器的人都表现出一种冷漠态度。就中国而言，历史学家们一直很困惑，为什么中国几千年的历史中，士兵们会愿意顺从那些身居文职的人。这个问题很有意思，因为其他很多国家武夫执掌权柄，士兵和军事贵族占据高位。知识具有神圣性是亚非文明中的一条重要线索，证明德性在亚非社会中的重要地位。对中国人而言，道德力量远比身体力量和军事力量更为优越。这一传统一直延续到今天，解释了中国在国际政治中表现出来的和平主义。

7. 道德理性比财富更重要

在亚非神话中，很少能找到像欧美文明中贪财的玛门或麦德斯这样的形象。在公元前 8 世纪的时候，麦德斯曾经统治过弗里吉亚这个小国。弗里吉亚是个毗邻吕底亚的有着丰富黄金储量的国家。麦德斯曾经热情招待过酒神狄奥尼索斯（Dionysus）的老师森林之神西勒诺斯（Silenus）。后者因为醉酒而在弗里吉亚迷路了。为了赞许麦德斯对自己老师的盛情招待，狄奥尼索斯许诺可以帮助麦德斯实现任何一个愿望。可惜麦德斯得了一个慢性的绝症：贪婪，对黄金无法克制的渴望。于是他请求狄奥尼索斯赋予他一项神奇的能力：他的手触碰到的东西都会变成黄金。他获得了这个能力。但是他很快惊恐地发现他准备吃的食物、喝的水也都变成了黄金。这种金属很快变成了负担和折磨：麦德斯拥有了很多黄金，但他没有办法满足果腹的需求。为了解救他，也为了回应麦德斯的祷告，狄奥尼索斯让他在帕克托河中洗澡。这条河流就因为麦德斯的救赎而奇迹般地产生了长流不尽的金子。像这样关于金子的传说在亚非社会中很少见。当然，这些社会并非没有意识到财富的作用，只是鄙视对财富的崇拜。古埃及第五王朝时期的官员普塔霍特普

（Ptahhotep）写道："应该分享的时候不要贪婪，在你的那份之外不要多奢望，对身边的人不要太贪婪。"在他看来，"贪婪是一种痛苦而不可救药的疾病，甚至会让身边的宠物都远离自己"。在非洲，贪婪和唯利是图被认为是一种诅咒。

古埃及的真理与正义之神马特正是道德和理性主义在当地文明中的生动体现。他实际上是两个核心原则的结合体：对真理的需要和对正义的关心。马特代表着世界的理性秩序，包括内在的理性秩序和社会理性秩序。在物理层面，马特要求度量衡的准确和精确。作为一种社会和内在秩序，马特引导人们追求真理、正义和人与人之间和谐的道德法则。对和谐的关注表明马特与混沌、暴力和过度做着永恒的斗争。在人类文明的历史上，唯一与此可以媲美的只有孔子的儒家思想。因此亚非社会在提倡和谐与社会凝聚力，推崇以德治国上具有高度一致性。

（二）中华文明和非洲文明所蕴含"命运共同体"的思想基础

虽然中非两地山海相隔，在现代之前也基本没有思想层面的直接交流，但非洲文明和中华文明在对"集体""共同体"的认识上有惊人的共性。"修齐治平""以德服人""民贵君轻""天下为公"等中国人耳熟能详的观念，与上文粗略介绍的非洲传统文化中的思想异曲同工。学者也对以乌班图思想为代表的非洲文明和儒家文化进行了比较研究，发现二者有注重群体、敬老敬祖、关注民生等共性。① 而中国和非洲在殖民时代的相似经历，以及探索社会主义道路的共同经验，则让联结中非命运的纽带更为坚韧。

---

① Thaddeus Metz, "Confucianism and African Philosophy," in Adeshina Afolayan and Toyin Falola, eds., *The Palgrave Handbook of African Philosophy*, New York: Palgrave Macmillan, pp. 207-221; Thaddeus Metz, "Values in China as Compared to Africa: Two Conceptions of Harmony," *Philosophy East and West*, Vol. 67, No. 2, 2017, pp. 441-465; Daniel A. Dell and Thaddeus Metz, "Confucianism and *Ubuntu*: Reflections on a Dialogue between Chinese and African Traditions," *Journal of Chinese Philosophy*, Vol. 38, 2011, pp. 78-95; Vidhan Pathak and Sandipani Dash, "Afro-Asian Worldviews: Ideational Narratives of Ubuntu and Confucian Communitarianism," *International Journal of African Studies*, Vol. 1, No. 2, 2021, pp. 1-9.

　　除了以上显而易见的共性之外，非洲文明和中华文明还有两个更深层的共同点（也是西方现代文明所不具备的），它们构成了"中非命运共同体"的思想基础。首先，两种文明对"共同体"的界定都是不确定的、变动的。很多用西方话语体系介绍和描述乌班图和约鲁巴思想的学者都表示，很难对两种思想给出明确的定义，很大程度上是因为两者的核心都在于与人为善，但其对象是可以无限扩展至所有人，情境也是不断发展变化的，所以具体表现难以穷尽。虽然有批评者认为乌班图思想的倡导者因过于强调其"非洲性"而显得排外，但这种强调实际上是长久以来备受剥削的非洲人民在寻找自我过程中的必经阶段，并非乌班图思想的核心。同样，中华文明的边界也是模糊的，虽然有"华夷"之分的说法，但所有认同并尊重中华文明的"夷"都能得到接纳。思想上共同的包容性构成了中国和非洲构建"中非命运共同体"的思想保障，并以此为基础构建"人类命运共同体"。而西方文明从古代就通过强调个人权利，明确了个人和族群的界限，又通过地理（异邦人）或宗教（异教徒）对不同族群进行区分，而这种区别又以立法的形式得到固化。近现代的"民族国家""身份政治"所造就的更是排他性的"共同体"，只有符合定义的人才有"共同"的资格，因此只能加强不同人群之间的冲突。其次，中非文明本质上都是"内向的""反思的"。从个体角度讲，非洲文明要求个人反思自己是否践行了马特或乌班图的原则，需要通过满足群体的要求来实现自身价值，因此人要"内向"修身，而不为"自我实现"向集体诉求特殊利益。中华文明要求人"日三省吾身""见贤思齐"，认为"三人行必有我师"，更有"先天下之忧而忧"的道德理想。在群体层面上，两种文明都更注重内部关系的处理，尽量与外部保持友好，并能充分认可其他文明、文化的优点。这种文明层面的"内向"和相互尊重，能为各种文明的和谐共存创造条件。反思的精神虽然也出现在希腊文明（认识你自己）和早期基督教文明（忏悔）中，但基督教对自己和异教的区分逐渐固化以后，反思的范围就只限于信仰者内部，对外的思考变成了"你为什么不信教"。到了近现代，西方通过掠夺获得了世界霸权后，西方更是成了

"先进""文明"的代名词，反思精神进一步丧失，一切非西方的都变成"错误"的，所谓的"文明"也越来越有侵略性，在世界范围内造成了越发频繁、越发残酷的冲突。

西方文明主导下的世界体系所出现的种种问题，以及中国和非洲在这个体系中所遭遇的相似苦难，是"中非命运共同体"的现实基础。西方话语体系下的"个人""族群"为了追求"自由""权利"相互之间冲突不断，而这种冲突正是资本所希望的：不同的人群因为各种琐碎的标签被区别开来、互相攻讦，无法形成合力对抗资本在世界上的代言人，于是只有资本获得自由的自由资本主义便大行其道。而能与之对抗的只有"人类命运共同体"。中国所遭遇到的殖民剥削较晚，且有悠久的"大一统"历史，因此较早打破了半封建半殖民地的分裂局面，基本实现了再次统一和独立。新中国成立后，中国共产党又在举国上下的艰苦奋斗中摸索出了"有中国特色的社会主义"发展道路，终于开始在总体的经济层面撬动西方的霸权，但在文化和舆论层面仍然遭受西方的围堵和打压。而非洲在殖民时代遭受的剥削更为漫长和残酷，之前也没有形成统一的文化，因此追求团结和真正独立的进程势必更为漫长而痛苦。在非洲探索自身共同体的道路上，中国的经验和资源能够提供帮助；而中国也能从非洲得到坚定的支持、获得更广阔的市场——这也是构建"中非命运共同体"的过程。

只有在"中非命运共同体"基本形成，西方的垄断得到进一步动摇后，中国和非洲才可能得到与西方平等对话的权利，打破西方对文化和话语权的垄断，从而彻底瓦解殖民体系，为"人类命运共同体"的建立奠定基础。当今世界在全球化的席卷之下联系得越发紧密，人类所面临的如瘟疫、环境、能源、贫困等种种问题也并非一国一洲能够单独解决的。击败这些人类共同的敌人，需要各个文明之间求同存异、平等相待、通力合作，以"人类命运共同体"的姿态应对挑战。为了"人类命运共同体"的实现，中国和非洲需要从相似的文明和经历出发，尽最大的努力作出合作的表率。

第二节　构建中非命运共同体的现实需要

习近平主席在中非合作论坛第八届部长级会议开幕式上发表的主旨演讲中总结中非友好合作精神，其中的一条就是共同发展。

首先，从实践思维来说，习近平主席提出共同发展，是在全球性危机面前寻求一种在各国之间能够普遍达成的共识，即强调合作共赢，而非零和博弈，共同发展是应对共同危机的必由之路；强调在世界发展不断深入的今天，国家、地区之间的融合、依赖不断加深，全球性问题牵一发而动全身，人类的"类属性"高于"种属性"，唯有和谐、共生、共存、共赢才能回答"人类向何处去"这一发问。世界各国应团结一致、同舟共济，超越意识形态和政治制度差异，达成共识。其次，从实践主体来说，世界人民是推动共同发展的主体，承担着构建人类命运共同体这一历史责任，因而世界人民的参与和主观能动性非常重要，这意味着共同发展需要充分调动人民的积极性和参与热情。只有发展为民才能让人民积极参与，而发展也要依靠人民，因为人民群众才是历史的推动力量。再次，从实践内容和目标来说，共同发展的内容十分丰富，是一个具有绵延性的族群性范畴，关联着公平发展、绿色发展、均衡发展、合作发展、创新发展、开放发展、互助发展、共享发展、全面发展等发展范畴[①]，关系着社会、政治、经济、文化、生态的方方面面。共同发展的最终目标是要让发展的成果惠及世界各国人民，满足人民对美好生活的期待，增进人民福祉，共同打造繁荣稳定美好的世界。在全球化背景下，一国发展需要和平稳定的国际环境和其他国家的支持，这意味着世界各国需要在发展的各方面协调合作、深入交流、互融互惠，意味着世界各国需要将共商共建共享作为共同发展的基本原则。最后，从实践方式来说，共同发展需要有平台作为实践的载体。"一带一路"倡议是促进共同发展、

---

① 邵发军：《人类命运共同体视阈下的共同发展与全球治理问题研究》，《社会主义研究》2021年第1期，第122~130页。

推动构建人类命运共同体的实现途径。人类命运共同体的构建离不开国家之间、地区之间的互联互通，也需要以维护共同利益这一共同目标作为连接共同体成员的纽带。"一带一路"倡议通过陆上丝绸之路与海上丝绸之路将欧亚非大陆连接起来，聚焦政策沟通、设施联通、贸易畅通、资金融通、民心相通，为共建"一带一路"国家提供了广阔的互利合作空间。各国资源禀赋、发展特色不同，通过"一带一路"合作平台，能够充分发挥比较优势、贸易互补，从而形成利益共同体，共同发展繁荣。

一　中非共同发展的相互需求

构建中非命运共同体不仅有着文明相通性的哲学基础，同时还有着强烈的现实需求。非洲的发展需要中国，中国的发展也离不开非洲。作为世界上最大的发展中国家和发展中国家最集中的大陆，中非双方相互需要，有着共同的发展任务和使命。互利共赢、共同发展是中非友好合作的鲜明特征。中国始终把自身的发展同非洲发展紧密结合在一起，始终将双方人民的利益紧密结合在一起，始终把中国的发展机遇和非洲的发展机遇紧密融合在一起，在谋求自身发展的同时，尽己所能向非洲国家提供帮助和支持，增进双方人民的福祉，让合作成果惠及中非人民。

中国始终致力于促进非洲地区的繁荣发展。习近平主席在 2015 年中非合作论坛约翰内斯堡峰会开幕式上的致辞中提到，"当前，中非都肩负发展国家、改善民生的使命。非洲拥有丰富的自然和人力资源，正处于工业化的兴起阶段。中国经过 30 多年改革开放，拥有助力非洲实现自主可持续发展的技术、装备、人才、资金等物质优势，更拥有支持非洲发展强大的政治优势。中非合作发展互有需要、优势互补，迎来了难得的历史性机遇"[①]。当前非洲正处于发展的关键时期，中国可以为其提供宝贵的经验以及政治、经济、文化等各方面的支持。中国一直致力于加强同广大发展中国家的交流合

---

① 习近平：《开启中非合作共赢、共同发展的新时代——在中非合作论坛约翰内斯堡峰会开幕式上的致辞》，《人民日报》2015 年 12 月 5 日，第 2 版。

作，促进发展中国家的发展，"一带一路"倡议主要受益群体就是发展中国家，而非洲是发展中国家最集中的大陆，必将从中受益良多。共建"一带一路"正是中国为那些想在保持独立性的同时实现快速发展的国家和地区提供的中国方案，和西方国家的非洲方案有着根本不同。"一带一路"倡议不是构建势力范围，而是为非洲的发展助力。在地缘政治中，"势力范围"指的是西方国家所能施加重大经济、政治、军事或文化影响力的区域或地区。例如，美国将拉丁美洲视为其天然的"后花园"，它认为自己对这一区域的干预具有合法性，而其他国家则不能染指此地。同样，法国坚持将非洲说法语的国家视为其"前院"。这些法语国家是法国在殖民时代与德国、英国、比利时、西班牙和荷兰，尤其是葡萄牙的争夺中占领的地区，这些地区因此也被称为"法兰西非洲"。同样地，比利时也认为自己对刚果（金）和布隆迪具有天然权力，西班牙则主张自己对赤道几内亚的权力。西方国家在非洲地区的利益具有很强的排他性，而"一带一路"通过公路、铁路、港口和机场连接不同的国家和地区，"一带一路"倡导这些国家和地区间的开放和经济、政治、文化的一体化，给这些地区带来了地缘战略剧变。

中国的繁荣发展离不开非洲。中非历来都是命运共同体，相似的历史遭遇、共同的奋斗历程、一致的发展任务将双方紧密联系在一起。特别是进入新时代以来，随着"一带一路"倡议的提出，中非关系取得了全方位迅速发展，特别是双方在经贸领域的合作取得了较大的成就。非洲历史悠久，幅员辽阔，自然资源丰富，发展潜力巨大。习近平主席高度评价当前非洲的发展潜力。在 2015 年的中非合作论坛约翰内斯堡峰会上，习近平主席指出："今天的非洲呈现出蓬勃发展的新景象，令人振奋、令人鼓舞。非洲积极探索符合自身实际的发展道路，坚持以非洲方式解决非洲问题，独立自主势头锐不可当。非洲积极推进工业化，谋求自主可持续发展，快速发展势头锐不可当。非洲加快一体化进程，在国际舞台上坚持用一个声音说话，联合自强势头锐不可当。我欣赏南非前总统曼德拉先生说过的一句话，'我们正站立在非洲世纪的破晓时分，在这一世纪里，非洲将在世界民族之林占据应有位置'。我相信，非洲国家和人民正在迎来真正属于自己的新时代！"① 当前非洲正处在工业化的兴起阶段，能够为中国实现中华民族伟大复兴的中国梦提供机遇和支持。同时，随着非洲的快速发展，其正在国际事务中发挥越来越重要的作用。中国要在国际社会中更多地发出中国声音、提供中国方案，离不开非洲兄弟的支持。

二 中非共同发展的宗旨需求

中非共同发展是中非合作的最终目的和宗旨所在，中非应该坚定地走合作共赢、共同发展之路。新时代的中非合作迈上了新的历史高峰，中非之间正形成更加紧密的发展共同体。

中国与非洲的交往源远流长，中非之间的历史情谊真挚而深厚。亚非两个大陆都是人类文明的摇篮，尼罗河流域和黄河流域孕育了历史最悠久的两个文明古国。在古代，中非之间便有民间交往，后来以张骞、郑和为代表的官方使团在陆上和海上开辟了丝绸之路，让中国与非洲大陆之间的联系更加紧密。在近代，西方国家的殖民扩张，迫使中国与非洲都卷入世界资本主义体系之中，都经受了殖民压迫的痛苦历程。第二次世界大战以后，中国与非洲在反抗帝国主义压迫、争取民族独立的斗争中守望相助，中非命运共同体的根基进一步深厚。20 世纪后半叶，中国竭尽所能为非洲国家的发展与稳定提供帮助，非洲也在国际舞台上成为中国的坚定伙伴。进入 21 世纪后，中非之间的合作更加深化，随着中非合作论坛的不断发展和"一带一路"倡议的实施，中非之间进一步形成了更加紧密的命运共同体。习近平主席曾这样总结中非之间的患难兄弟情："中非关系不是一天就发展起来的，更不是什么人赐予的，而是我们双方风雨同舟、患难与共，一步一个脚印走出来的。"② 这是习近平主席对中非历史友谊的深切感怀。

---

① 习近平：《开启中非合作共赢、共同发展的新时代——在中非合作论坛约翰内斯堡峰会开幕式上的致辞》，《人民日报》2015 年 12 月 5 日，第 2 版。
② 习近平：《永远做可靠朋友和真诚伙伴——在坦桑尼亚尼雷尔国际会议中心的演讲》，《人民日报》2013 年 3 月 26 日，第 2 版。

中非之间的历史情谊为中非合作共赢打下了坚实的基础，中非合作在这个基础上行稳致远。中国与非洲的历史经历让双方认识到彼此的利益是高度一致的。习近平主席指出："中非是命运共同体，有共同的历史遭遇、发展任务和光明前途。"① "中非是休戚与共的命运共同体。历史反复证明，中国发展好了，非洲发展会更顺；非洲发展顺了，中国发展会更好。当前，国际形势正在发生深刻复杂变化，中非关系发展既面临前所未有的机遇，也面临许多新情况新问题的考验。无论国际风云如何变幻，中国都将坚定奉行对非友好政策，永远做非洲国家的可靠朋友和真诚伙伴，努力为非洲和平与发展事业作出更大贡献。"② 习近平殷切的话语鲜明地体现出，中国与非洲历来都是好朋友，中国视非洲为重要合作伙伴，中国高度认同与非洲的共同利益，中国希望与非洲朋友一同发展进步。深厚的历史友谊和密切的共同利益是中非合作共赢的基础和纽带，而中国与非洲对未来的共同憧憬则为中非构建更加紧密的中非命运共同体提供了巨大动力。习近平主席说："联结我们的不仅是深厚的传统友谊、密切的利益纽带，还有我们各自的梦想。13 亿多中国人民正致力于实现中华民族伟大复兴的中国梦，10 亿多非洲人民正致力于联合自强、发展振兴的非洲梦。"③

面对非洲蓬勃的发展势头，中国更加希望与非洲携手，以中国的发展帮助非洲的发展，以非洲的发展促进中国的发展。习近平主席对中非合作共赢怀有较高的期许，他曾说："非洲经济发展蓬勃向上，联合自强步伐坚实。中国正在全面深化改革，为实现'两个一百年'的目标而奋斗。中非关系在新的历史起点上全面快速发展，各领域合作取得新的丰硕成

---

① 《习近平会见中非部长级卫生合作发展会议参会代表》，中国政府网，2013 年 8 月 16 日，http://www.gov.cn/ldhd/2013-08/16/content_2468262.htm，最后访问日期：2022 年 3 月 20 日。

② 杜尚泽、蒋安全、兰红光：《习近平同非洲国家领导人举行早餐会时强调：中非关系发展没有完成时只有进行时》，《人民日报》2013 年 3 月 29 日，第 1 版。

③ 习近平：《永远做可靠朋友和真诚伙伴——在坦桑尼亚尼雷尔国际会议中心的演讲》，《人民日报》2013 年 3 月 26 日，第 2 版。

果。"① 他还说："非洲有着光明的发展前景，中非是休戚与共的命运共同体，中国需要非洲，非洲也需要中国。中方将坚定不移传承中非传统友谊，加强中非团结合作，在和平与发展的伟大事业中，中国永远是非洲的可靠朋友和伙伴。"② 习近平主席点出了中非都向往发展这个共同特征，呼吁中非在发展的道路上携手前进。习近平曾用中国和非洲的谚语表达对中非合作共赢的期望："非洲有句谚语，'一根原木盖不起一幢房屋'。中国也有句古话，'孤举者难起，众行者易趋'。"③ 中国与非洲在共同的发展任务面前，选择互相帮助、紧密合作，共同迈向共享的美好未来，这正是中非命运共同体的深刻内涵。

三　中非共同发展的经验互鉴

首先，中国的民族自信对非洲具有启示作用。习近平对传统文化有很深的理解，曾经指出"从整个国家来说，中华民族的传统文化在民族的延续和发展中起到了积极的作用"④。习近平在一篇题为《闽东之光——闽东文化建设随想》的文章中引用了中国的一句成语"王婆卖瓜，自卖自夸"，他提出了这样一个问题："如果王婆的瓜确实是好的，有它的特色，为什么不能自卖自夸呢？"⑤ 这是一种自尊心和民族自信心的体现，需要有这种王婆精神。没有对自己家乡的热爱和了解，怎么能帮助家乡发展呢？要把对家乡和传统的热爱与发展家乡的愿望紧密联系起来。

从文化发展进步的角度看，人们首先要了解家乡的荣耀，然后才能分享

---

① 《习近平同塞内加尔总统萨勒举行会谈》，人民网，2014 年 2 月 21 日，http://cpc. people. com. cn/n/2014/0221/c64094-24422860. html，最后访问日期：2022 年 3 月 20 日。
② 《习近平和尼日利亚总统乔纳森会谈时强调推动中非新型战略伙伴关系不断深入向前发展》，外交部网站，2013 年 7 月 10 日，https://www. fmprc. gov. cn/web/wjb_ 673085/zzjg_ 673183/xybfs_ 673327/dqzzhzjz_ 673331/zgalb_ 673389/xgxw_ 673395/201307/t20130710_ 7495167. shtml，最后访问日期：2022 年 3 月 20 日。
③ 习近平：《弘扬万隆精神　推进合作共赢——在亚非领导人会议上的讲话》，《人民日报》2015 年 4 月 23 日，第 2 版。
④ 习近平：《摆脱贫困》，福建人民出版社，1992，第 17 页。
⑤ 习近平：《摆脱贫困》，福建人民出版社，1992，第 16 页。

这份荣耀。忽视自身民族、地区和国家的历史将使我们很难真正理解事物本质和实际情形。一个人如果只会羡慕、夸大舶来品和外来文化的价值，认为自己家乡的土地上没有产生任何值得珍惜的事物，就会丧失自信。"如果人们只看到穷，但不是历史地看、发展地看，就很容易失去自信心，自暴自弃"①，最终会一无所成。文化文明建设最重要的着眼点就是要弘扬地方的传统文化。文化建设也意味着传承在民族的延续和发展中起到积极作用的文化因素。因此，"民族自信"是自信心的重要组成部分，使我们能够超越自己，创造伟大成就。所以，当前中国取得的成就正是建立在这种民族自信心和民族自豪感基础上的。

当前非洲的一部分后殖民和后现代学者应该学习中国的这种"王婆精神"。他们总是轻视非洲，将非洲矮化为恐怖的古树，呼吁人民离开非洲这个贫民窟。他们认为，非洲以外的世界充满了可能性和机遇。非洲的后殖民学者没有认识到，对于人们来说，世界文化固然多姿多彩，但自己所在地区的传统文化也同样值得继承和珍视，包括那些最平凡的传统文化。这些传统文化塑造了个人的灵魂，给他们留下了不可磨灭的印记。对于个人而言，传统文化所传递给他的价值是其人生旅途有益的财富。实际上，"世界主义"或者"世界公民"这种词语仅仅是一个抽象概念，并不具有实际内容，而作为一个族群、一个国家或者一种文化的一分子却有着更为具体和深刻的意义。忠诚于自己的祖国将使得一个人能够理解自己祖先所创造的文化的深度和丰富性。对这种文化的自豪感能对一个人的个性产生难以置信的影响，能将公民精神发展到极致，产生一种当地人特有的智慧。正是通过将自己浸润在高深莫测的祖先灵魂之中，人们才能完满地塑造自己的个性并获得纯粹的精神性。祖先文化提供了一种完满和典范性的模式，是创造性和智慧的见证。这种创造性和智慧通过语言、文学、歌谣、舞蹈、谚语、格言、伦理法则、技术等形式得以展现。这才是人类实现真正解放的力量源泉。

---

① 习近平:《摆脱贫困》，福建人民出版社，1992，第16页。

其次，中国式现代化道路为非洲国家的现代化建设提供了丰富的经验。中国式现代化道路的形成和发展拓展了发展中国家走向现代化的路径，更证明了现代化道路只有适合自己的才是最好的，没有固定的模式。党的二十大报告指出，"中国式现代化，是中国共产党领导的社会主义现代化，既有各国现代化的共同特征，更有基于自己国情的中国特色"①。中国式现代化是人口规模巨大的现代化，是全体人民共同富裕的现代化，是物质文明和精神文明相协调的现代化，是人与自然和谐共生的现代化，是走和平发展道路的现代化。中国式现代化道路能够为非洲提供有益的经验和借鉴。"发展中国家要坚定自己的现代化目标，结合本国国情积极探索自己的现代化道路。落后的发展现状与发展愿景之间的巨大差距，只应作为推进国家现代化的强烈意愿和动力源泉，绝不应成为放弃独立自主的理由。发展中国家要想将强烈的现代化意愿转化成经济社会发展的实际效果，需要有一个坚强有力、能够始终代表人民利益的执政党。在这样的执政党领导下，才能在长期赶超过程中始终凝聚人民共识、代表人民利益，锲而不舍地追求现代化目标。"② 这种经验对于非洲国家来讲无疑是适用的。特别是非洲在历史上长期受到殖民统治的影响，独立之后在政治、经济、文化等方面还深受其影响，没有实现彻底的独立自主。同时，政局的不稳定也严重影响非洲的现代化建设。此外，工业化和经济发展是现代化最为重要的组成部分和基础支撑，无论是发达国家还是发展中国家，通过工业化来驱动现代化都是必然的路径选择。特别是"一带一路"倡议能够有力地促进非洲的工业化转型，这对非洲国家来讲是非常重要的。中国的工业化进程对非洲国家来说有许多值得借鉴的经验。非洲国家需要获得更大的动力，在国际舞台上扮演更为活跃的角色。中国正在通过建立中非工业合作帮助非洲实施非洲自己的独立、连续和全面的国家计划。重建国家工业体系是巩固非洲国家经济和社会基础的优先选择，

① 习近平：《高举中国特色社会主义伟大旗帜　为全面建设社会主义现代化国家而团结奋斗——在中国共产党第二十次全国代表大会上的报告》，人民出版社，2022，第22页。
② 黄群慧、杨虎涛：《中国式现代化道路的特质与世界意义》，《人民日报》2022年3月25日，第9版。

也是打破新自由主义政策所塑造的后现代国家模式的一种有效方式。而中国在改革开放过程中形成的一系列经验、教训可以为非洲国家所借鉴。事实上，非洲国家可以从中国的发展节奏、优先发展领域、发展顺序和关键发展要素中借鉴经验。

当前我们生活在一个贫富两极分化的世界里，中国作为世界上最重要的发展中国家之一，提出了缩小南北差距的方案，并支持发展中国家增强自主发展能力。独立、自主和主权是中国长久以来的关注点，正如邓小平所说的，"现在的世界是开放的世界"，"总结历史经验，中国长期处于停滞和落后状态的一个重要原因是闭关自守。经验证明，关起门来搞建设是不能成功的。中国的发展离不开世界"。另外，邓小平也强调中国的国家主权和独立是中国人民经过长期奋斗得来的，他指出，"中国的事情要按照中国的情况来办，要依靠中国人自己的力量来办。独立自主，自力更生，无论过去、现在和将来，都是我们的立足点……任何外国不要指望中国做他们的附庸，不要指望中国会吞下损害我国利益的苦果"[1]。实践中，中国一直坚持独立、自主的发展道路。萨米尔·阿明认为中国与其他发展中国家根本性的不同之处在于中国很早就实现了自己的"独立、连续和统一的国家计划"，正是这一计划使中国能够建立起一个现代和统一的工业体系，既满足了国内市场的需求，同时也在国际市场上赢得了一席之地。

可以说，在所有的第三世界国家中，中国在国际事务中的话语权是无法替代的。中国按照自己的方式融入了全球化，而多数发展中国家则受制于外部势力，并且接受了资本主义的规则，即使有些国家反对资本主义国家主导的世界市场体系，但是经济上也难免被国际金融所裹挟。还有一些国家存在零碎的"国家工业政策"，这与中国所建立的完整、综合和独立的工业体系规划完全不同。

出现这种情况的根本原因在于，中国自 1949 年新中国成立之后，得

---

① 习近平：《习近平谈治国理政》（第二卷），外文出版社，2017，第 9~10 页。

益于自身独立和连续的国家计划，中国逐渐彰显了自身的原创性。中国在世界中因与盎格鲁－撒克逊资本主义的根本性差异而显得出类拔萃。例如，在纯粹资本主义逻辑中，农业用地只是商品。与之相反，在中国，土地所有权是不允许交易的，土地只能为整个国家和集体所有。如今，中国已经成功建立起一个现代、综合和独立的生产体系。与此同时，中国已经通过发展生产力，尤其是技术创新，一定程度上摆脱了初期对外的技术依赖。中国的快速发展与其坚持追求连续、统一和独立的国家计划密切相关。

发展问题是每个文明面临的至关重要的挑战。习近平对"发展道路"和"文明"这两个概念的阐释值得关注。习近平指出，"世界上没有放之四海而皆准的发展模式，也没有一成不变的发展道路"①。在中国共产党第十九次全国代表大会上，习近平总书记指出要尊重文明的多样性。在分析"社会主义民主"这个问题时，习近平总书记提出了新的概念——"发展社会主义政治文明"，即把社会主义民主吸收到文明之中。实际上，政治选择说到底是文明的选择。习近平提出，"要坚持从国情出发、从实际出发，既要把握长期形成的历史传承，又要把握走过的发展道路、积累的政治经验、形成的政治原则……不能割断历史，不能想象突然就搬来一座政治制度上的'飞来峰'"②，设计和发展国家制度，必须从国情出发，从实际出发。从这个角度来说，如果一个国家的政治制度从这个国家的土壤中汲取丰富的营养，那这个政治制度将会更为有效、稳定和可持续。

此外，经验的分享与交流是一个双向的过程。因此，中国也应从非洲身上学习和借鉴他们的文化成果与发展经验。一方面，非洲也有引以为傲的历史和文明。当人类诞生于非洲大陆并从这里走向世界各地的时候，非洲就开始为人类文明的发展贡献着自己的智慧和力量。除古老的埃及等北非文明外，古代撒哈拉以南的非洲也孕育了灿烂的文明文化，持续存在数千年的古

---

① 习近平：《习近平谈治国理政》，外文出版社，2014，第292页。
② 习近平：《习近平谈治国理政》（第二卷），外文出版社，2017，第285~286页。

代非洲王国，独具非洲特色的哲学、音乐、舞蹈、雕刻、口传文化等，都是非洲文明的结晶。中华文明应该从与非洲文明的交流互鉴中丰富自身的文明文化。另一方面，中国的民族自信和发展经验确实能够为非洲提供借鉴，同时我们也要积极学习非洲的先进经验。"如在政治发展方面，经过 20 多年多党民主政治的摸索与实践，非洲国家在非政府组织发展、市民社会培育和建设、政党与舆论监督等方面积累了宝贵经验；在发展理念方面，绿色发展、环境友好型发展、尊重自然、天人合一等更是根植于非洲各界、早已深入人心的理念。"[1] 比如，非洲的"非洲女教育家论坛"作为非洲女性教育领域最具规模的非政府组织，通过确立并落实战略目标，探索了一套完整而成熟的行动体系，为改善非洲女性教育现状作出了重要贡献，也为中国的对非教育援助以及中国与非洲非政府组织充分展开合作提供了经验和借鉴[2]；中国也可以充分借鉴非洲非政府组织的发展经验，充分发挥非政府组织在教育领域以及其他领域的作用。再如，非洲国家在移动支付方面取得了较大成就，这为我国进行农村普惠金融体系建设提供了经验借鉴；中非在传统医学医药领域存在相似之处，且非洲草药资源丰富，开展中非在医学和药学领域的合作，可以丰富和完善中医药理论体系和技术方法。

---

[1] 贺文萍：《中国经验与非洲发展：借鉴、融合与创新》，《西亚非洲》2017 年第 4 期，第 80 页。

[2] 甘小丰：《"非洲女教育家论坛"参与非洲女性教育目标、路径与经验》，《比较教育研究》2022 年第 4 期，第 96~102 页。

第四章　构建中非责任共同体

第一节　中非责任共同体的概念和意义

一　利益、责任、命运共同体

利益共同体、责任共同体和命运共同体是人类命运共同体的三个维度。从逻辑层面上来讲，利益共同体和责任共同体是人类命运共同体的组成部分。

习近平主席曾经指出，"随着商品、资金、信息、人才的高度流动，无论近邻还是远交，无论大国还是小国，无论发达国家还是发展中国家，正日益形成利益交融、安危与共的利益共同体和命运共同体"①。国家、地区之间的互动成为彼此生存和发展的前提，形成了不可分割的供应链、产业链、价值链，从而形成了利益共同体。此时，整个世界都成了一个集体，不论是安全层面、经济层面、文化层面，还是社会层面、生态层面、治理层面，因为一个国家或者地区单打独斗不可能解决当前面临的挑战，也不可能真正实现繁荣发展。共同利益是构建命运共同体的逻辑基础，也决定了命运共同体的必然性和可行性。同时，打造利益共同体也是构建人类命运共同体的重要

① 习近平：《中国是一个负责任大国》，载《论坚持推动构建人类命运共同体》，中央文献出版社，2018，第271页。

路径。当前各个国家都应该致力于扩大双方的利益汇合点，为构建人类命运共同体打下更加坚实的基础。习近平主席多次提到，寻求各方利益的最大公约数、打造利益共同体是构建人类命运共同体的重要路径。

利益共同体是构建命运共同体的前提和条件，但是命运共同体并不会自然而然形成，而是需要各国主动作为、彼此担当，从而形成责任共同体。这是构建人类命运共同体的保障和必由之路。"责任担当就是应该做什么以及承担由自己的行为而引发的后果。构建人类命运共同体，要求世界各国政府、各种非政府组织等作为全球治理的主体、参与者，要做到利益共享与责任共担。"① 当前全球性的挑战没有哪一个国家可以独立应对，也没有哪个国家可以退回封闭的孤岛，只有各个国家和组织从全球视野出发，将人类共同面临的问题当作自身的责任，才能共克时艰。具体来说，在当前国际形势下，各个国家或者国际主体需要承担的责任包括以下四种。一是遵守国际规则，国家不论大小、贫富、强弱，在规则面前一律平等，必须遵守国际社会共同制定的规则，遵守国际法，不能搞强权主义和双重标准。二是要在全球治理领域发力，实行善治，实现公平正义的治理目标。责任共同体应该唤醒良知、承担责任、履行义务，维护全球公平正义。三是树立正确的理念。要树立创新、协调、绿色、开放、共享的发展观，共同、综合、合作、可持续的安全观，开放、融通、互利、共赢的合作观，平等、互鉴、对话、包容的文明观，共商、共建、共享的全球治理观。四是要谴责霸权。霸权主义和强权政治是构建人类利益共同体和命运共同体的障碍，必然会对全球共同利益产生威胁，必须强化责任共同体意识、谴责霸权。② 特别是 2020 年肆虐全球的新冠疫情再次警醒我们，人类是紧密相连的命运共同体，需要各方团结起来应对共同挑战，承担共同责任。

习近平总书记高屋建瓴地指出当前世界是不可分割的利益共同体，进而提出了构建责任共同体，利益共享和责任共担是相互对应的，在此基础上，

---

① 杨义芹：《人类命运共同体的责任共担》，《光明日报》2021 年 1 月 4 日，第 15 版。
② 周小毛：《利益共同体、责任共同体和命运共同体的内在逻辑》，《湖南日报》2021 年 2 月 20 日，第 5 版。

构建人类命运共同体就成了必然结果。利益共同体、责任共同体和命运共同体构成了紧密的逻辑链条。人类命运共同体不是凭空想象出来的，而是在对当前的国际国内形势作出精准判断，经过缜密的逻辑思考之后提出的，是不可阻挡的潮流。

二 中非责任共同体

中非责任共同体，即中非"责任共担"，指中国和非洲在涉及彼此核心利益和重大关切问题上的相互理解和支持，密切在重大国际和地区问题上的协作配合，维护中非和广大发展中国家的共同利益。[①] 习近平主席在 2018 年中非合作论坛的讲话中指出，"携手打造责任共担的中非命运共同体。我们要扩大各层级政治对话和政策沟通，加强在涉及彼此核心利益和重大关切问题上的相互理解和支持，密切在重大国际和地区问题上的协作配合，维护中非和广大发展中国家共同利益"[②]。构建中非责任共同体是中国发展同非洲国家关系过程中的阶段性目标，是构建中非命运共同体的关键一步，最终服务于构建人类命运共同体的宏伟目标。"责任共担"是共建中非命运共同体的首要原则，构建责任共同体既是中非共同维护彼此发展利益的需要，也是双方共同应对全球性挑战的必然要求。总体而言，中非共建责任共同体，在彼此的长远发展目标和核心利益上达成共识，并在平等交往的前提下确定彼此的权利和责任，是未来中非关系的发展方向。鉴于当今国际社会面临的严峻挑战，中非应该进一步巩固联系，为构建责任共担的利益与命运共同体而努力。

中非责任共同体是中非命运共同体的重要组成部分，是推动中非合作的基本要求。2013 年 3 月，习近平主席在访问坦桑尼亚时提出"中非从来都

① 《新时代的中非合作》，中国政府网，2021 年 11 月 26 日，http://www.gov.cn/zhengce/2021-11/26/content_5653540.htm，最后访问日期：2022 年 3 月 25 日。

② 习近平：《携手共命运 同心促发展——在二〇一八年中非合作论坛北京峰会开幕式上的主旨讲话》，《人民日报》2018 年 9 月 4 日，第 2 版。

是命运共同体"①，这是有关中非命运共同体思想的首次权威表态。在周恩来总理首次访问非洲 50 周年之际，李克强总理于 2014 年 5 月访问非洲四国期间首次以书面形式确定了共建中非命运共同体的共识。在高度的政治共识基础上，中国与非洲国家交往的原则也在不断发展、细化。习近平主席于 2017 年致电非盟表示：中方将继续秉持真实亲诚对非政策理念和正确义利观，积极推动中非"十大合作计划"和"一带一路"建设同非盟《2063 年议程》对接，推动中非全面战略合作伙伴关系深入发展，更好造福中非人民。② 因此，强调中非双方在彼此核心利益和重大地区问题上责任共担、相互配合的责任共同体思想正式成为日后实施中国对非政策的重要指导思想之一。

"中非责任共担"是指导中非共建命运共同体的首要原则。中国与 53 个非洲国家在 2018 年一致通过了《关于构建更加紧密的中非命运共同体的北京宣言》。该宣言不仅确定了"中非从来都是命运共同体"的基本共识，也确定了中非双方将继续坚定支持彼此维护国家领土完整、主权、安全和发展利益的原则。与会非洲国家还承诺继续坚定奉行一个中国原则，支持中国统一大业并支持中国和平解决领土和海洋争议问题。③ 2021 年，我国发布《新时代的中非合作》白皮书，进一步确认了"责任共担、合作共赢、幸福共享、文化共兴、安全共筑、和谐共生"是构建中非命运共同体的基本纲领和战略共识，是未来指导中国对非政策的重要原则。④ 责任共担作为这一基本纲领中的重要原则，必然要求双方未来在一系列经济、政治、安全以及重大地区和全球性问题的合作中明确各方权责，并设置相关的规则机制，为

---

① 习近平：《习近平谈治国理政》（第一卷），外文出版社，2018，第 305 页。
② 《习近平致电祝贺非洲联盟第 29 届首脑会议召开》，新华网，2017 年 7 月 3 日，http：//www.xinhuanet.com/politics/2017-07/03/c_1121256243.htm，最后访问日期：2022 年 2 月14 日。
③ 《关于构建更加紧密的中非命运共同体的北京宣言》，《人民日报》2018 年 9 月 5 日，第3 版。
④ 《新时代的中非合作》，中国政府网，2021 年 11 月 26 日，http：//www.gov.cn/zhengce/2021-11/26/content_5653540.htm，最后访问日期：2022 年 3 月25 日。

推进中非合作建构制度基础。

"中非责任共担"是维护中非双方长期发展利益的应有之义。共建中非责任共同体本身既是中非长期友好合作的结果，也是保障双方长期发展利益的必然要求。"中国人讲究'义利相兼，以义为先'。中非关系最大的'义'，就是用中国发展助力非洲的发展，最终实现互利共赢、共同发展。我们要充分发挥中非政治互信和经济互补的优势，以产能合作、'三网一化'为抓手，全面深化中非各领域合作，让中非人民共享双方合作发展成果。"① 在具体实践中，无论是将"一带一路"倡议与非盟《2063 年议程》相对接、中非共同推进的"十大合作计划"还是中非在重大国际问题上的相互扶持，都离不开权责统一、规则健全、制度完备的合作机制。

"中非责任共担"是构建国际新秩序的必要条件。国际交往中各国权责总体匹配是无政府状态下国际体系得以维持的重要因素。当前，国际体系中权责不平等的特征明显，少数发达国家奉行霸权主义、单边主义政策，广大发展中国家的主权、发展权受到威胁，构建更加公正合理的国际秩序成为多数国家的共同诉求。在这一背景下，中非共建责任共同体是促进国际关系民主化、法治化、合理化，构建国际关系新格局的必然要求。正如习近平主席在和平共处五项原则发表 60 周年之际所说："我们应该共同推动国际关系合理化。适应国际力量对比新变化推进全球治理体系改革，体现各方关切和诉求，更好维护广大发展中国家正当权益。"② 几十年来，国际社会经历了许多深刻而复杂的剧变，多极化和全球化程度加深，区域合作蓬勃发展，各国相互依存度不断提高。但与此同时，由于南北差距越来越大，世界发展的不平衡因素交织在一起。这种差异体现在传统与非传统的安全威胁再度抬

---

① 习近平：《开启中非合作共赢、共同发展的新时代——在中非合作论坛约翰内斯堡峰会开幕式上的致辞》，《人民日报》2015 年 12 月 5 日，第 2 版。

② 习近平：《弘扬和平共处五项原则 建设合作共赢美好世界——在和平共处五项原则发表 60 周年纪念大会上的讲话》，新华网，2014 年 6 月 28 日，http：//www.xinhuanet.com//politics/2014-06/28/c_1111364206.htm，最后访问日期：2022 年 2 月 14 日。

头、不稳定不确定因素增多，并可能危及包括中国和非洲国家在内的许多发展中国家的和平与发展。在这种新的国际格局中，中国和非洲意识到自己面临着严峻的挑战，在中非共同利益不断扩大、相互需求不断增加的背景下，构建责任共担的共同体既是中非合作的内在要求，也是促进世界和平与可持续发展的必由之路。中非命运共同体的不断发展，不仅有利于中国和非洲的发展进步，也有利于加强发展中国家的团结与合作，推动建立公正合理的国际政治经济新秩序。和平、合作与可持续发展仍是双方建立责任共担的共同体的核心要素。

三　构建中非责任共同体的现实意义

构建中非责任共同体既是中非合作的必然结果，也是保障中非合作行稳致远的必然要求。

一方面，维护中非双方多年来的合作成果要求构建中非责任共同体。

第一，构建责任共同体是双方经济合作的必然要求。中国自 2009 年起就一直稳居非洲第一大贸易伙伴国地位，中非贸易额占非洲整体外贸总额的比重连年上升，2020 年超过 21%。中非双边贸易总额至 2021 年达到创纪录的 2540 亿美元，较 2020 年增长了 67 亿美元。① 中非双方巨量的贸易往来涉及多个国家，且涉及领域多为工矿业、基础设施建设、产能合作等事关当事国国计民生的重大项目。这些项目通常成本高、周期长、风险大。以"一带一路"旗舰项目——蒙巴萨至内罗毕现代化标准轨铁路（以下简称"蒙内铁路"）为例，2009 年中国与肯尼亚政府签署项目合作备忘录，2014 年开工建设，至 2017 年方能全线开通运营。根据《中非合作 2035 年愿景》，中国积极参与非洲大陆自贸区（AfCFTA）建设。中非基础设施领域合作升级，中国利用多种合作模式，支持非洲铁路、公路、航运、港口、航空、通信网络发展。中非建立形式多样的贸易投资便利化安排，推动中非贸易投资

---

① "China-Africa Trade in 2021 Amounted to ＄254 Billion，Breaking an All-Time Record，" January 19，2022. https：//chinaafricaproject. com/2022/01/19/china-africa-trade-in-2021-amounted-to-254-billion-breaking-an-all-time-record/，accessed：2022-02-18.

便利化合作达到更高水平。① 2021 年，中国发布《新时代的中非合作》白皮书，进一步确认了"责任共担、合作共赢、幸福共享、文化共兴、安全共筑、和谐共生"是构建中非命运共同体的基本纲领和战略共识，是未来指导中国对非政策的重要原则。大多数非洲国家对此表示非常赞成，并开始采取切实措施优化本国的投资环境，切实保障中国在非利益。当前比较突出的例子就是埃塞俄比亚自 2014 年以来大力推动的工业园战略，对中资非常友好，成为中国企业近年来的投资热点。埃塞俄比亚政府在第二个五年计划中，计划在 2015 年至 2019 年建设 14 个工业园区。截至 2016 年底，埃塞俄比亚已经开发和正在建设中的国家级工业园区有 11 个，其中 6 个工业园区主要由中国企业投资，包括江苏永元投资有限公司投资的东方工业园、由中土集团设计建造的埃塞首个现代化轻工业纺织园区——阿瓦萨工业园、由中交产业投资控股有限公司主导开发运营的 ARERTI 工业园、埃塞俄比亚—湖南工业园、中铁四局参与修建的克林图工业园、华坚集团负责开发运营的华坚国际轻工业城。工业园战略的成功实施既使埃塞俄比亚成为近几年吸引外资最多的撒哈拉以南非洲国家，也极大地推动了中国企业特别是私营企业"走出去"的步伐，可以预见，未来中非之间的类似合作将越来越多。在这一现实下，中国与非洲政府必然需要订立更多有执行力的协议以保证中方企业的合法利益，并保证工程的交付质量以及涉及非方的本土化经营、技术转让等合同义务的履行。

中国始终把强化中非之间的经济合作作为构建中非责任共同体的重要内容，建立责任共担的命运共同体为中非带来了更多的共同经济利益，有利于加强双方在经济领域的联系，扩大中非企业的合作规模。中国致力于助力非洲实现其经济的复苏和发展。面对突袭而至的新冠疫情，中非经济交流遇到了诸多困难。在建立责任共担的共同体的道路上，中非共同努力，携手推进双方经济社会等领域全方位发展。在 2018 年中非合作论坛上，中国宣布将

① 《中非合作 2035 年愿景》，中华人民共和国商务部网站，2021 年 12 月 8 日，http://xyf. mofcom. gov. cn/article/lt/202112/20211203226116. shtml，最后访问日期：2022 年 2 月18 日。

向非洲提供 600 亿美元支持。2019 年，中非贸易额达到 2087 亿美元，中国对非直接投资存量 491 亿美元，分别较 20 年前增长了 20 倍和 100 倍。① 中国民营企业正在非洲如火如荼地建设新的深水港、机场、公路、桥梁。通过与中国民营企业合作，非洲多地建立了工业园区，当地工人也获得了培训机会，掌握了新的技能。在 2021 年于达喀尔举行的中非合作论坛上，习近平主席在讲话中宣布了一系列大规模的贸易、医疗和投资计划，旨在满足非洲大陆抗击新冠疫情和刺激经济增长的直接需求。在习近平主席公布的九项工程中，他对疫苗的承诺收获了最多的掌声。中国承诺将把新冠疫苗的供应量增加十倍，从当时的 1.07 亿剂增加到 10 亿剂，其中 6 亿剂为捐赠，其余 4 亿剂将在非洲各国当地生产，同时还重申了支持疫苗知识产权豁免的立场。讲话的另一关键点是要扩大非洲农产品出口中国的规模，为非洲农产品输华建立"绿色通道"，对于负担沉重的检疫准入程序，要加快推动其合理化改革进程。习近平主席还指出，力争到 2024 年之前将非洲对中国的年平均出口额提升到 3000 亿美元。为了支持这一进程的启动，习近平主席表示中国将提供 100 亿美元的贸易融资额度，用于支持非洲出口。此外，中国将同非洲大陆自由贸易区秘书处成立中非经济合作专家组。② 中国一直致力于将非洲大陆自由贸易区与"一带一路"倡议相结合，习近平主席的讲话彰显了中国在此方面做出的努力。

激发中非之间经济活力的重点应落在通过扩大对非投资带动产业发展。有鉴于此，中国政府鼓励其企业投资非洲的不同产业，特别是制造业、贸易、金融、农业等。以农业层面为例，值得注意的是，自 2018 年底树立打造共同体的目标以来，中方已实施了 50 多个农业援助项目，这些项目大部分集中在农业产量的增长上，以此确保共同体框架内所有人口的粮食安全。

---

① 《后疫情时代的中非合作前景光明——驻南非大使陈晓东在南媒体发表署名文章》，中华人民共和国外交部网站，2021 年 1 月 6 日，https://www.fmprc.gov.cn/web/gjhdq_676201/gj_676203/fz_677316/1206_678284/1206x2_678304/202101/t20210106_9320365.shtml，最后访问日期：2023 年 2 月 20 日。

② 习近平：《同舟共济，继往开来，携手构建新时代中非命运共同体——在中非合作论坛第八届部长级会议开幕式上的主旨演讲》，《人民日报》2021 年 11 月 30 日，第 2 版。

其中，项目推广的农作物有水稻、木薯、玉米、小麦、棉花等。为此，中国政府在 2019 年至 2021 年期间，向多个非洲国家派遣了近 500 名农业工程师，以期恢复多个因干旱、缺水、洪涝等而产量低下的农村地区的土地。他们通过开展以强化生产能力为主题的研讨会，在农业、畜牧业、新作物和生产技术等方面向非洲国家提供帮助。该行动的目的有二：一是帮助非洲国家更好地融入共同体价值链；二是帮助非洲融入世界经济。为此，中国政府为以国家、次区域和区域为辐射单位的非洲经济区都提供了后勤和财政支持。支持建立中非经贸博览会，是建设国家和区域经济特区的重要步骤，目前中方已启动该程序。这是一个崭新的平台，中非经贸博览会将通过专题研讨、分类研讨、经验分享会等途径保障共同体经贸活动有条不紊地进行。博览会还将承担产业推广等任务。根据习近平主席 2018 年公布的"八大行动"，中国在华设立中国—非洲经贸博览会，最终目标是提升非洲工业、农业的现代化水平。

第二，构建责任共同体是中非双方政治共识的必然结果。西方式民主制度在非洲的"水土不服"，让非洲国家逐渐意识到一味照搬西方政治模式可能无法为非洲的发展提供稳定的制度保障。于是越来越多的非洲学者和领导人开始尝试从中国的发展模式和政治制度中汲取经验。如肯尼亚非洲政策研究所所长皮特·卡戈万加教授认为，非洲国家执政党应更多借鉴中国共产党的执政经验，寻找真正适合自己国情的发展道路。[1] 卢旺达总统保罗·卡加梅借鉴中国打击腐败的经验，并将其应用到本国的立法和施政中。[2] 南非、莫桑比克、埃塞俄比亚等国执政党则积极派遣干部来华学习、交流经验。[3] 同时，中国也在借鉴非洲一些国家在环保等议题上的先进经验。当然，中国模式有其特殊性，必不可能对所有非洲国家都适用、为所有非洲国家所采

---

① 周瑾艳：《非洲智库对新时代中国方案的认知及其对中非治国理政经验交流的启示》，《国外社会科学》2018 年第 5 期，第 119 页。

② 贺文萍：《中国经验与非洲发展：借鉴、融合与创新》，《西亚非洲》2017 年第 4 期，第 85~86 页。

③ 黎文涛：《非洲政治多元化趋势探析》，《现代国际关系》2020 年第 5 期，第 56 页。

纳；同时，中国也绝对无意强行"推销"自己的政治模式。但随着中非双方政治合作的扩大和深入，中非双方的政治共识必然会得到深化，中国模式也会得到非洲国家更广泛的理解和认同，最终实现中非责任共同体的构建，以更好地实现各自的发展、服务双方人民。

构建责任共担的中非命运共同体在中非政治关系中是十分必要的，它可以扩大双方之间的讨论和政治交流，进而加深双方的平等互信。因此，在构建中非责任共同体的过程中，中非官员之间将继续保持密切来往，定期进行官方互访和高层交往，同时还应进一步增加中非之间的政治对话，以加深双方之间的传统友谊。

另一方面，构建中非责任共同体也是保障双方关系行稳致远的必然要求。中非双边投资条约的签订是中非关系立足长远的直接体现。截至2016年，中国共与33个非洲国家签订了双边投资条约，其中18个双边投资条约已经生效。双边投资条约对中非构建责任共同体意义重大，为缔约国相关方提供了基本的合作架构、投资保护机制以及争端解决机制。如《中华人民共和国政府和尼日利亚联邦共和国政府相互促进和保护投资协定》规定：缔约一方应促进经济合作和鼓励缔约另一方的投资者在其领土内投资，并依照其法律和法规接受这种投资；缔约一方投资者在缔约另一方境内的投资，应享受持续的保护；在不损害其法律法规的前提下，缔约一方不得对缔约另一方投资者在其境内投资的管理、维持、使用、享有和处分采取任何不合理的或歧视性的措施；缔约一方努力为在其领土内从事与投资有关活动的缔约另一方国民获得签证和工作许可提供帮助。[①] 不仅如此，针对许多观察家担心的非洲有关国家政局不稳的风险，许多中非双边投资条约也有相关条款加以保证。如《中华人民共和国政府和埃塞俄比亚联邦民主共和国政府关于鼓励和相互保护投资协定》第五条规定：缔约一方的投资者在缔约另一方领土内的投资，如果因战争、全国紧急状态、暴乱、骚乱或者其他类似事件

[①] 《中华人民共和国政府和尼日利亚联邦共和国政府相互促进和保护投资协定》，中华人民共和国商务部网站，2010 年 2 月 25 日，http：//tfs. mofcom. gov. cn/article/h/aw/201002/2010020 6795350. shtml，最后访问日期：2022 年 6 月 30 日。

而遭受损失，缔约另一方在采取有关措施时，其给予该投资者的待遇不得低于给予第三国投资者的待遇。同时还有相关条款保护投资和收益的自由转移，如第六条规定：缔约一方应按照其法律、法规的规定，保证缔约另一方投资者转移在其领土内的投资和收益，包括：利润、股息、利息及其他合法收入，投资的全部或者部分清算款项，与投资有关的贷款协议的偿还款项，提成费，技术援助或者技术服务费、管理费以及在缔约一方领土内从事与投资有关活动的缔约另一方国民的收入。[①]

总之，中非双方在合作过程中如约履行各自责任，并进一步将双方权责规范化。经济合作是中非合作的"稳定器"与"压舱石"，双方的经济合作与各自的发展战略和脱贫事业紧密相连，在中国积极推动对非贸易、投资与援助的同时，非洲国家承诺继续完善法律法规和基础设施、提供高效务实的政府服务，为吸引中国企业投资、开展产能合作创造良好环境。在政治合作上，中非双方相互尊重彼此的核心利益和长远发展战略，在彼此最需要帮助的时候伸出援手。目前中国与中非合作论坛非方成员互设代表机构已经实现全覆盖，与 20 世纪 90 年代西方国家大量撤出驻非机构形成了鲜明对比。可见，在平等交往和共同利益的基础上共担责任，是中非关系得以行稳致远的重要因素。

第二节 构建中非责任共同体的基础和现实条件

一 构建中非责任共同体的基础

构建中非责任共同体要求中非双方"在核心利益上相互理解支持"，而其前提便是各方对自己负责。中国最关切的问题是实现中国人民的福祉，而中国也愿尽已所能带动世界发展。

[①] 《中华人民共和国政府和埃塞俄比亚联邦民主共和国政府关于鼓励和相互保护投资协定》，中华人民共和国商务部网站，2010 年 2 月 5 日，http：//tfs.mofcom.gov.cn/aarticle/h/aw/201002/20100206778971.html，最后访问日期：2022 年 6 月 30 日。

一方面，一个负责任的大国首先要对本国国民负责。正如习近平总书记所言："我们将承担负责任大国的使命，通过建设一个和平发展、蓬勃发展的中国，造福中国人民，造福世界人民，造福子孙后代。"[①] 中国作为最大的发展中国家，目前已经发展成世界第二大经济体，民众生活水平有了极大的提高。2021 年 2 月 25 日，习近平总书记正式宣布："脱贫攻坚战取得了全面胜利，中国完成了消除绝对贫困的艰巨任务。"[②] 改革开放以来，按照现行贫困标准计算，中国 7.7 亿农村贫困人口摆脱贫困；按照世界银行国际贫困标准计算，中国减贫人口占同期全球减贫人口的 70% 以上。在全球贫困状况依然严峻、一些国家贫富分化加剧的背景下，中国的全面脱贫标志着其提前 10 年实现了联合国 2030 年可持续发展议程的减贫目标，显著缩小了世界贫困人口的版图。与此同时，中国的发展经验也为包括非洲国家在内的国际社会所重视。在以"摆脱贫困与可持续发展"为主题的第三届中非地方政府合作论坛中，与会各国代表表示，中国在扶贫方面取得的成功经验给非洲各国带来了很多启发。中非合作项目助力非洲脱贫，实现了双方互利共赢。发展既是一国政府的基本责任，又是其支持世界其他国家发展的基础。对此习近平主席强调，时代在发展，人权在进步。中国坚持把人权的普遍性原则和当代实际相结合，走符合国情的人权发展道路，奉行以人民为中心的人权理念，把生存权、发展权作为首要的基本人权，协调增进全体人民的经济、政治、社会、文化、环境权利，努力维护社会公平正义，促进人的全面发展。新冠疫情发生以来，中国凭借高效的抗疫举措和适当的经济政策成为 2020 年全球唯一实现经济正增长的主要经济体。在与本国及世界经济紧密相关的货物贸易方面，中国外贸进出口从 2020 年 6 月起连续 7 个月正增长，全年出口 17.93 万亿元，增长 4%；进口 14.23 万

① 《习近平在第二次中央新疆工作座谈会上的讲话》，新华网，2014 年 5 月 28 日，http：//www.xinhuanet.com/photo/2014-05/29/c_126564529.htm，最后访问日期：2022 年 2 月 14 日。

② 《〈人类减贫的中国实践〉白皮书（全文）》，国务院新闻办公室网站，2021 年 4 月 6 日，http：//www.scio.gov.cn/zfbps/32832/Document/1701632/1701632.htm，最后访问日期：2022 年 6 月 30 日。

亿元，下降 0.7%；贸易顺差 3.7 万亿元，增长 27.4%。① 在全球经济遭受疫情冲击的背景下，中国经济的强力发展为造福本国民众和支持非洲国家提供了强大的物质基础。

另一方面，中国政府积极推动中国自身发展转化为世界发展的机遇。中国的发展是世界的机遇，中国是经济全球化的受益者，更是贡献者。中国经济快速增长，为全球经济稳定和增长提供了持续强大的推力。中国同一大批国家的联动发展，使全球经济发展更加平衡。中国减贫事业的巨大成就，使全球经济增长更加包容。中国改革开放持续推进，为开放型世界经济发展提供了重要动力。1950 年至 2016 年，中国在自身长期发展水平和人民生活水平不高的情况下，累计对外提供援款 4000 多亿元，实施各类援外项目 5000 多个，其中成套项目近 3000 个，举办 11000 多期培训班，为发展中国家在华培训各类人员 26 万多名。改革开放以来，中国累计吸引外资超过 1.7 万亿美元，累计对外直接投资超过 1.2 万亿美元，为世界经济发展作出了巨大贡献。国际金融危机爆发以来，中国经济增长对世界经济增长的贡献率年均在 30% 以上。② 在推动世界发展的过程中，中国积极支持以非洲国家为代表的发展中国家。在 2016 年中非合作论坛约翰内斯堡峰会上，习近平强调，中国将继续为非洲发展作出新的更大贡献，欢迎非洲搭乘中国发展的快车、便车，让中国发展成果更多惠及中非人民。与此同时，中国坚持改革开放的道路，坚定支持经济全球化和世界政治格局多极化，与国际伙伴特别是非洲伙伴一道反对单边主义和保护主义，致力于维护开放型世界经济和多边贸易体系。在此基础上，中国积极践行"一带一路"倡议，并得到了广大非洲国家的积极支持。在中非合作论坛北京峰会上，中非双方一致同意"一带一路"倡议遵循共商共建共享原则，遵循市场规律和国际通行规则，坚持公开透明，谋求互利共赢，打造包容可及、价格合理、广泛受益、符合国情

---

① 《我国 2020 年成为全球唯一实现货物贸易正增长的主要经济体》，新华网，2021 年 1 月 14 日，http://www.xinhuanet.com/fortune/2021-01/14/c_1126982348.htm，最后访问日期：2022 年 6 月 30 日。

② 习近平：《共担时代责任，共促全球发展》，《求是》2020 年第 24 期，第 10~11 页。

和当地法律法规的基础设施，致力于实现高质量、可持续的共同发展。此外，非洲各国一致同意非洲是"一带一路"的历史和自然延伸，是重要参与方。中非共建"一带一路"将为非洲发展提供更多资源和手段，拓展更广阔的市场和空间，提供更多元化的发展前景。双方同意将"一带一路"倡议同联合国 2030 年可持续发展议程、非盟《2063 年议程》和非洲各国发展战略紧密对接，促进双方"一带一路"产能合作，加强双方在非洲基础设施和工业化发展领域的规划合作。[①] 总之，当前中国为本国和非洲伙伴提供公共物品的能力和意愿都在稳步增强，这为中非共建责任共同体打下了坚实的基础。

此外，中国还积极支持非洲伙伴国家的发展，并对本国向非洲国家作出的承诺负责。习近平主席将真实亲诚对非政策理念和正确义利观作为中国推行对非合作的总指导，并指出中非关系最大的"义"，是把非洲自主可持续发展同中国自身发展紧密结合起来。在此观念的指导下，中国在力所能及的基础上严格履行对非洲国家的援助和投资承诺。2013 年至 2018 年，中国对外援助共 2702 亿元，其中对非洲国家的援助占比 44.65%。新冠疫情发生后，中国随即宣布免除 15 个非洲国家 2020 年底到期的无息贷款债务。[②] 同时，中国大力支持非洲自身的发展计划和地区合作机制。2012 年 1 月，中国援建的非盟会议中心项目建成并投入使用，这是继坦桑尼亚—赞比亚铁路（以下简称"坦赞铁路"）之后中国在非最大援助项目。2014 年中国设立驻非盟使团，标志中国与非盟关系进入新阶段。中国政府多次表明坚定支持非盟在推进非洲发展和一体化进程中发挥领导作用、在维护非洲和平安全以及地区与国际事务中发挥更大作用，支持非盟通过《2063 年议程》及实施第一个十年规划。中国还以观察员身份多次应邀出席西非国家经济共同体、南部非洲发展共同体、东非共同体、东非政府间发展组织、中部非洲国家经济共同体等次区域组织重要活动，并向西共体、南共体、东共体派驻大使。

---

① 《关于构建更加紧密的中非命运共同体的北京宣言》，《人民日报》2018 年 9 月 5 日，第 3 版。
② 《新时代的中非合作》，中国政府网，2021 年 11 月 26 日，http：//www.gov.cn/zhengce/2021-11/26/content_5653540.htm，最后访问日期：2022 年 3 月 25 日。

二 构建中非责任共同体的现实条件

共同利益是中国与非洲国家交往的基础。

一方面，中非双方一致认同经贸合作始终是中非关系发展的"压舱石"和"推进器"。[①] 双方的经贸合作为政府、企业和民众带来了实实在在的好处，不仅为中国与非洲国家间关系提供了扎实的物质基础，还有利于中国在非洲大多数国家塑造良好的国家形象。中国自 2009 年起一直稳居非洲第一大贸易伙伴国地位，2020 年中非贸易额占非洲整体外贸总额比重已经超过 21%。同时，中国主动扩大自非洲非资源类产品进口，对非洲 33 个最不发达国家 97% 税目输华产品提供零关税待遇。非洲国家在中非贸易中获益明显。2017年以来中国从非洲服务进口年均增长 20%，每年为非洲创造近 40 万个就业岗位。此外，中国目前已成为非洲第二大农产品出口目的国。中国—毛里求斯自贸协定于 2021 年 1 月 1 日正式生效，成为中非间首个自贸协定，为中非经贸合作注入新动力。[②] 双边紧密的经贸往来使许多非洲国家民众的生活水平得到了切实提高，也使中国得以在多数非洲国家中保持良好的国家形象。美国皮尤研究中心在 2017 年的国家形象调查显示，俄罗斯和撒哈拉以南非洲国家对华形象最为正面，其中尼日利亚是最喜欢中国的国家。[③]

另一方面，共建责任共同体是日益深化的中非合作的必然需求，也是各方长远利益的有效保障。在这一点上，中非双方首先具备较强的政治互信。自新中国成立以来，无论是纷繁变化的国际形势还是双方有限的社会经济发展水平都没有影响中非之间总体向好的合作关系。2000 年以后，中非合作论坛逐渐发展成双方最重要的合作平台，2006 年中非合作论坛北京峰会确立中非新型战略伙伴关系，2015 年约翰内斯堡峰会确立中非全面战略合作伙伴关系，2018 年北京峰会确定构建更加紧密的中非命运

---

① 《关于构建更加紧密的中非命运共同体的北京宣言》，《人民日报》2018 年 9 月 5 日，第 3 版。

② 《新时代的中非合作》，中国政府网，2021 年 11 月 26 日，http://www.gov.cn/zhengce/2021-11/26/content_5653540.htm，最后访问日期：2022 年 3 月 25 日。

③ "Pew Research Center: Global Attitudes toward China and U.S," September 21, 2017, p. 22.

共同体。历次峰会达成的最重要共识就是中非双方始终维护并支持彼此核心利益。中方始终支持非洲一体化进程、工业化进程，并在对非投资与援助等领域奉行不干涉原则，而非洲国家则始终坚定奉行一个中国原则、支持中国和平统一大业。在坚定的政治共识和尊重彼此核心利益的基础上，中非在多个方面切实推动责任共同体建设。在经济领域，中国大力支持非洲大陆自贸区建设，中非双方积极推动"一带一路"建设与非洲大陆自贸区建设及非洲一体化进程的相互对接。① 在政治和安全领域，中国一贯支持非洲国家和非盟在本地区安全事务上的主体地位，并且在不干涉原则下积极支持非洲提升维和与反恐能力。非洲国家也积极同中国开展平等合作，与中国在联合国安理会建立"1+3"磋商机制，就重大国际和地区问题保持沟通与协调。2017 年以来，中国担任安理会轮值主席国期间，中非双方相互配合，倡议召开了"加强非洲和平与安全能力""加强非洲维和行动"等公开辩论会。

总体而言，中非利益、责任、命运共同体是一个有机整体，而责任共同体则是其中不可或缺的桥梁。无论是相对短期的共同利益还是长远的共同命运，都需要逐步明确相互责任并构建可行的保障机制。② 在这方面，中非合作具备扎实的物质基础和坚定的政治共识，未来在相互尊重彼此核心利益的前提下逐步在经济、政治、安全方面构建权责明晰的合作机制是必然的发展方向。

第三节　中非责任共同体的原则与实践

一　构建中非责任共同体在中非政治经济合作中的体现

利益和责任是相互的，因此中非双方长期不断扩大和深化的合作发展过

---

① 《非洲大陆自贸区有关问题解答》，中华人民共和国商务部网站，2019 年 5 月 29 日，http：//www.mofcom. gov. cn/article/i/jyjl/k/201905/20190502868020. shtml，最后访问日期：2022 年 1 月 11 日。

② 张春：《中国在非洲的负责任行为研究》，《西亚非洲》2014 年第 5 期，第 61 页。

程也是"中非责任共同体"原则的形成与实践过程。这集中体现在中方提出的深化中非合作的四项原则上。

一是真诚平等相待，双方不把自己的意志强加于人，不干涉对方内政，在合作中出现的问题通过平等协商解决。比如中国在对非援助、投资事务中不附带政治条款，中非双方在债务问题、技术转让问题、民众就业问题等共同关切的重大问题上保持平等、顺畅交流。2020年中国积极落实二十国集团针对重债穷国的缓债倡议（Debt Service Suspension Initiative）并成为其中落实缓债份额最多的国家。截至2020年10月，29个非洲国家参与了该倡议，而中国承担的缓债份额达到72亿美元，占到该倡议总额的70%。① 中国对待非洲国家的态度也得到了大多数非洲民众的赞赏。知名国际组织"非洲晴雨表"（Afrobarometer）在其2019~2020年的"中国在非洲影响力调查"表明，中国在非洲的政治经济影响力和发展模式受欢迎程度两方面都与美国势均力敌。59%的受访民众认为中国在非洲的政治经济影响是"有益的"（相较而言，58%的受访民众认为美国在非洲的政治经济影响是"有益的"），同时有23%的受访民众认为中国是最好的发展模板，仅次于美国的32%。② 值得注意的是，在西方甚嚣尘上的"债务陷阱论"同样遭到了大多数非洲国家和国际组织的驳斥，南非、赞比亚、乌干达、卢旺达、埃塞俄比亚、吉布提以及非洲发展银行都明确表态不接受"债务陷阱论"，这一事实甚至得到了许多西方理性学者的承认。美国民主党领导下的智库"美国进步中心"（Center for American Progress）撰文称："目前为止，中国政府并未因非洲国家政府无法还债而查封债务国任何一处财产……事实上中国对非洲的

---

① U.S., China Economic and Security Review Commission, "Hearing on China's Strategic Aims in Africa," May 8, 2020, https://www.uscc.gov/sites/default/files/2020-06/May_8_2020_Hearing_Transcript.pdf, p.164, accessed: 2022-06-24.

② Edem Selormey, "Africans' Perceptions about China: A Sneak Peek from 18 Countries," September 3, 2020, https://www.afrobarometer.org/wp-content/uploads/migrated/files/africa-china_relations-3sept20.pdf, p.9, accessed: 2022-06-24.

借贷因为习近平主席致力于推进"一带一路"倡议而增强了其国际信用。"① 总之，中国平等对待非洲伙伴的态度和实际行动得到了国际社会的普遍认同。

此外，中非之间的真诚平等相待也体现在具体的中非双边投资条约当中。随着中非之间经济往来的不断加深，个人与企业间、企业之间甚至政府与企业间的经济纠纷不可避免，对此，中国与非洲国家间的双边投资条约大都拟定了明确的权利义务与争议解决条款。如《中华人民共和国政府和埃塞俄比亚联邦民主共和国政府关于鼓励和相互保护投资协定》第八条规定，缔约双方对本协定的解释或者适用所产生的争端，应当尽可能通过外交途径协商解决；如在六个月内不能协商解决争端时，根据缔约任何一方的要求，可以将争端提交专设仲裁庭仲裁；裁决为终局的，对缔约双方具有拘束力。第九条则规定，缔约一方的投资者与缔约另一方之间就在缔约另一方领土内的投资产生的任何争议，应尽可能由争议双方友好协商解决；如争议在六个月内不能协商解决，争议任何一方均有权将争议提交接受投资的缔约一方有管辖权的法院；涉及征收补偿额的争议，在六个月内不能协商解决时，争议任何一方均可以要求将争议提交专设仲裁庭仲裁，专设仲裁庭可以参照"解决投资争端国际中心"的仲裁规则自行制定其规则；仲裁庭的裁决应以多数票做出；裁决是终局的，对争议双方具有拘束力。缔约双方应根据各自国内的法律、法规，对执行上述裁决承担义务。② 中非之间诸如此类的双边条约正是双方在实践中责任共担、平等相待的集中体现。

二是增进团结互信，双方尊重彼此的核心利益和重大关切。非洲国家在涉及中国国家主权和领土完整等国家核心利益的问题上给予了中方宝贵支

---

① Jordan Link, "5 Things U. S. Policymakers Must Understand about China-Africa Relations," October 5, 2021, https：//www. americanprogress. org/article/5 - things - u - s - policymakers - must-understand-china-africa-relations/, accessed：2022-06-24.

② 《中华人民共和国政府和埃塞俄比亚联邦民主共和国政府关于鼓励和相互保护投资协定》，中华人民共和国商务部网站，2010 年 2 月 5 日，http：//tfs. mofcom. gov. cn/aarticle/h/aw/201002/20100206778971. html，最后访问日期：2022 年 6 月 30 日。

持。同样，中国也切实支持非洲国家的核心利益和长远发展。正如欧洲学者所言：非洲的未来在于工业化。① 中国以产业对接和产能合作助力非洲工业化和经济多元化进程。截至 2021 年，中国与 15 个非洲国家建立产能合作机制。中国与非洲国家合作建设经贸合作区、经济特区等项目，吸引各国企业赴非投资，增加当地就业和税收。截至 2021 年 3 月，中非产能合作基金已累计对非投资 21 个项目，涉及能源、资源、制造业等多个领域。数十家中资企业与非洲企业合作建设光伏电站，累计装机容量超过 1.5 吉瓦（GW），填补了非洲光伏产业链的空白，有效缓解了当地用电紧缺问题并促进低碳减排。②

三是共谋包容发展，双方在合作中各自发挥优势，共同服务于中非长期利益。中国作为目前世界第二大经济体，也是世界上唯一拥有全部工业门类的国家，在工业化、基础设施建设、贸易、投融资等方面对非洲国家有着较为明显的支持。如中国积极结合自身优势与非洲需要，鼓励和支持中国企业扩大和优化对非投资，为符合条件的项目提供融资及出口信用保险支持。一方面，在中国政府、金融机构和各类企业合力推动下，中国对非投资呈现良好发展态势，帮助非方提升了有关产业工业化水平、产业配套和出口创汇能力。2018 年，习近平主席在中非合作论坛北京峰会上宣布未来三年中国企业在非投资不少于 100 亿美元，并设立 50 亿美元自非洲进口贸易融资专项资金。另一方面，非洲是目前世界上经济增长速度最快、最有活力的大陆。在疫情的严重冲击下，非洲大陆在 2021 年的整体经济增长率达到了 3.8%，2020 年全球增长最快的 10 个国家中有 7 个在非洲。③ 因此，非洲市场也给中国企业提供了许多投资机会。非洲的发展是中

---

① Uwe Wissenbach, "The EU's Response to China's Africa Safari: Can Triangular Co-operation Match Needs?" *European Journal of Development Research*, Vol. 21 No. 1, 2009, pp. 662-674.

② 《新时代的中非合作》，中国政府网，2021 年 11 月 26 日，http://www.gov.cn/zhengce/2021-11/26/content_5653540.htm，最后访问日期：2022 年 3 月 25 日。

③ Ventures Africa, "The Top Five Most Prospective Africa Countries to Watch," November 25, 2021, https://venturesafrica.com/the-top-five-most-prospective-african-countries-to-watch/, accessed: 2022-06-30.

国的机遇，中国的发展也是非洲的机遇。在此背景下，中国积极参与非洲大陆自贸区建设。中非基础设施领域合作升级，中国利用多种合作模式，支持非洲铁路、公路、航运、港口、航空、通信网络发展。在双方的共同努力下，中非建立起了形式多样的贸易投资便利化安排，推动中非贸易投资便利化合作的发展。

此外，为切实推动中非全面战略合作伙伴关系建设，中国于 2015 年推出了"十大合作计划"，致力于支持非洲破解基础设施滞后、人才不足、资金短缺三大发展瓶颈，加快工业化和农业现代化进程，实现自主可持续发展。这一计划涉及工业化合作、农业现代化合作、基础设施合作、金融合作、贸易和投资便利化合作等多项涉及非洲地区长期发展的关键领域。为确保"十大合作计划"顺利实施，中国政府在当年承诺提供总额 600 亿美元的资金支持，其中包括 50 亿美元的无偿援助和无息贷款，350 亿美元的优惠性质贷款及出口信贷额度，并提高贷款优惠度。此外，中方还为中非发展基金和非洲中小企业发展专项贷款各增资 50 亿美元，并设立首批资金 100 亿美元的"中非产能合作基金"。

四是创新务实合作，中非双方不断寻找和扩大利益交汇点，推动各自发展战略的接轨。中非在电子商务领域的合作近年来得到快速发展，"丝路电商"合作不断推进。中国已与卢旺达建立电子商务合作机制，同时中国企业积极投资海外仓建设，使得非洲优质特色产品通过电子商务直接对接中国市场。当前，非洲大陆有 4.65 亿网民，到 2025 年预计将增长至 5 亿以上，同时非洲 2025 年的网购总额预计能达到 180 亿美元，年增长率高达 18%。其中，尼日利亚、肯尼亚、南非是非洲电子商务发展最快的三个国家，非洲超过 40% 的电商企业设在尼日利亚，肯尼亚手机支付的发展速度领先，而南非的跨境电商则发展迅速。除了政府间合作机制外，中国私营企业同样在非洲寻求合作。如阿里巴巴的非洲企业家项目已经收到来自 54 个非洲国家的 18000 份申请。正如尼日利亚最大的线上支付平台 Jumia 创始人杰里米·霍达拉（Jeremy Hodala）所言："中国电商的发展给了我们很大的启发，我们希望与中国在电商平台领域加强合作。中国的电子商务和线上支付系统非常先进，其在这些方面的经验非常值得学习，Jumia 本身就是在沿着中国的方向进入非洲市场。"①

随着非洲大陆自贸区协定的正式签订，中国与非洲在自贸区领域的合作也成为双方合作新的亮点。中国-毛里求斯自贸协定作为中非间首个自贸协定于 2021 年 1 月 1 日正式生效，其不仅为未来其他非洲国家与中国签订自贸协议提供了样板，也标志着毛里求斯成为人民币在非洲的清算与结算中心之一。② 2021 年，非洲大陆自贸区协定的正式签订也为中非进一步加强合作打造了新的平台。2021 年，非盟在其第三十六届峰会上首次提出建设非洲自贸区的两大目标：实现非洲贸易与合作一体化，通过经济转型与合作实现脱贫。③ 中国作为非洲最大的贸易伙伴，2019 年对非贸易顺差达到 170 亿美元，非洲自贸区的推动无疑将加大中国商品在非洲大陆的流通，非洲民众对中国工业品的需求将进一步得到满足。同时，至 2019 年有超过 1 万家中国企业在非洲运营，每年为非洲创造近 40 万个就业岗位，这无疑为非洲的脱贫事业作出了实际贡献。在中非双方共同发展利益与广泛政治共识的基础上，中国与非盟签订了《中国和非洲联盟加强中非合作减贫纲要》，双方一致同意发挥双方比较优势，加强产业合作，促进非洲劳动密集型产业发展，创造更多就业机会，以此推动非洲制造业发展和工业化进程，并加速减贫进程。中方将积极引导企业参与在非洲的经贸合作区建设，同时非方愿为此营造更为有利的投资贸易环境。此外，中非双方都认为基础设施有助于破解发展瓶颈，对减贫至关重要。双方同意继续将其作为中非合作的优先领域，加强在交通、通信、水利、电力、能源等基础设

---

①　Chris Gill, "China Eyes e-Commerce in Africa," June 17, 2020, https：//www.asiafinancial.com/china-eyes-e-commerce-in-africa, accessed：2022-06-30.

②　Lauren Johnston, and Marc Lanteigne, "Here's Why China's Trade Deal with Mauritius Matters," February 15, 2021, https：//www.weforum.org/agenda/2021/02/why-china-mauritius-trade-deal-matters/, accessed：2022-06-30.

③　Oluwatosin Adeshokan, "China Is the Biggest Winner from Africa's New Free Trade Bloc," Foreign Policy, August 19, 2021, https：//foreignpolicy.com/2021/08/19/africa-china-afcfta-free-trade-economy-investment-infrastructure-competition/, accessed：2022-06-30.

施建设领域的合作。中方将继续深化与非方建立的跨国跨区域基础设施建设合作伙伴关系。[①]

二 中非责任共同体与非洲地区安全

大国之所以为大国，关键就在于其推进和维护国际和平的责任和能力。在安全领域，中非构建责任共同体对保障非洲地区稳定有重要作用。"保护的责任"（The Responsibility to Protect）原则已经写入联合国一系列重要文件当中。其意指当一国境内发生屠杀、种族清洗等严重危害基本人权的大规模暴力行为时，其他国家有责任对该国境内的民众提供保护。2005年世界首脑会议上，各国一致同意保护本国民众免受种族灭绝、战争罪、族裔清洗和危害人类罪侵害的责任。保护责任有三大支柱：每个国家皆有保护其人民的责任；国际社会有帮助各国保护其人民的责任；当某国明显无法保护其人民时，国际社会有保护该国人民的责任。[②] 据此，中国积极在安全与人道主义事业上与非洲国家开展合作。中国是安理会常任理事国中向非洲派遣维和人员数量最多的国家。中国通过联演联训、舰艇互访等多种方式，支持非洲国家加强国防和军队建设，支持萨赫勒、亚丁湾、几内亚湾等地区国家维护地区安全和反恐努力，在共建"一带一路"、社会治安、联合国维和、打击海盗、反恐等领域推动实施安全援助项目并帮助非洲国家培训军事人员。中国支持联合国在维护非洲和平与稳定方面发挥重要作用，自1990年参加联合国维和行动以来，中国派出的维和人员有超过80%部署在非洲，累计向非洲派出3万余人次，在17个联合国维和任务区执行任务。现有1800余名维和人员在马里、刚果（金）、阿布耶伊、南苏丹、西撒哈拉5个非洲任务区执行联合国维和任务。根据联合国安理会决议，

---

① 《中国和非洲联盟加强中非减贫合作纲要（全文）》，人民网，2014年5月6日，http：//politics. people. cn/n/2014/0506/c1001 - 24980662. html，最后访问日期：2022年4月7日。

② "Responsibility to Protect," UNITAD, https：//www. un. org/en/genocideprevention/about - responsibility-to-protect. shtml，accessed：2022-06-30。

中国海军自 2008 年以来常态部署亚丁湾执行护航任务，迄今已派出 39 批护航编队，累计完成约 1400 余批近 7000 艘中外船舶护航任务。中国还决定向联合国维和人员捐赠 30 万剂新冠疫苗，优先用于非洲任务区。截至 2020 年 8 月，共有 11 名中国官兵在联合国非洲维和行动中献出宝贵生命。① 事实上，许多非洲国家希望中国在保持政治经济互动的同时，在安全上加强对非洲事务的关注。2019 年，非盟发表声明对中国的"不干涉"政策表示赞赏，同时希望中国在维和行动、冲突调解方面加强对非洲事务的介入。②

在一些非传统安全领域，中非共建责任共同体是应对非洲地区非传统安全挑战的必要行动。根据澳大利亚经济与和平研究所发布的《2021 年全球和平指数报告》，2021 年撒哈拉以南非洲的整体安全形势趋于恶化，其中中非、刚果（金）、索马里、南苏丹成为世界上最不安全国家。同时，该地区还有 22 个国家安全形势趋于恶化，如埃塞俄比亚由于提格雷冲突经历了十几年来最严重的国家危机。不仅如此，5 个民众日常最可能遇到暴力袭击的国家全部在撒哈拉以南非洲地区，分别是纳米比亚、南非、莱索托、利比里亚和赞比亚。③ 此外，饥饿与粮食短缺、传染性疾病与公共卫生问题也是长期困扰非洲各国的顽疾。基于此，中国在非洲倡导"发展—安全"总体安全观。中国主张，非洲动乱的根源在于发展不足，发展是稳定的基础与条件，以发展促安全是与非洲国家一道应对非洲以及全球性挑战的重要手段。此外，中国倡导"非洲提出、非洲同意、非洲主导"的安全合作观，支持非洲国家自主解决本地区问题，配合落实非盟《2063 年议程》等各类安全

---

① 《新时代的中非合作》，中国政府网，2021 年 11 月 26 日，http：//www.gov.cn/zhengce/2021-11/26/content_5653540.htm，最后访问日期：2022 年 3 月 25 日。

② U. S. ，China Economic and Security Review Commission，"Hearing on China's Strategic Aims in Africa," May 8，2020，https：//www.uscc.gov/sites/default/files/2020-06/May_8_2020_Hearing_Transcript.pdf，p. 7，accessed：2022-06-24.

③ Institute for Economics & Peace，"Global Peace Index 2021：Measuring Peace in a Complex World," June，2021，https：//www.visionofhumanity.org/wp-content/uploads/2021/06/GPI-2021-web-1.pdf，p. 22，accessed：2022-06-30.

治理规划，这体现了中国始终奉行的"不干涉内政原则"以及大国国际责任。[①]

三 中非责任共同体与全球治理

中国是目前人口较多的发展中国家与世界第二大经济体，非洲是发展中国家最集中的大陆也是发展速度最快的地区。构建中非责任共同体对推动全球治理体系的变革意义重大。

首先，中国与非洲国家在一系列国际问题上坚定维护发展中国家利益。中国坚定支持非洲国家捍卫国家主权、维护民族独立，呼吁国际社会保障非洲人民的生存权和发展权。例如在制裁问题上，中国积极与非洲国家一道反对西方对津巴布韦、苏丹等国的单边制裁。特别是在新冠疫情暴发之后，非洲成为受疫情影响最为严重的大陆之一，取消针对两国的制裁逐渐成为非洲各国的共识。联合国秘书长古特雷斯曾致信二十国集团取消制裁以帮助受制裁国家民众战胜疫情。然而这些呼吁并未得到西方国家的积极响应，相对而言，中国在这一问题上多年来态度明确地支持非洲伙伴。此外，中国与非洲国家一道支持《二十国集团支持非洲和最不发达国家工业化倡议》，该倡议指出工业化对促进经济转型、创造就业、实现可持续发展具有重要意义。中国还与非洲国家一道敦促发达国家按时足额兑现对发展中国家特别是非洲国家的官方发展援助承诺，以确保联合国2030年可持续发展议程全面落实。

其次，中非双方在人权问题上的合作成为近年来中非合作的一大亮点。2017~2018年，中国连续两次在联合国人权大会上强调"在发展中促进和保护人权"理念，得到了绝大多数非洲国家的赞同。中非都倡导将生存权和发展权作为首要基本人权，同等重视各类人权，在平等和相互尊重基础上开展人权交流与合作，尊重各国自主选择发展的权利，反对将人权政治化和搞双重标准，反对借人权干涉别国内政，促进国际人权事业健

---

① 安春英：《非传统安全视阈下的中非安全合作》，《当代世界》2018年第5期，第50~53页。

康发展。2019 年 7 月联合国人权理事会就中国提出的"发展对享有所有人权的贡献"（The Contribution of Development to the Enjoyment of All Human Rights）决议进行了投票。中国在决议中强调：可持续发展在维护与促进人权方面意义重大，发展是各国提高国民福利和生活水平的基础，有利于其国民真正享有所有人权。该决议在英国、澳大利亚、日本等国提出反对的情况下仍以 33 票同意、13 票反对获得通过，其中非洲国家的支持发挥了重要作用。

最后，中国与非洲国家一道积极推动国际治理体系改革。中国在联合国改革问题上多次明确主张安理会改革应优先增加发展中国家特别是非洲国家的代表性。事实上，根据《联合国宪章》第 24 条，会员国将维护国际和平与安全的首要责任授予安理会。安理会代表全体会员国履行上述职责。联合国成立 70 多年来，会员国由最初的 51 个增加到 193 个，其中新加入的会员国绝大多数是发展中国家，特别是新独立的第三世界国家。安理会审议的绝大多数问题涉及发展中国家，特别是非洲国家。因此，安理会改革应重点增加发展中国家特别是非洲国家在安理会的代表，这既能反映现实、增强安理会的代表性，又有助于许多重大国际和地区问题的解决，兼顾公平与效率。这是中国和非洲国家在国际事务中共同努力的结果。

此外，如何应对气候变化是当前摆在全人类面前的重要课题，而中国与非洲国家是目前推动应对国际气候变化的重要力量，双方于 2021 年 12 月共同签订了《中非应对气候变化合作宣言》，一致认同气候变化及其负面影响是全人类共同面临的迫切问题和当今世界面临的最严峻挑战之一，认为国际社会应该在多边框架下尽快落实《巴黎协定》的减排目标，呼吁发达国家加大对发展中国家特别是非洲国家的资金、技术和能力建设支持。发达国家应切实履行出资义务，努力填补 2020 年前每年应提供 1000 亿美元的气候变化资金缺口，做好 2020 年后长期资金后续安排，并加快启动制定 2025 年后新的集体量化资金目标。同时，中非双方将在南南合作和"一带一路"倡议框架下支持清洁能源和绿色经济发展项目，增加在可再生能源发展、气候投融资等领域的合作。构建责任共同体也是在推动全球治理体系变革的过程中应对复杂挑战的需要。

总体而言，中国对非洲事务的参与为长期依赖西方的非洲国家提供了另一选择。这一事实一方面提升了西方介入非洲事务的成本，引发了西方国家的警惕与敌意；另一方面也使得一部分西方国家特别是欧洲国家将中国视作在非洲事务中潜在的合作伙伴，为形成全球治理新格局提供了机会。[①]

第四节　构建中非责任共同体的路径思考

第一，继续完善中非合作的物质基础。经贸合作始终是中非合作的"压舱石"，既能促进非洲地区的经济发展，也有利于中国为该地区提供最实在的公共物品。中国为非洲地区经济发展所作出的显著贡献是当前西方依然有许多声音认为中国是"负责任行为体"的根本原因。作为民主党重要智库的美国进步中心在其2021年10月的报告中也承认，在为非洲提供就业机会方面，中国在非洲的投资和经营贡献颇多，其在整个非洲大陆的雇员可能达到数百万人。[②] 大体而言，未来中非责任共同体的框架将更加成熟，产生一系列丰硕的合作成果，在帮助非洲地区解决就业问题、工业化问题、粮食安全问题，维护中方的核心利益，实现共同发展上发挥重大作用。

第二，强调中非双方在共建责任共同体过程中的主体性。正如习近平主席在2018年中非合作论坛北京峰会开幕式上所言："中非合作好不好，只有中非人民最有发言权""任何人都不能以想象和臆测否定中非合作的显著成

[①]　Uwe Wissenbach, "The EU's Response to China's Africa Safari: Can Triangular Co-operation Match Needs?" *European Journal of Development Research*, Vol. 21, No. 1, pp. 662-674.

[②]　Jordan Link, "5 Things U.S. Policymakers Must Understand About China-Africa Relations," Center for American Progress, October 5, 2021, https://www.americanprogress.org/article/5-things-u-s-policymakers-must-understand-china-africa-relations/, accessed: 2022-06-24.

就。"作为理性行为体，中非双方对各自核心利益和彼此共同利益都有深度认识。在这种坚实的利益共同体的基础上，双方的共识在日益加深的合作中将进一步深化，并体现在责任共同体的构建过程中。中非双方的高度共识是对西方质疑中国"不干涉"原则的有力回应。正如美国战略与国际研究中心（Center for Strategic & International Study）在其给美国国会的建议中明确指出的那样：美国政府需要意识到大多数非洲领导人和民众并不认为中国在非行为是有害的，因此美国对中国在维和、军事训练等领域介入非洲事务的指责难以得到多数支持。相反，许多非洲领导人事实上希望中国在冲突调解等事务上更多地介入非洲。① 由此可见，中国对非洲的"不干涉"政策既符合中国外交的一般原则，也受非洲国家欢迎，应在强调中非责任主体性的基础上予以贯彻。

第三，中国始终立足于第三世界国家，为同第三世界国家共同发展，并带动世界共同发展而努力。因此，中国并不为任何世界体系服务，而是致力于推动世界体系的发展，使其能为上述目的服务。在现有世界体系中，符合当前世界发展并且得到实践的理念（如多边主义），中国会不遗余力地加以贯彻；符合世界发展但未能得到广泛实现的主张（如平等对话），中国会带头推动并督促其落实；不符合世界发展但频繁出现在国际舞台的政策（如霸权主义、单边主义），中国会毫不犹豫地加以谴责并绝不效仿。"中非责任共同体"的目标在于为中非实现发展继而带动世界的发展，为中非人民谋求福祉继而改善全人类的生存状况。

第四，在多边合作中推动权责分明的机制建设。一方面，美欧目前对如何看待、应对中非合作并没有完全达成共识，许多欧洲国家依然将中国视作在非洲事务上潜在的合作伙伴。另一方面，在国际合作中推动机制化、民主化、透明化既是国际政治的发展方向，也符合中非双方的长远利益。在未来，中国可以利用好现有的中欧、中英、中美非洲事务磋商机制，与有诚意

---

① U. S. , China Economic and Security Review Commission, "Hearing on China's Strategic Aims in Africa," May 8, 2020, https：//www. uscc. gov/sites/default/files/2020 - 06/May _ 8 _ 2020 _ Hearing_ Transcript. pdf, p. 7, accessed：2022 - 06 - 24.

的西方国家展开平等合作，在多边合作的框架下共同促进非洲地区发展。

第五，以推动全球和平和可持续发展为最终目标来推动构建中非责任共同体。打造责任共担的中非共同体，其目标不应仅局限于促进实现双方人民的共同利益，还应通过传播效应影响全世界人民。中非如果实现和平发展，将对世界整体的和平与发展产生积极影响。因为中国是世界上最大的发展中国家，而非洲则是发展中国家数量最多的大陆，中国和非洲的人口超过了世界总人口的1/3。仅此一点就足以证明中非人民打造责任共担的利益共同体，将能够促进全球的平衡与和谐发展。其中第一步就是要加强南南合作与对话，发展中国家将由此对发达国家形成强有力的制衡，使后者不得不履行其在市场准入、增加援助和减少债务方面的承诺。随后，中非将促进南北对话，旨在针对每个国家政治、经济、文化的实际情况执行严肃而可持续的合作发展计划。建立该共同体的目标是保障全球各国人民发展，确保经济全球化以有益和可持续方式促进共同繁荣。

总之，中非共建责任共同体是双方数十年精诚合作的必然结果，是保障未来中非关系行稳致远的必然要求，也是双方共同应对全球挑战、推动全球治理体系改革的必然选择。中非共建责任共同体符合双方长期的发展利益，是未来中非关系发展的正确方向，也为推动南南合作提供了样板。

第五章　构建中非发展共同体

第一节　中非发展共同体的内涵

全球化时代的人类社会具有整体性，每个国家和地区的发展和利益都与彼此相关联。面对全球问题，每个群体都难以做到独善其身，国际社会唯有团结一心才能战胜全人类共同面临的挑战，唯有紧密合作才能实现全人类的共同发展。习近平曾多次强调合作的重要性，阐释合作共赢的内涵，指出合作共赢的基础。

一　平等参与，推动共同发展

实现平等参与是合作共赢的重要基础。当前，各国合作共赢的重要性日益凸显，但国际社会中仍然存在以强凌弱、以大欺小、拉帮结派、排除异己的现象。一些大国在处理国际事务时习惯于单边主义思维，习惯依靠制裁和封锁措施，动辄挥舞"大棒"；或者给国际合作附加政治条件，阻止他国参与国际合作。这些行为都不利于国际合作的良性开展。中国一贯主张，各国无论体量大小，无论发展程度如何，都应该在国际交往中平等相待、互相尊重，共同参与国际合作。

在2015年举行的亚非领导人会议上，习近平指出："合作共赢的基础是平等，离开了平等难以实现合作共赢。国家不分大小、强弱、贫富，都是国际社会平等成员，都有平等参与地区和国际事务的权利。"① 只有让各国平等参与国际合作，才能实现全人类的共同发展。"一些国家越来越富裕，另一些国家长期贫穷落后，这样的局面是不可持续的。水涨船高，小河有水大河满，大家发展才能发展大家。各国在谋求自身发展时，应该积极促进其他国家共同发展，让发展成果更多更好惠及各国人民。"②

中国是推动世界各国平等参与国际合作的重要力量。2016 年的 G20 杭州峰会上，习近平主席说："中国对外开放，不是要一家唱独角戏，而是要欢迎各方共同参与；不是要谋求势力范围，而是要支持各国共同发展；不是要营造自己的后花园，而是要建设各国共享的百花园。"③"一带一路"倡议就是中国推动建设这个"百花园"的重要举措。习近平说："新时代需要新思维。'一带一路'建设将为中国和沿线国家共同发展带来巨大机遇。'一带一路'是开放的，是穿越非洲、环连亚欧的广阔'朋友圈'，所有感兴趣的国家都可以添加进入'朋友圈'。'一带一路'是多元的，涵盖各个合作领域，合作形式也可以多种多样。'一带一路'是共赢的，各国共同参与，遵循共商共建共享原则，实现共同发展繁荣。这条路不是某一方的私家小路，而是大家携手前进的阳光大道。"④ 习近平关于"一带一路"的解读，让世界看到了中国诚邀各国平等参与合作的胸怀和携手各国共进的高尚情操。

中国与非洲的关系正是平等合作的最佳体现。当前中国是世界第二大经济体，而非洲是发展中国家最集中的大陆。从体量上来看，中国无疑比任何

① 杨旭：《听习近平谈论合作，看全世界共赢前景》，人民网，2015 年 4 月 22 日，http：//politics. people. com. cn/n/2015/0422/c1001-26887950. html，最后访问日期：2022 年 3 月 15 日。

② 《习近平在和平共处五项原则发表 60 周年纪念大会上的讲话（全文）》，新华网，2014 年 6 月 28 日，http：//www. xinhuanet. com/politics/2014-06/28/c_1111364206_2. htm，最后访问日期：2022 年 3 月 15 日。

③ 《G20，习近平话共赢》，新华网，2016 年 9 月 6 日，http：//www.xinhuanet.com/politics/2016-09/06/c_129271174. htm? from = timeline&isappinstalled = 0，最后访问日期：2022 年 3 月 15 日。

④ 《习近平出席中英工商峰会并致辞》，新华网，2015 年 10 月 22 日，http：//www. xinhuanet. com//world/2015-10/22/c_128343862. htm，最后访问日期：2022 年 3 月15 日。

非洲国家都要大，但中国在与非洲国家的交往中从来没有恃强凌弱，而是处处平等相待，这集中体现在以下几个方面。

首先，中国高度重视同非洲国家的合作关系，真诚对待非洲伙伴。习近平当选和连任国家主席后的首访目的地都包含非洲，并在多个时间多个场合反复强调中非关系的重要性，表达对构建中非命运共同体的殷切期盼，这充分体现了中国对中非关系的重视和对非洲伙伴的尊重。

其次，中国始终对非洲国家以诚相待。2021年发布的《新时代的中非合作》白皮书将中国对非洲的合作概括为"四个坚持"，其中就有"坚持真诚友好、平等相待"。中国人民始终同非洲人民同呼吸、共命运，始终尊重非洲、热爱非洲、支持非洲。

最后，中国与非洲的合作不附加任何政治条件，不将自己的利益置于非洲的利益之上，而是本着平等互利的原则与非洲展开合作。过去几十年当中，非洲在国际合作中经常处在不平等的地位，被强加了很多政治上的不合理要求。虽然中国与非洲国家有着紧密的经济合作，但中国始终坚持不干涉他国内政，不附加任何政治条件，不提强人所难的要求，不开空头支票。《新时代的中非合作》白皮书将这概括为"五不"原则，即中国不干预非洲国家探索符合国情的发展道路，不干涉非洲内政，不把自己的意志强加于人，不在对非援助中附加任何政治条件，不在对非投资融资中谋取政治私利。

二 合作共赢，维护共同利益

（一）中国致力于实现国际合作共赢

合作共赢是习近平外交思想的主基调。党的十八大以来，中国参与国际合作的力度和深度不断增加，中国在国际事务中发挥着日益重要的作用。与以往的崛起大国不同，新时代的中国在国际合作中不追求唯我独尊，而是主张世界各国在平等合作中实现共赢。习近平主席在多个外交场合始终强调合作共赢，并不断向世界阐释合作共赢的内涵，这体现了中国坚持和实践正确合作观和义利观的胸怀与决心。习近平主席指出："天空足够大，地球足够大，世界也足够大，容得下各国共同发展繁荣。"①

当前人类面临着诸多全球性问题，每个国家都没有能力单独应对和化解，只有合作才能为各国找到战胜挑战的出路。此外，在全球化时代，各国之间高度相互依存，每个国家的发展和利益都息息相关，只有合作才能避免互相损害，才能共同发展。习近平曾用"一荣俱荣、一损俱损"来表述各国之间的关系，鲜活地反映出人类命运共同体的世界观。在 2016 年的 G20 杭州峰会上，习近平主席呼吁各国必须认清这种连带效应，在竞争中合作，在合作中共赢，才能"让每个国家发展都能同其他国家增长形成联动效应，相互带来正面而非负面的外溢效应"②。在同年的亚太经合组织领导人会议上，习近平主席再次呼吁各国要"秉持开放包容、合作共赢精神，不能互相踩脚，甚至互相抵消"③。习近平借用中国古代典籍《管子》中"合则强，孤则弱"一语，生动而深刻地指出了坚持合作的重要性。④

合作共赢的精神深刻体现在新时代中国对外交往的实践中，尤其彰显于中国与非洲的合作之路上。过去，中国与非洲结下了深厚的历史友谊。如今，中国与非洲的交往是合作共赢的典范。习近平主席曾在多个场合发表关于中非合作共赢的论述，不断用真诚的话语表达构建中非命运共同体的时代强音。中国与非洲的合作正是在这种共赢理念下开展的。中国将自身的发展和利益与非洲的发展和利益紧密联系在一起，推动构建合作共赢的中非命运共同体，为国际社会树立了合作共赢的最佳典范。

---

① 《习近平在和平共处五项原则发表 60 周年纪念大会上的讲话（全文）》，新华网，2014 年 6 月 28 日，http：//www.xinhuanet.com/politics/2014-06/28/c_1111364206_2.htm，最后访问日期：2022 年 3 月 15 日。

② 《G20，习近平话共赢》，新华网，2016 年 9 月 6 日，http：//www.xinhuanet.com//politics/2016-09/06/c_129271174.htm？from=timeline&isappinstalled=0，最后访问日期：2022 年 3 月 15 日。

③ 《G20，习近平话共赢》，新华网，2016 年 9 月 6 日，http：//www.xinhuanet.com//politics/2016-09/06/c_129271174.htm？from=timeline&isappinstalled=0，最后访问日期：2022 年 3 月 15 日。

④ 《G20，习近平话共赢》，新华网，2016 年 9 月 6 日，http：//www.xinhuanet.com//politics/2016-09/06/c_129271174.htm？from=timeline&isappinstalled=0，最后访问日期：2022 年 3 月 15 日。

21 世纪以来，中非合作论坛机制的建立与发展为中非互利共赢提供了新的契机。党的十八大之后，"一带一路"倡议和中非合作论坛逐渐有机融合，助推中非合作全面开花。合作共赢理念始终贯穿在中非合作之中。中国积极通过"一带一路"倡议和中非合作论坛机制对接非洲发展战略，将中国的发展和非洲的未来纳入中非合作之中，描绘了中非合作共赢的新蓝图。特别是新冠疫情出现以来，中国与非洲在疫情中克服困难、坚持合作，正是"合则强，孤则弱"的鲜活案例。新冠疫情出现后，多边主义遭遇严峻挑战，病毒在全球范围内持续肆虐，给各国发展造成了严重影响。面对疫情带来的困难，中国与非洲始终团结一心，大力支持彼此的抗疫努力。非洲积极发声支持中国的抗疫措施，为中国控制疫情注入了信心；中国在中非合作论坛框架下免除有关非洲国家 2020 年底到期的对华无息贷款债务，并为非洲提供大量抗疫援助，保证在非 1100 多个合作项目正常运行，为非洲复工复产、稳定经济提供了支撑。中国与非洲在疫情防控常态化期间紧密合作，为中非克服疫情影响、恢复正常经济秩序发挥了重要作用，生动诠释了"合则强"的真谛。

（二）维护共同利益是合作共赢的基本内涵

人类社会是一个命运共同体，各国在对外交往中秉持何种义利观，直接影响着国际关系的质量，也关系到全人类的共同福祉。中国认为各国的利益不应该是彼此对立的，各国应该在合作中寻求共同利益，谋求共同发展。维护共同利益一直是中国对外交往的基本态度，是合作共赢的基本内涵。在2014 年 6 月和平共处五项原则发表 60 周年纪念大会上，习近平提出"我们应该把本国利益同各国共同利益结合起来，努力扩大各方共同利益的汇合点"，他借用"各美其美，美人之美，美美与共，天下大同"这句中国古语，道出了合作共赢的内涵。"各美其美"就是认同各国追求自身利益和自身发展的正当性与合理性；"美人之美"则体现了中国人助人为乐、与人为善的品格，表达了中国愿为他国发展贡献力量的真诚愿望；"美美与共，天下大同"则体现了中国"义利兼顾、以义为先"的义利观，道出了中国坚持把本国利益同各国利益结合起来谋求共同发展的美好愿景。

中国与非洲之间的合作是这种义利观的最佳体现。习近平提出中国在与非洲国家的交往中要秉持真实亲诚对非政策理念，其中的"实"字就代表了中国与非洲在合作中寻求共同利益的积极实践。蒙内铁路就是中国与非洲国家寻求共同利益、谋求共同发展的一个鲜活案例。蒙内铁路连接东非第一大港口蒙巴萨和肯尼亚首都内罗毕，是一条采用中国标准、中国技术、中国装备建造的现代化铁路。蒙内铁路的建成通车是东非铁路互联互通的重要基础，是中国为实现《东非铁路建设方案》作出的重大贡献。同时，蒙内铁路对中国来说也是中国铁路"走出去"的又一张名片，是中国铁路开拓国际市场的又一次勇敢探索。诸如蒙内铁路的中非合作成果还有很多，涉及基础设施、农业、工业、矿业等多个领域。中国充足的产能和资金，为非洲带来了发展的动能，补充了非洲发展的必要条件；非洲广阔的市场和前景，为中国带来了可观的合作回报。中国与非洲在合作中形成良性互补，不断实现共赢，持续书写着"美美与共，天下大同"的新篇章。

（三）坚定走中非合作共赢之路

2015年的中非合作论坛约翰内斯堡峰会上，习近平主席提议将中非新型战略伙伴关系提升为全面战略合作伙伴关系，并提出中非"十大合作计划"，为中非关系掀开了新的一页。2018年，当"十大合作计划"已经结出累累硕果时，中非合作论坛北京峰会使中非合作达到了一个新的历史高峰，为中非合作共赢树立了一个重要里程碑。

在中非合作论坛北京峰会上，习近平主席指出中非要"携手打造合作共赢的中非命运共同体"，"我们要抓住中非发展战略对接的机遇，用好共建'一带一路'带来的重大机遇，把'一带一路'建设同落实非洲联盟《2063年议程》、联合国2030年可持续发展议程以及非洲各国发展战略相互对接，开拓新的合作空间，发掘新的合作潜力，在传统优势领域深耕厚植，在新经济领域加快培育亮点"①。这标志着世界上最大的发展中国家同发展

---

① 习近平：《携手共命运　同心促发展——在二〇一八年中非合作论坛北京峰会开幕式上的主旨讲话》，《人民日报》2018年9月4日，第2版。

中国家最集中的大陆将彼此的重大发展战略相对接，中非合作上升到了新的战略高度。

"一带一路"倡议同非盟《2063 年议程》的对接为中非合作提供了更加广阔的平台，是实现中华民族伟大复兴中国梦与联合自强、发展振兴的"非洲梦"的有机融合。习近平主席指出，"中国支持非洲国家参与共建'一带一路'，愿在平等互利基础上，坚持共商共建共享原则，加强同非洲全方位对接，推动政策沟通、设施联通、贸易畅通、资金融通、民心相通，打造符合国情、包容普惠、互利共赢的高质量发展之路"①。

中非合作论坛北京峰会不仅谋划了中非发展战略对接的宏伟蓝图，也给出了下一阶段中非合作的务实举措。习近平主席宣布，"中国愿以打造新时代更加紧密的中非命运共同体为指引，在推进中非'十大合作计划'基础上，同非洲国家密切配合，未来 3 年和今后一段时间重点实施'八大行动'"②。其中，"八大行动"分别是产业促进行动、设施联通行动、贸易便利行动、绿色发展行动、能力建设行动、健康卫生行动、人文交流行动、和平安全行动。"八大行动"与"五通"互相辉映，为打造合作共赢的中非命运共同体指明了脚下的路。习近平还宣布了一系列对非洲的资金支持计划和免债计划，为峰会的成果落地提供有力支持。

2020 年，新冠疫情席卷全球，面对共同的困难，中非召开团结抗疫峰会共商逆境中的发展对策。习近平主席表示："推动非洲实现可持续发展是长远之道。中方支持非洲大陆自由贸易区建设，支持非洲加强互联互通和保障产业链供应链建设，愿同非方一道，共同拓展数字经济、智慧城市、清洁能源、5G 等新业态合作，促进非洲发展振兴。"③ 习近平用新的展望表达了

---

① 《习近平出席中非领导人与工商界代表高层对话会暨第六届中非企业家大会开幕式并发表主旨演讲》，人民网，2018 年 9 月 3 日，http：//world. people. com. cn/n1/2018/0903/c1002-30269027. html，最后访问日期：2022 年 3 月 20 日。

② 习近平：《携手共命运　同心促发展——在二〇一八年中非合作论坛北京峰会开幕式上的主旨讲话》，《人民日报》2018 年 9 月 4 日，第 2 版。

③ 习近平：《团结抗疫　共克时艰——在中非团结抗疫特别峰会上的主旨讲话》，《人民日报》2020 年 6 月 18 日，第 2 版。

中非合作的决心和信心，向世界表明中非合作不会因为暂时的困难而动摇。

疫情没有阻挡中非关系的蓬勃发展。2021 年 11 月，在中非合作论坛第八届部长级会议上，习近平主席宣布："我在今年联合国大会上提出的全球发展倡议，同非盟《2063 年议程》和联合国 2030 年可持续发展议程高度契合，欢迎非洲国家积极支持和参与。"① "本次会议前，中非双方共同制订了《中非合作 2035 年愿景》。作为愿景首个三年规划，中国将同非洲国家密切配合，共同实施'九项工程'。"② 这些新倡议新举措再次为中非合作的蓝图添加了美好色彩，继续将中非合作向前推进。

习近平主席在中非合作论坛第八届部长级会议开幕式的主旨演讲中指出："我在 2018 年中非合作论坛北京峰会上提出构建更加紧密的中非命运共同体，得到非方领导人一致赞同。3 年多来，中非双方并肩携手，全力推进落实'八大行动'等峰会成果，完成了一大批重点合作项目，中非贸易额和中国对非洲的投资额稳步攀升，几乎所有论坛非方成员都加入了共建'一带一路'合作大家庭，为中非全面战略合作伙伴关系注入了强劲动力。"③ 习近平这样回顾中非合作论坛北京峰会以来中非关系的新发展新成就，肯定了中非合作共赢的崭新成果，展示了中非发展共同体的强大生命力。

党的十八大以来，习近平始终重视和关心中非关系，始终辛勤耕耘中非合作这片良田，始终主张用合作共赢的理念推动构建中非命运共同体。中国与非洲共同发展是中非合作的重要目标，中非发展共同体是中非命运共同体的重要内容。新时代的中非双方共同努力、相向而行，在合作中共赢，在共赢中共进，通过互利互补的中非经济合作推动中非发展共同体的加速形成。

---

① 习近平：《同舟共济，继往开来，携手构建新时代中非命运共同体——在中非合作论坛第八届部长级会议开幕式上的主旨演讲》，《人民日报》2021 年 11 月 30 日，第 2 版。

② 习近平：《同舟共济，继往开来，携手构建新时代中非命运共同体——在中非合作论坛第八届部长级会议开幕式上的主旨演讲》，《人民日报》2021 年 11 月 30 日，第 2 版。

③ 习近平：《同舟共济，继往开来，携手构建新时代中非命运共同体——在中非合作论坛第八届部长级会议开幕式上的主旨演讲》，《人民日报》2021 年 11 月 30 日，第 2 版。

第二节 中非经济合作历史成就与意义

一 中非经济合作的历史成就

中国与非洲的经济合作自新中国成立以来不断发展，这个过程大体可以根据双方经济合作的特点分为几个阶段。第一个阶段是 1949 年新中国成立到 20 世纪 80 年代初，这一阶段是中非经济合作的萌芽阶段，此时中非经济合作以中国对非洲的援助为主，中国对双方合作的经济收益考量不多；第二阶段是 20 世纪 80 年代初到 90 年代中期，这一阶段是中非经济合作的互利互惠阶段，中非经济合作逐渐回归经济发展规律；第三阶段是 20 世纪 90 年代，这是中非经济合作的调整扩大阶段，这一阶段的中非经济合作已经不仅是经济利益上的互利互惠，还有了国家经济发展战略层面的考虑；第四阶段是 2000 年中非合作论坛成立之后，这一阶段是中非经济合作的大发展阶段，中非经济合作成为中非合作的重要领域并获得长足发展。

（一）中非经济合作的萌芽阶段及其成就

1949 年新中国成立到 20 世纪 80 年代初是中非经济合作的萌芽阶段。这一阶段的中非经济合作以中国对非洲的援助为主。该阶段中国对非援助不是出于经济利益上的需要，而是基于政治和外交上的需要。新中国成立之初的对外关系面临的首要和核心问题是维护国家安全，争取国际承认，改善国际处境。

20 世纪 60 年代，中国总结过去对非援助的经验，结合当时的国内国际局势新变化，立足中国外交战略新需求，提出了中国政府对外提供经济技术援助应遵守的"八项原则"。"八项原则"的要旨是"严格尊重受援国的主权，绝不附带任何条件，绝不要求任何特权"。另外，"八项原则"除了重申平等互利、不干涉内政原则之外，还特别强调了对非援助是中国应尽的国际义务及援助的相互性。上述政策主张和合作原则得到了非洲国家的广泛认同。

在"八项原则"指导下，中非经济合作在这一阶段平稳发展。不过总体而言，彼时中非经济合作所涵盖的领域依旧非常狭窄，可以用"援助为主、贸易为辅"概括。[1] 中非在援助领域的合作蓬勃发展，不仅非洲受援国的数目大幅增加，而且中国对非援助的规模和涉及的领域也有所拓展。截至1979年，与中国签订经济技术合作协定的非洲国家已经达到44个。

总的来看，中国与非洲在1949年到20世纪80年代初的经济合作以中方对非洲的援助为主，为非洲摆脱殖民统治、争取民族独立作出了卓越贡献。中国在非洲援建了一批彪炳史册的重大项目，其中就有举世闻名的坦赞铁路。这一时期中国对非援助取得了丰硕的成果。首先，中国对非洲的援助取得了良好的政治效果，为新中国争取国际承认和改善国际处境发挥了重要作用。其次，这一阶段中国通过对非合作积累了宝贵的对外合作经验，探索了对外合作道路，开创了中国特色的对外合作模式，制定了对外合作基本原则。新中国与非洲的早期合作开创了后来被称为"南南合作"的新的国家间合作模式。如今，"南南合作"已经成为国际合作中的重要组成部分，成为发展中国家间合作的重要手段。最后，对于中国来说，中国在对非援助中获得了非洲人民的普遍赞誉，国际声望获得极大提升，对中国争取自立自强、提高国际地位有莫大的帮助。中国也通过对非经济技术合作锻炼了最早的一批非洲研究学者和经济外交人才，对日后的中非关系发展打下了坚实的基础。

（二）中非经济合作的互惠互利阶段及其成就

20世纪80年代初至90年代中期是中国与非洲经济合作的一个新阶段，这一阶段中国遵循经济发展规律调整了对非合作政策，更加讲求科学务实。1983年中国政府提出同非洲国家开展经济技术合作的"四项原则"，标志着中国对非经济合作走出了单一的援助时代，走向了兼顾经济效益的正常发展轨道，按经济规律和国际惯例办事成为中非经济合作的新导向。

---

[1] 杨立华等：《中国与非洲经贸合作发展总体战略研究》，中国社会科学出版社，2013，第29页。

中非经济技术合作的"四项原则"可以概括为"平等互利、形式多样、讲求实效、共同发展"。[1]"四项原则"的出台标志着中国对非合作政策的一次重大调整，它明确了中国与非洲国家在新形势下展开经济合作的原则、方式和目的。中非经济合作在新阶段的核心特征就是在平等互利基础上与所有非洲国家开展多种形式的经济合作，合作共赢的理念初见于中非合作之中。中国对非洲经济合作政策的调整将中非经济合作引入了互惠互利的新阶段，这一阶段中非经济合作取得了重要成果，主要体现在中非经济合作机制和方式的变革与创新，为日后中非经济合作走向繁荣奠定了基础。

在中非经济合作顶层设计方面，20 世纪 80 年代起中国政府逐步同绝大多数非洲国家政府签订了关于成立经济、贸易和技术合作混合委员会的协议，为中非进行平等互利的经济合作构建了初步框架。

在中非贸易方面，中国政府积极推动国内相关外贸公司在非洲国家建立代表处，在当地注册成立贸易分公司或合资公司，为拓展中非贸易搭建了重要平台。

在对非投资方面，合资企业作为中国对非投资雏形，是中国与非洲国家开展投资合作的一种南南合作的新形式、新尝试。截至 20 世纪 80 年代末，中国在非洲已兴办了 33 个生产性合资企业。

在经济合作方式方面，承包工程和劳务合作是中国采取的新形式。1983 年，中国承包了刚果（布）英布鲁水电站。从 1984 年起，中国在埃及承建"十月六日城"1000 套住宅、亚历山大城 12000 套住宅、阿斯旺 2500 套住宅，改造西努伯利亚农田 22 万平方米。1985 年 11 月，中国、阿尔及利亚两国政府签署了由中国公司承建，包括大会堂、国民议会大厦和国家图书馆三大建筑在内的阿尔及利亚首都阿尔及尔哈玛行政中心工程的意向书。[2]

在对非援助方面，中国适度调整了对非援助的规模、布局、结构和领

---

① 杨立华等：《中国与非洲经贸合作发展总体战略研究》，中国社会科学出版社，2013，第 38 页。

② 杨立华等：《中国与非洲经贸合作发展总体战略研究》，中国社会科学出版社，2013，第 43 页。

域，更加注重提高援建项目的经济效益和长远效果。中国同部分非洲受援国开展了代管经营、租赁经营和合资经营等多种形式的技术、管理合作，进一步巩固已建成生产性援助项目的成果。经过调整巩固，中国对非援助走上了更加适合中国国情和受援国实际需求的发展道路。

（三）中非经济合作的调整扩大阶段及其成就

20 世纪的最后十年，是中非经济合作的调整扩大阶段。中非经济合作在这十年的发展中取得了重大成果，并随着世界风云变幻焕发出了新的生机。

进入 20 世纪 90 年代，冷战的结束使非洲在西方国家对外战略中的重要性骤然下降，非洲在西方国家对外关系中处于相对边缘化的地位，世界主要国家与非洲的经贸合作迅速收缩。非洲自身也由于结构改革失败、债务问题等经历了严重的衰退。非洲国家在经济衰退中蹒跚前行，政治动荡此起彼伏。彼时的国际社会特别是西方国家，对非洲的发展前景普遍抱有悲观态度，除了一些免债计划，国际对非合作基本处于停滞状态。

中国此时却对非洲的未来有另外一种判断，中国与非洲的合作出现了新趋势。20 世纪 90 年代中期，随着中国提出要用好国际国内两种资源，实施"引进来"和"走出去"战略，中国对非洲的经济合作也掀起了热潮，中非经济合作的力度迅速加大。

中国对非经济合作的调整与扩大表现为以下几个方面。

其一，中非高层互访的力度与频率增加。20 世纪 90 年代中国领导人对非洲国家的访问级别高、密度大，是新中国成立以来前所未有的，中国领导人出访非洲时也不断为中非合作提出建设性的规划和建议。1996 年江泽民主席在非洲统一组织总部发表主旨演讲，提出发展面向 21 世纪长期稳定、全面合作中非关系的五点建议，呼吁中非之间结成真诚友好、彼此可以信赖的"全天候朋友"。1995 年朱镕基总理在出访非洲时提出进一步发展中非关系的三点主张。中国领导人不断传达出中国主张扩大中非合作领域、加强中非经贸合作的信号。

其二，中国在对非经济合作领域采取了一系列新举措。首先是中国对援外方式的一系列改革。中国在这一时期设立了援外合资合作项目基金，成立了中国进出口银行，推动援助资金来源和方式多样化。1995年国务院下发《关于改革援外工作有关问题的批复》，重点推行以合资合作为方式的政府贴息优惠贷款援外项目。其次是中国对非投资方式的进一步拓展，中国开始有组织、有步骤地推动、鼓励国内有实力的企业到非洲投资设厂。此外，国家计划委员会开始对对非投资进行指导，促进中国对非投资由贸易型投资向以资源类为中心的直接投资转变。最后是中非经济合作交流的增多。为了增进相互了解、促进中非经贸合作，中国政府决定从1998年开始每年举办两期"中国—非洲经济管理官员研修班"。

其三，中国加强对非经济合作的组织和领导。1996年中央召开驻非使节及商务参赞座谈会，商讨促进中非经贸合作的相关事宜。1997年对外贸易经济合作部召开全国对非洲经贸合作工作会议，同年国务院还成立了对非洲经济贸易技术合作协调小组，负责规划、组织、协调国内各职能部门和各地方对非经济合作事宜。

这一时期，中非合作的经济成果显著，双方合作的领域更加广泛，合作内容更加丰富，合作方式更加灵活，合作主体更趋多元化；中国对非洲的援助、贸易、投资、承包工程和劳务合作均呈现良好增长态势。这一阶段的中非经济合作成果证实了中国看好非洲的发展前景是正确的判断，这为21世纪中非合作关系的全面、快速发展奠定了坚实的基础。

（四）中非经济合作的大发展阶段及其成就

进入21世纪以来，在经济全球化背景下，中国经济持续高速增长，中国加速实施"走出去"战略，而非洲成为该战略中的重要一环，原因是中非双方均有深化经济合作的强烈需求。

为了建立面向21世纪长期稳定、互利共赢的新型战略伙伴关系，在一些非洲国家领导人的倡议下，中国政府采取了一项新的重大举措，即通过启动"中非合作论坛"，在中国与非洲国家之间建立一种集体对话的重要平台和务实合作的长效机制。2000年10月"中非合作论坛"的启动和运行，标志着中非合作关系全面升级和步入机制化轨道，从而开启了中非经贸合作的新阶段。在中非合作论坛机制的有力推动下,中非合作的重点更加向经济合作领域倾斜,中非经济合作呈现"全方位、宽领域、多层次、多渠道"的发展态势,中非经济关系取得了快速和全方位的发展。

党的十八大之后,中非经济合作进入新时代。习近平主席提出真实亲诚对非政策理念和正确义利观,为新时代对非合作指明了前进方向、提供了根本遵循。2015 年和 2018 年,中非合作论坛约翰内斯堡峰会和北京峰会先后成功举办,引领中非合作达到前所未有的新高度。习近平在北京峰会上同非洲领导人一致决定构建更加紧密的中非命运共同体,其中就包括构建合作共赢的中非发展共同体。合作共赢是新时代中非经济合作的指导原则,中非发展共同体是中非经济合作的重要目标,中非经济合作和中非其他领域合作互相配合,共同推动构建休戚与共的中非命运共同体。

中非经济合作大发展的一个新舞台是"一带一路"倡议。2013 年中国政府推出"一带一路"倡议后,非洲国家参与共建"一带一路"的热情高涨。拥有丰富资源、巨大市场潜力以及强烈基础设施建设需求的非洲国家普遍把参与共建"一带一路"视为自身发展的重大历史机遇,希望通过抓住这一重要的历史发展机遇实现从前工业化社会到全面工业化社会的跨越性发展。

2018 年中非合作论坛北京峰会召开的短短几天时间内,就有 28 个非洲国家以及非洲联盟与中国政府签署了共建"一带一路"的政府间合作备忘录。截至 2022 年,53 个同中国建交的非洲国家中,有 52 个国家以及非盟委员会已经同中国签署了共建"一带一路"的合作文件,非洲已成为"一带一路"合作最重要的方向之一。中非基本实现了"一带一路"合作的全覆盖。中非发展共同体更加紧密。

21 世纪以来的中非经济合作取得了重大成就。

第一,中国对非援助规模不断扩大,质量不断提高。中国在实现自身发展的进程中,始终关注和支持非洲国家改善民生、谋求发展的事业。进入新时代,中国在力所能及的基础上不断加大对非援助力度。2013 年至 2018 年,中国对外援助金额为 2702 亿元,其中对非洲国家的援助占比 44.65%,

包括无偿援助、无息贷款和优惠贷款。2000 年至 2020 年，中国在非洲建成的公路铁路超过 13000 公里，建设了 80 多个大型电力设施，援建了 130 多个医疗设施、45 个体育馆、170 多所学校，为非洲培训各领域人才共计 16 万余名，打造了非盟会议中心等一系列中非合作"金字招牌"，涉及经济社会生活的方方面面，受到非洲国家政府和人民的广泛欢迎和支持。中国已宣布免除与中国有外交关系的非洲最不发达国家、重债穷国、内陆发展中国家、小岛屿发展中国家截至 2018 年底到期未偿还政府间无息贷款。新冠疫情发生后，中国宣布免除 15 个非洲国家 2020 年底到期的无息贷款债务。①

第二，中非贸易关系增长强劲。中国自 2009 年起一直稳居非洲第一大贸易伙伴国地位，中非贸易额占非洲整体外贸总额比重上升，2020 年超过 21%。中非贸易结构持续优化，中国对非出口技术含量显著提高，机电产品、高新技术产品对非出口额占比超过 50%。中国主动扩大自非洲非资源类产品进口，对非洲 33 个最不发达国家 97% 税目输华产品提供零关税待遇，帮助更多非洲农业、制造业产品进入中国市场。据统计，2017 年以来中国从非洲服务进口年均增长 20%，每年为非洲创造近 40 万个就业岗位。近年来，中国自非农产品进口持续增长，已成为非洲第二大农产品出口目的国。中非电子商务等贸易新业态蓬勃发展，"丝路电商"合作不断推进：中国已与卢旺达建立电子商务合作机制，中国企业积极投资海外仓建设，非洲优质特色产品通过电子商务直接对接中国市场。中国—毛里求斯自贸协定于 2021 年 1 月 1 日正式生效，成为中非间首个自贸协定，为中非经贸合作注入新动力。②

第三，中国对非投资结构持续优化。投融资合作是近年来中非合作最大亮点之一，为非洲经济社会发展注入"血液"。结合非洲需要和中国优势，中国鼓励和支持中国企业扩大和优化对非投资，为符合条件的项目提供融资

① 《新时代的中非合作》，中国政府网，2021 年 11 月 26 日，http：//www.gov.cn/zhengce/2021-11/26/content_5653540.htm，最后访问日期：2022 年 3 月 25 日。

② 《新时代的中非合作》，中国政府网，2021 年 11 月 26 日，http：//www.gov.cn/zhengce/2021-11/26/content_5653540.htm，最后访问日期：2022 年 3 月 25 日。

及出口信用保险支持。在中国政府、金融机构和各类企业合力推动下，中国对非投资呈现良好发展态势，广泛涉及矿业开采、加工冶炼、装备制造、农业开发、家电生产、航空服务、医药卫生、数字经济等产业，帮助非方提升了有关产业工业化水平、产业配套和出口创汇能力。[①]

第四，中非经济合作助力非洲全方位发展。21 世纪以来的中非合作，让中国因素成为非洲经济增长的新动力。中国在非洲经济增长加速的过程中发挥了不可替代的作用。例如，中国对非洲基础设施建设作出了重要贡献，中非合作论坛成立以来，中国企业利用各类资金帮助非洲国家新增和升级铁路超过 1 万公里、公路近 10 万公里、桥梁近千座、港口近百个、输变电线路 6.6 万公里、电力装机容量 1.2 亿千瓦、通信骨干网 15 万公里，网络服务覆盖近 7 亿用户终端。再如，中国助力非洲工业化和经济多元化进程。中国与 15 个非洲国家建立产能合作机制。中国与非洲国家合作建设经贸合作区、经济特区、工业园区、科技园区，吸引包括中国在内的各国企业赴非投资，建立生产和加工基地并开展本土化经营，增加当地就业和税收，促进产业升级和技术合作。此外，中非紧密进行产能合作，围绕非洲"三网一化"建设战略开发业务，截至 2021 年 3 月，中国累计投资 21 个项目，涉及能源、资源、制造业等多个领域，有力带动非洲国家产业发展。[②] 21 世纪的中非合作取得了丰硕的成果，令世界重新审视非洲，从"没有希望的大陆"到"非洲崛起"，国际社会对非洲发展前景的判断和态度发生了根本转变。

第五，中非经济合作为中国的经济全球化插上翅膀。非洲有广阔的市场前景和巨大的市场潜力，对于中国来说，中非经济合作将带来可观的回报，中国在非洲的开拓也将是中国经济"走出去"的重要支撑。在国际金融领域，中非双方央行积极扩大本币结算和互换安排，推动中非金融便利化水平稳步提高。截至 2021 年 10 月，人民币跨境支付系统（CIPS）有 42 家非洲

---

① 《新时代的中非合作》，中国政府网，2021 年 11 月 26 日，http：//www.gov.cn/zhengce/2021-11/26/content_5653540.htm，最后访问日期：2022 年 3 月 25 日。

② 《新时代的中非合作》，中国政府网，2021 年 11 月 26 日，http：//www.gov.cn/zhengce/2021-11/26/content_5653540.htm，最后访问日期：2022 年 3 月 25 日。

地区间接参与者，覆盖 19 个非洲国家。① 在国际互联网和跨境电子商务方面，中非"数字经济"合作发展迅速，成果丰硕；中国企业参与多个非洲重要数字基础设施的建设，助力非洲数字化转型，弥补非洲的"数字鸿沟"。中非电子商务合作层次和内涵不断丰富，中国企业积极参与非洲电子支付、智慧物流等公共服务平台建设，在互联互通中实现合作共赢。中非经济合作为中国经济"走出去"提供了广阔的舞台，成为中国对外合作的重要组成部分。

二　中非经济合作的意义

（一）中非经济合作对中国与非洲发展的意义

中国与非洲的经济合作立足合作共赢，推动构建中非发展共同体，这对中国和非洲来说都是机遇。中非经济合作对中国的意义主要体现在以下几个方面。

首先，非洲是"一带一路"倡议的重要节点，中非经济合作是"一带一路"倡议实施的重要组成部分。从地理位置上看，非洲是亚洲与欧洲之间海上交往的重要枢纽和转运站，非洲东部海岸港口是海上丝路的重要组成部分，位于西印度洋的非洲岛国构成了海上丝路的支点，东部非洲的红海及亚丁湾安全是海上丝路的重要保障。非洲是中国"一带一路"倡议和"海上丝绸之路"建设的关键一环。中非经济合作有利于中国顺利实施"一带一路"倡议，有利于中国扩大"朋友圈"，扩展中国的投资载体与海外市场，助力中国实现国内国际双循环的新发展格局。

其次，中非经济合作为中国带来实实在在的经济利益。非洲作为世界上发展中国家最集中的大陆，有巨大的潜在市场和广阔的发展空间。当前西方保守主义、贸易保护主义等逆全球化趋势抬头，国际合作面临困难，中非在深厚的历史友谊基础上开展共赢的经济合作，成为国际合作中的紧密伙伴。

---

① 《新时代的中非合作》，中国政府网，2021 年 11 月 26 日，http://www.gov.cn/zhengce/2021-11/26/content_5653540.htm，最后访问日期：2022 年 3 月 25 日。

非洲大陆有丰富的自然资源和正在凸显的人口红利，而中国的商品、资金、技术、产能在非洲找到了发挥作用的热土，中非经济呈现良性互补。中国企业在非洲的活跃经营，中国对非贸易、对非投资领域的不断拓展，都有力地证明了中非经济合作给中国带来的好处。

最后，中非合作共赢的突出成果是提升中国软实力，构建中国国际话语权的"金字招牌"。当前，国际社会针对中国"一带一路"倡议、中非合作等中国对外合作举措一直存在一些不和谐、不符合事实的看法，特别是一些人认为中国正在将非洲国家带入债务陷阱，把中国与非洲的合作抹黑为"新殖民主义"。然而事实却是，中国与非洲在经济合作中秉持合作共赢的理念，将中国与非洲的利益结合在一起，追求中非共同发展。中国与非洲的经济合作给非洲带去了发展机遇而不是控制和压迫，与历史上西方在非洲的所作所为形成鲜明对比，中非经济合作的丰硕成果是破除猜忌与抹黑的最佳证明。

对于非洲来说，合作共赢的中非经济合作为非洲带来了巨大的发展机遇。从非洲总体发展战略上看，中非合作顶层设计与非盟《2063 年议程》等长远规划的对接，通过跨国跨地区重大基础设施项目的规划和统筹协调，能够促进非洲一体化进程和整体可持续发展，有助于中国为非洲人民实现"非洲梦"作出更精准、更有益的贡献。中国将自身发展利益同非洲的发展利益相结合，给非洲发展注入了强劲动力。

从非洲工业化进程来看，中国在非洲不同的行业投资兴业，各类产业技术和标准将更多地进入非洲，不仅会直接带动非洲相关产业发展，还将通过溢出效应带动上下游产业发展，帮助非洲国家建立和完善产业体系，加速工业化进程，实现经济多元化。非洲国家将充分利用中国大量进入的资本，弥补国内储蓄和外汇的双缺口，增加资本积累。[①] 中非在"一带一路"倡议框架下的产能合作将带动非洲国家制造业的发展，从"非洲制造"向"中非联合制造"演进，有助于非洲国家构建更加完整的工业体系，加快工业化

---

① 李新烽、吴传华、张春宇：《新时代中非友好合作：新成就、新机遇、新愿景》，中国社会科学出版社，2018，第 36 页。

进程，更好地参与国际分工、融入全球产业链。

从非洲基础设施建设来看，中非经济合作将进一步推动非洲在"三网一化"方面的进展，缓解非洲基础设施落后的局面，为非洲经济发展创造新的血脉。同时，中国对非洲数字基础设施领域的投资与合作，有助于非洲实现数字化转型，帮助非洲弥合"数字鸿沟"。

从非洲对外贸易来看，中非经济合作将通过更多的贸易便利化措施，增加非洲国家对中国的出口，逐步实现中非贸易均衡，促进中非贸易健康可持续发展。

从消除贫困方面来看，中非经济合作将有助于非洲不断改善民生，提升非洲人民的福祉。中国在非洲的投资、贸易和各种经营活动为非洲国家创造了大量直接和间接的就业岗位。中国企业在非洲雇用当地劳动力的意愿不断增强，这对提高非洲人民收入、消除贫困具有重要意义。

从发展道路的选择来看，中非经济合作补充了非洲发展的必要条件，补充了非洲缺少的生产要素，有利于促进非洲实现自主发展。同时，非洲国家也越来越希望向中国学习发展经验，从本国实际情况出发，吸收中国的发展经验，走出自己的发展道路。

综合来看，中非经济合作对非洲的重要战略意义主要体现在中非经济合作对非洲发展能力的全面提升上。在中非合作论坛北京峰会上提出的《中非合作论坛——北京行动计划（2019—2021 年）》指出："中方将秉持真实亲诚理念和正确义利观，以支持非洲培育内生增长能力为重点，回应非方减少贫困、改善民生、吸引投资、提振出口等诉求，持续加大对非洲的投入和合作力度。""授人以鱼不如授人以渔"是中国对非援助的理念，提高非洲经济自身的造血功能是中非合作的重要目标。在提高非洲自主发展能力的基础上，中非经济合作为非洲经济发展提供了机遇和平台，有利于实现非洲经济的腾飞、增进非洲人民的福祉、助力"非洲梦"早日实现。

（二）中非经济合作对塑造国际经济秩序新格局的意义

当前，中非经济合作势头正劲，中国已成为非洲最大的贸易伙伴、最大的基础设施融资方、主要的投资来源国和重要的国际发展合作伙伴，中非经济合作的发展和成就对塑造国际经济秩序新格局有重要影响。中非经济合作有利于维护国际多边主义，抵御孤立主义和逆全球化思潮；有利于促进国际社会对非洲的关注，推动国际对非合作的开展；有利于推动全球产业链的合理布局。

首先，中非经济合作有利于维护多边主义。中非经济合作本身就是依托中非之间重要的多边合作机制展开的，"一带一路"倡议和中非合作论坛是中非开展经济合作的主要平台。构建合作共赢的中非命运共同体是中非合作论坛北京峰会的宣言，中非经济合作是推动中非共建"一带一路"的重要环节，中非经济合作的成果为"一带一路"倡议和中非合作论坛增添了光彩。中非经济合作表明了多边主义是实现世界各国合作共赢的解决之道，是人类社会实现共同发展的重要工具。中非经济合作的示范效应对抵御孤立主义的影响、破除逆全球化思潮有着积极作用。

其次，中非经济合作促进了国际社会对非洲的关注。中非经济合作不仅带动了非洲经济的发展，促进了中非命运共同体的构建，也重新塑造了国际社会对非洲的认知，改变了国际社会对非合作的态度。中国与非洲的合作成为南南合作的典范，让世界看到了非洲的发展潜力，看到了与非洲合作的重要意义。近年来，各国各地区对非合作掀起了一股新热潮，发展同非洲关系成为大国对外合作的新选择和新目标。

最后，中非经济合作有利于推动全球产业链合理布局。当前全球产业链加速重构，孤立主义、保护主义等阻碍全球产业分工的不利因素叠加新冠疫情的影响，造成传统国际产业布局的风险频现，国际产业链的完善和拓展成为促进全球产业分工合理布局的办法。中国是传统制造业大国和"全球工厂"，作为全球产业链中的重要节点，当前中国正着力构建国内国际双循环的新发展格局，优化产业结构，力图实现高质量发展。非洲是全球产业链中较弱的一环，但非洲当前有着推进工业化的强烈愿望和巨大潜力，非洲的人口红利逐渐凸显，且正从新一轮技术革命中受益，未来将出现全球最为迅速的城市化进程。中国与非洲各自的现实情况和发展需求为中非经济合作赋予了广阔的前景。中非产业互补性强，中国通过中非经济合作，将资金和技术投入非洲，有利于提升非洲国家的技术水平、助推非洲的工业化进程，有利于非洲进一步融入全球产业链、在国际分工中发挥更重要的作用，促进全球产业链布局更加合理。

第三节 中非经济合作展望

一 中非经济合作的新机遇与新挑战

（一）来自国际层面的挑战

在国际层面，中非经济合作首先面临着全球发展环境动荡带来的不利影响。近年来，西方国家出现贸易保护主义、民粹主义等反全球化现象的势头，不利于国际经济合作与世界经济发展。此外，世界主要经济体的货币政策偏向紧缩，使得新兴经济体面临国际资本大幅外流的风险，部分国家不得不提高利率以避免资本大幅外流和本币贬值，这使得新兴经济体的货币政策面临紧缩压力。此外，新冠疫情持续、气候和环境等全球性治理难题挥之不去，也给全球经济发展带来了更多不确定性。中国与非洲在世界经济的动荡和挫折中都无法独善其身，各自的经济发展也将受到影响，从而掣肘双方的经济合作。

与此同时，一些大国重拾对非洲的关注，加大对非合作力度，与中非经济合作展开竞争甚至产生摩擦。例如，欧洲于 2021 年 3 月出台《欧盟的非洲战略》报告，意图与中国争夺对非合作的主动权。美国也计划加强同非洲的经贸联系，明确表明要与中国在非洲的"扩张"抗衡。美国在 2021 年 6 月的七国集团峰会上联合与会西方国家发布了一项名为"重建更美好世界"（Build Back Better World，B3W）的全球海外基建投资计划。这一由美国倡导的计划，声称要建立以价值为驱动、密切协作、市场主导、高标准、多边金融机构支持的伙伴关系，拟投入 40 多万亿美元，以满足非洲等发展中国家的基础设施需求。[①] 而其他新兴经济体如印度和土耳其，

---

① 《贺文萍：布林肯访问非洲的目的及对中非关系的影响》，中国社会科学院西亚非洲研究所网站，2022 年 3 月 16 日，http://iwaas.cass.cn/xslt/fzlt/202203/t20220316_5398978.shtml，最后访问日期：2022 年 3 月 31 日。

也正将中国确立为其追赶、效仿和竞争目标，中非经济合作面临着挤压式的激烈竞争。① 其他国家和地区与中国在非洲的竞争，可能会对中非贸易、基础设施建设、人民币国际化、中非经济合作舆论环境等方面产生诸多不利影响。

（二）来自非洲本土的挑战

中非经济合作虽然对非洲发展有着重要意义和积极作用，但中非经济合作在非洲本土仍面临着诸多亟待解决的现实问题。当前，非洲大陆经济基础依然较为脆弱，非洲安全环境、政治环境、营商环境、本土发展环境仍然有待改善。

首先，虽然近年来非洲经济实现了平稳快速发展，但这种高速增长主要得益于过去十多年间全球范围内普遍宽松的经济环境。然而，多数非洲国家经济结构仍然单一，国民经济主要依靠生产和出口种类单一的农矿初级原料产品，这种经济结构对全球经济波动的抵御能力较弱，导致非洲经济增长的可持续性较差。其次，尽管非洲和平与安全局势有所改观，但非传统安全问题依然突出，例如难以消弭的恐怖袭击、海盗威胁、跨国犯罪、枪支泛滥、环境冲突等。这些非传统安全问题往往有较强的外溢效应，治理难度较大，容易对非洲的经济社会发展环境造成破坏。最后，一些非洲国家的营商环境仍然不容乐观。一些非洲国家腐败问题严重，政府治理能力低下。还有非洲国家存在政府公共服务能力不足、制定和执行国家经济规划能力较差、法律法规不完善、政府行政效率低、政策连续性堪忧等问题。这些问题都将影响国际对非经济合作的落实。

此外，中国也应当更加警惕西方利用其在非洲的话语权优势对中非经济合作进行攻击和抹黑。西方不断炒作中国在非洲推行"新殖民主义"、中国给非洲国家设置"债务陷阱"等虚假事实，虽然这些论调与事实严重不符，但由于历史原因，西方国家在非洲的话语权优势一直存在，非洲社会容易受到西方言论的影响，从而对中非经济合作产生担忧甚至抵触。"非洲晴雨

---

① 姚桂梅、许蔓：《中国的引领作用与国际对非经贸合作的新特点》，《国际经济合作》2018年第 3 期，第 25~31 页。

表"的报告就曾明确提出,"中国债务陷阱论"是近年来非洲民众对中非经济合作正面评价比例下降的主要原因。[1]

(三)中国需要提升的方面

中国自身因素也可能会对中非经济合作造成不利影响。首先,中国经济的发展状况可能会影响中国对非洲投资的规模。当前中国面对新的国际形势和不断变化的发展环境,逐步调整自身经济发展战略,中国经济从高速增长阶段进入高质量增长阶段,经济增速相对放缓,更加强调提质增效。国内对矿产资源的需求降低以及经济转型的要求,造成中国企业尤其是国有企业在非洲的投资缩减,特别是可能会减少在矿业领域的投资。[2]

其次,中国的产业结构现状导致中非贸易容易出现局部矛盾。当前的中国产业结构中劳动密集型的制造业仍然占有很大比重,中国对非洲出口的产品很多是来自这些产业。中国对非洲出口大量轻工业产品,容易对非洲本土生产的同类商品造成冲击,挤占当地市场,不利于当地企业发展。

再次,中国对非洲的投资模式亟须进一步优化。从投资结构来看,中国对非洲的投资大多涉及基础设施建设、建筑业、矿业等领域,对制造业的投资比重相对较少。从国别来看,中国对非洲投资仍然高度集中于南非、刚果(金)、安哥拉、赞比亚、埃塞俄比亚、尼日利亚等少数几个国家,对非投资的覆盖面不够广。

最后,部分中国企业因缺乏对非洲的了解,在对非合作的过程中没有做到尊重、遵守非洲当地政治现实、法律法规、风俗习惯等,有损中国在当地的形象,不利于中国企业在当地的经营活动。

二 克服中非经济合作新挑战的实践路径

(一)高举多边主义旗帜,坚持合作共赢理念

面对中非经济合作国际层面的问题,中方应从两方面着手应对。一方

---

[1] 周玉渊:《开放包容的中非合作与中非关系的前景——以中非合作论坛为主线》,《外交评论(外交学院学报)》2021年第3期,第22页。

[2] 李新烽、吴传华、张春宇:《新时代中非友好合作:新成就、新机遇、新愿景》,中国社会科学出版社,2018,第119页。

面，针对世界经济不确定性和他国在非洲的竞争，中国应继续坚持发挥多边主义在对非合作中的作用，更重视在非洲与第三方进行合作，为中非经济合作寻找更多伙伴；同时中方应继续坚持贯彻真实亲诚对非政策理念和"五不"原则，坚持平等互利、合作共赢。另一方面，中国要加强对中非合作原则的宣传，抵消国际社会对中非合作的误解和恶意抹黑带来的不良影响。

中非合作始终是开放包容、兼收并蓄的，合作共赢的理念深入中国对外合作实践。中国对国际社会更加关注非洲持欢迎态度，中非合作的宝贵实践为多边主义注入了信心，是各国合作共赢的典范。非洲的发展前景足够广阔，非洲发展的需求丰富多元。中国由于自身经济发展状况和经济结构特点等因素，尚没有能力满足非洲在所有领域的需求。当前，国际社会对非合作愿望正在增强，中非双方应更加积极地引入高质量的第三方合作伙伴，推动国际各方在非洲发挥自身所长，与非洲开展互利共赢的合作，避免在对非合作中相互排挤。

然而，中非双方在选择第三方合作伙伴时也应当警惕一些国家的恶意竞争。当前一些国家在非洲奉行排他性的合作政策、实行抹黑中国的攻击性行为，中国对此也应该加大正面回应的力度。例如美国近年来加快了对非合作步伐，但其在向非洲开大量"支票"的同时，也试图强迫非洲国家在中美之间"选边站"，抹黑和攻击中非合作，从而遏制中国在非洲的影响力。面对这种不利于国际合作的恶意竞争行为，中非应继续坚持合作共赢理念，让中非合作成果进一步惠及非洲人民。同时应加强中非人文交流和政策沟通，增进中非之间的互相理解，将中方在对非合作中的态度和立场传达到位，争取中国在非洲的话语主动权。

（二）促进中非发展战略精准对接，助力非洲工业化进程

中非经济合作应更加紧密地围绕中非发展战略的对接来开展。例如通过中非经济合作促进"一带一路"倡议和非盟《2063年议程》的对接和互动。中非合作共建"一带一路"对非洲发展有明显的积极意义，《2063年议程》是未来50年指引非洲大陆社会经济转型发展的战略框架，该文件对非洲的工业化、一体化、基础设施建设、妇女和青年发展等方面做了规划，提出了非洲发展总体构想。未来，中非经济合作应更加侧重于围绕"一带一路"倡议和非盟《2063 年议程》的契合点，更加关注助力非洲工业化进程这一重要领域。

当前非洲深刻认识到工业化对非洲发展的重要意义，从非洲国家到次区域组织，再到非盟层面都制定了与工业化相关的战略规划。中非经济合作一直以来在矿业和能源等领域投入较多，而在制造业领域、现代服务业等对非洲工业化发展具有更大促进作用的领域投入尚有不足。在中非经济合作的传统领域，中方可以加大对非洲的技术支持，帮助非洲延伸矿业等传统资源型行业的产业链，同时加大对非洲新能源等新兴行业的开发力度。在制造业、现代服务业等新领域，中方可以抓住非洲具有发展潜力的优势增长点，例如加大在汽车制造产业、电子信息产业等领域的合作与投资力度。在中国企业在非经营模式方面，中国应该进一步鼓励中国企业通过收购—生产—运营的投资模式，实现属地化、国际化经营。同时拓宽融资渠道，推动对非重点行业投资的多元化和国际化，整合多方优势资源助力非洲工业化进程。

此外，面对非洲政治环境、安全环境动荡的外部情况，中国企业在非洲本土面临经营方面的问题，中非应该在中非合作论坛框架下继续深入开展多方面合作，构建全方位的中非命运共同体，为中非经济合作保驾护航，保障中非发展共同体的加速构建。

第六章　构建中非人文共同体

当今世界正处于百年未有之大变局，现行国际秩序面临巨大挑战，全球信息化、网络化、数字化态势发展迅猛，文明交流互鉴已成为主流趋势。习近平总书记倡导的文明交流互鉴提供了人类文明交往的原则，为全球治理提供了中国方案，为世界文明交流互鉴提供了中国智慧，同时也打破了西方社会"文明冲突论""文明优越论"等论调，树立起了中国文明大国的形象。中华文明与非洲文明都曾长期走在世界文明前列，中非人文交流自古以来就有着深厚的历史积淀。近年来，中国积极推动中非文明交流，以构建中非命运共同体和"一带一路"为两大平台，推动中非文明共同发展，对人类文明发展演进有着重要的思想贡献。

第一节　文明交流互鉴

人类文明平等、包容、多样、创新、善鉴的主张共同构成了习近平总书记关于文明的主要观点。习近平总书记关于文明交流互鉴的重要论述立足于世界纷繁的历史和当今世界和平与发展的主题，是马克思主义理论与中国传统文化相适应，是中华文明与世界其他文明相交往，是中国对国际局势的判断预测与大国外交实践相结合的产物；同时批判性地继承了中华优秀传统文化中的"和同"、平等思想，对人类文明发展规律作出了科学的阐释，形成了一系列具有时代特点的文明交流互鉴理论。

一　习近平关于文明交流互鉴的重要论述

早在党的十八大之前，习近平主席在外事活动中就多次发表讲话，大力倡导文明文化交流的主张。习近平主席在出访墨西哥、俄罗斯等国家时多次褒扬其国家文学作品、历史遗址等文明成果，并交流两国悠久的历史文化，显示出中国新一代领导集体对世界文明文化尊重、包容、互鉴的态度，这也是文明交流互鉴新文明观的雏形。

2013 年 3 月 25 日，习近平主席在坦桑尼亚发表演讲，指出"各方应该尊重世界文明多样性和发展模式多样化"[①]。他的这一判断是基于"国家不分大小、强弱、贫富一律平等"这一最重要原则。2014 年 3 月 27 日，习近平主席在联合国教科文组织总部发表演讲，第一次提出文明交流互鉴的新文明观，他指出"文明因交流而多彩，文明因互鉴而丰富。文明交流互鉴，是推动人类文明进步和世界和平发展的重要动力……文明是多彩的，人类文明因多样才有交流互鉴的价值……文明是平等的，人类文明因平等才有交流互鉴的前提……文明是包容的，人类文明因包容才有交流互鉴的动力"[②]。尊重文明的多样性和平等性是第三世界国家长久以来的诉求。伴随发展中国家力量的崛起，这种诉求逐渐成为可能。对于中国来说，在任何情况下，文明的多样性和绝对平等都是中国国际政策的一项根本要求，这是一项不可剥夺的权利。

2014 年 9 月 24 日，在纪念孔子诞辰 2565 周年国际学术研讨会上，习近平总书记进一步指出文明交流互鉴理念的历史意义与现实价值，强调了中国优秀传统文化对中国人民精神品格以及中华文明发展的重要塑造作用，提出应注重"维护世界文明多样性""尊重各国各民族文明""正确进行文明学习借鉴""科学对待文化传统"四项原则。[③]

① 习近平：《习近平谈治国理政》，外文出版社，2014，第 307 页。
② 《习近平在联合国教科文组织总部的演讲（全文）》，新华网，2014 年 3 月 28 日，http：//www.xinhuanet.com/world/2014-03/28/c_119982831_2.htm，最后访问日期：2023 年 2 月 11 日。
③ 习近平：《在纪念孔子诞辰 2565 周年国际学术研讨会暨国际儒学联合会第五届会员大会开幕会上的讲话》，《人民日报》2014 年 9 月 25 日，第 2 版。

在文明交流互鉴观提出之后，中国进一步扩大国际交往与合作，随着"一带一路"建设取得进展、人类命运共同体内涵逐步成熟，越来越多的国际问题也逐步暴露。在这一背景下，中国展现大国责任和担当，分享中国理念智慧，指明了文明交流互鉴的实践路径，以亚洲促进世界，以经济论坛、国际合作、政党外交等方式走向世界，上述实践进一步为文明交流互鉴观奠定了新的实践基础，在此基础上习近平主席在多个外事活动中以理论结合实际，继续深化阐释，由此奠定了文明交流互鉴观的基本内涵。

2015 年 3 月 28 日，在博鳌亚洲论坛 2015 年年会上的主旨演讲中，针对亚洲文明多样性的显著特征和多文明、多民族、多宗教的汇聚交融的客观现实，习近平主席提出"坚持不同文明兼容并蓄、交流互鉴"①，由此才能组成亚洲大家庭，迈向命运共同体。2017 年习近平主席访问联合国日内瓦总部，在向世界阐明"构建人类命运共同体"的中国方案的同时，借用"和羹之美，在于合异"②阐释人类文明多样性对世界的特征含义和进步作用，强调坚持文明交流互鉴，建设开放包容的世界。

2017 年 5 月 14 日，"一带一路"国际合作高峰论坛在北京开幕，习近平主席在开幕式演讲中回顾古代丝绸之路的文明交往故事，明确"一带一路"倡议的定位，首次提出"以文明交流超越文明隔阂、文明互鉴超越文明冲突、文明共存超越文明优越"③的论断。

至此，随着智库、社会、文化、卫生、体育等多领域文明交往机制平台构想的生成，"一带一路"倡议和人类命运共同体成为习近平总书记文明交流互鉴观的两大实践支点。2017 年 10 月 18 日，习近平总书记在党的十九大报告中再次强调要尊重世界文明多样性和文明交流、互鉴、共存的文明观

① 习近平：《迈向命运共同体 开创亚洲新未来——在博鳌亚洲论坛 2015 年年会上的主旨演讲》，《人民日报》2015 年 3 月 29 日，第 2 版。

② 习近平：《共同构建人类命运共同体——在联合国日内瓦总部的演讲》，《人民日报》2017 年 1 月 20 日，第 2 版。

③ 习近平：《携手推进"一带一路"建设——在"一带一路"国际合作高峰论坛开幕式上的演讲》，《人民日报》2017 年 5 月 15 日，第 3 版。

点，将文明交流互鉴作为构建人类命运共同体的重要方面。① 在同年 12 月举办的中国共产党与世界政党高层对话会上，习近平主席重申中国共产党"一如既往为世界文明交流互鉴作贡献"②。在博鳌亚洲论坛 2018 年年会开幕式上，习近平主席在主旨演讲中提出"兼容并蓄、和而不同……使文明交流互鉴成为增进各国人民友谊的桥梁"③。"文明交流互鉴"的主题词已经成为中国共产党新时代文明观的中心内容。

党的十九大宣告中国特色社会主义进入新时代，中国走向世界舞台中央的条件日趋成熟。当下国际秩序面临巨大挑战，世界呼唤新的国际秩序、新的价值导向、新的治理方案。中国基于大国外交的形象定位，积极倡导和呼吁人类文明交流互鉴、共同发展，为世界文明擘画了新的方案和蓝图。习近平总书记提出的文明交流互鉴观也呈现出更为清晰完整的形态。

2018 年 6 月，在上海合作组织成员国元首理事会第十八次会议上的讲话中，习近平主席指出，"我们要树立平等、互鉴、对话、包容的文明观，以文明交流超越文明隔阂，以文明互鉴超越文明冲突，以文明共存超越文明优越"④，这也是习近平主席文明交流互鉴观的主要内涵。

2019 年 5 月 15 日，习近平主席在亚洲文明对话大会开幕式上的主旨演讲中指出，"文明因多样而交流，因交流而互鉴，因互鉴而发展。我们要加强世界上不同国家、不同民族、不同文化的交流互鉴，夯实共建亚洲命运共同体、人类命运共同体的人文基础"，并提出 4 点主张，"第一，坚持相互尊重、平等相待……第二，坚持美人之美、美美与共……第三，坚持开放包容、互学互鉴……第四，坚持与时俱进、创新发展"，同时明确"中华文明

---

① 习近平：《决胜全面建成小康社会　夺取新时代中国特色社会主义伟大胜利——在中国共产党第十九次全国代表大会上的报告》，人民出版社，2017，第 59 页。

② 习近平：《携手建设更加美好的世界——在中国共产党与世界政党高层对话会上的主旨讲话》，《人民日报》2017 年 12 月 2 日，第 2 版。

③ 习近平：《开放共创繁荣　创新引领未来——在博鳌亚洲论坛 2018 年年会开幕式上的主旨演讲》，《人民日报》2018 年 4 月 11 日，第 3 版。

④ 习近平：《弘扬"上海精神"　构建命运共同体——在上海合作组织成员国元首理事会第十八次会议上的讲话》，《人民日报》2018 年 6 月 11 日，第 3 版。

是在同其他文明不断交流互鉴中而形成的开放体系"①。文明交流互鉴由此形成一个完整的观点,习近平总书记文明交流互鉴观得以完整体现。

2020 年 9 月 22 日,习近平主席在第七十五届联合国大会一般性辩论上的讲话中指出:"我们要树立你中有我、我中有你的命运共同体意识,跳出小圈子和零和博弈思维,树立大家庭和合作共赢理念,摒弃意识形态争论,跨越文明冲突陷阱,相互尊重各国自主选择的发展道路和模式,让世界多样性成为人类社会进步的不竭动力、人类文明多姿多彩的天然形态。"②

2019 年 6 月 14 日,习近平主席在上海合作组织成员国元首理事会第十九次会议上的讲话中指出:"我们要珍惜本地区文明多样性这一宝贵财富,摒弃文明冲突,坚持开放包容、互学互鉴,为各国人民世代友好、共同发展进步注入持久动力。"③ 习近平总书记在党的二十大报告中指出,"我们要拓展世界眼光,深刻洞察人类发展进步潮流,积极回应各国人民普遍关切,为解决人类面临的共同问题作出贡献,以海纳百川的宽阔胸襟借鉴吸收人类一切优秀文明成果,推动建设更加美好的世界"④。

由此可见,习近平总书记的文明交流互鉴观带有鲜明的中国特色,涉及政治、经济、文化、安全等多个领域,内容不断丰富,理论化、体系化特色鲜明。随着中国对外文明交往活动的不断发展,习近平总书记文明交流互鉴观必将成为世界文明观中的重要一脉。

二 中非文明交流互鉴

2010 年 11 月 18 日,习近平主席在中非合作论坛成立 10 周年研讨会上的

① 习近平:《深化文明交流互鉴 共建亚洲命运共同体——在亚洲文明对话大会开幕式上的主旨演讲》,《人民日报》2019 年 5 月 16 日,第 2 版。
② 习近平:《在第七十五届联合国大会一般性辩论上的讲话》,《人民日报》2020 年 9 月 23 日,第 3 版。
③ 习近平:《凝心聚力 务实笃行 共创上海合作组织美好明天——在上海合作组织成员国元首理事会第十九次会议上的讲话》,《人民日报》2019 年 6 月 15 日,第 2 版。
④ 习近平:《高举中国特色社会主义伟大旗帜 为全面建设社会主义现代化国家而团结奋斗——在中国共产党第二十次全国代表大会上的报告》,人民出版社,2022,第 21 页。

演讲中指出："中非合作论坛尊重中非各自的文化特性，促进了不同文明和谐共存、交流互鉴。10 年来，中非教育、科技、文化以及人员交流、人力资源开发等领域合作成果丰硕。中非青年联欢节、中非文化聚焦、中非科技伙伴计划、中非法律论坛、中非联合研究交流计划等合作项目，有力增进了中非人民的相互了解和友谊。南非在落实中非人文交流方面成果尤为突出，目前已有 5 所孔子学院在南非落户。中国对非培训工作加速推进，迄今已为非洲培训近 3 万名各类人才；2009 年非洲在华留学生达 1.2 万多名，他们是建设和发展非洲的宝贵人才，也是促进中非交流、深化中非友谊的重要力量。"[1]

2015 年 12 月 5 日，在中非合作论坛约翰内斯堡峰会上的总结讲话中，习近平主席指出："将中非关系提升为全面战略合作伙伴关系，决心共同致力于做强和夯实政治上平等互信、经济上合作共赢、文明上交流互鉴、安全上守望相助、国际事务中团结协作'五大支柱'。"[2] 为推进中非全面战略合作伙伴关系建设，中方愿在未来 3 年同非方重点实施"十大合作计划"，其中第九项为中非人文合作计划。中方将为非洲援建 5 所文化中心，为非洲 1 万个村落实施收看卫星电视项目；为非洲提供 2000 个学历学位教育名额和 3 万个政府奖学金名额；每年组织 200 名非洲学者访华和 500 名非洲青年研修；每年培训 1000 名非洲新闻领域从业人员；支持开通更多中非直航航班，促进中非旅游合作。

2018 年 9 月 3 日，习近平主席在中非合作论坛北京峰会开幕式上的主旨讲话中明确指出，中非双方要携手打造的是责任共担、合作共赢、幸福共享、文化共兴、安全共筑、和谐共生的中非命运共同体。习近平主席在讲话中提道："我们都为中非各自灿烂的文明而自豪，也愿为世界文明多样化作出更大贡献。我们要促进中非文明交流互鉴、交融共存，为彼此文明复兴、文化进步、文艺繁荣提供持久助力，为中非合作提供更深厚的精神滋养。我

---

[1] 《习近平在中非合作论坛成立 10 周年研讨会上的演讲》，中国政府网，2010 年 11 月 19 日，http://www.gov.cn/ldhd/2010-11/19/content_1748530.htm，最后访问日期：2022 年 2 月 4 日。

[2] 习近平：《在中非合作论坛约翰内斯堡峰会上的总结讲话》，《人民日报》2015 年 12 月 6 日，第 2 版。

们要扩大文化艺术、教育体育、智库媒体、妇女青年等各界人员交往，拉紧中非人民的情感纽带。""中国愿以打造新时代更加紧密的中非命运共同体为指引，在推进中非'十大合作计划'基础上，同非洲国家密切配合，未来 3 年和今后一段时间重点实施'八大行动'。"其中，第七项为实施人文交流行动，"中国决定设立中国非洲研究院，同非方深化文明互鉴；打造中非联合研究交流计划增强版；实施 50 个文体旅游项目，支持非洲国家加入丝绸之路国际剧院、博物馆、艺术节等联盟；打造中非媒体合作网络；继续推动中非互设文化中心；支持非洲符合条件的教育机构申办孔子学院；支持更多非洲国家成为中国公民组团出境旅游目的地"①。

2021 年 11 月 29 日，习近平主席在中非合作论坛第八届部长级会议开幕式上的主旨演讲中指出，"中非双方共同制订了《中非合作 2035 年愿景》。作为愿景首个三年规划，中国将同非洲国家密切配合，共同实施'九项工程'。"其中第八项为人文交流工程，"中国愿支持所有非洲建交国成为中国公民组团出境旅游目的地国。在华举办非洲电影节，在非洲举办中国电影节。举办中非青年服务论坛和中非妇女论坛"②。

第二节　中非人文交流的发展历程与现实意义

中非人文交流自古以来就有着深厚的历史积淀。自古以来，中国和非洲两大文明就在古丝绸之路上和平交往。近代以来，相似的历史遭遇、相近的奋斗历程和相同的发展任务，使双方跨越了空间阻隔，成为好朋友、好伙伴、好兄弟。身处新时代，习近平主席高度重视人文交流在中非关系中的地位和战略意义，并多次就推进中非人文交流作出过重要指示。2000 年中非合作论坛成立，标志着中非文明交往进入新时期，中非人文交流提升至新高

---

①　习近平：《携手共命运　同心促发展——在二〇一八年中非合作论坛北京峰会开幕式上的主旨讲话》，《人民日报》2018 年 9 月 4 日，第 2 版。

②　习近平：《同舟共济，继往开来，携手构建新时代中非命运共同体——在中非合作论坛第八届部长级会议开幕式上的主旨演讲》，《人民日报》2021 年 11 月 30 日，第 2 版。

度，为中非文明发展注入新的动力，为巩固中非传统友谊贡献力量，为构建中非命运共同体开辟了一条光明大道。

一　中非人文交流的发展历程

中国和非洲都拥有灿烂的历史和文化，双方交往源远流长。中非间最早的接触可以追溯至公元前 2 世纪我国的汉代。据史料记载，早在中国的汉朝，中国同非洲就开始相互了解。此后，经唐、宋、元、明、清历代，中华文明与非洲文明之间的交往日益增多。有学者将张骞出使西域至今 2000 余年的中非交往历史分为三个时期：一是从公元前 2 世纪至 16 世纪初，即西汉至明；二是从 16 世纪到 1949 年中华人民共和国成立；三是中非友好关系全面发展时期，从 1949 年中华人民共和国成立至今。①

古代中非间的往来经历过诸多繁荣。中国和埃及在汉代通过中介国转手，已有商品交易，相互进行文化交流。2 世纪亚非海上交通贸易达到全盛，尤其是丝绸之路的北道、南道及海路交通这三条通道。② 中国和埃及在公元前 10 世纪左右已有间接的民间往来。③ 10~16 世纪，阿拉伯伊斯兰世界兴盛并与东亚中华文明相遇后，形成了一个"环西北印度洋商贸文化圈"，处于这一商贸文化圈东中西广阔地带的众多国家与民族传承了古代中华文明、东非阿克苏姆文明和斯瓦希里文明。④ 中非人文交流在元明后达到相当规模，14 世纪元代航海家汪大渊抵达东非桑给巴尔岛⑤，北非摩洛哥旅行家伊本·白图泰到中国游历考察。⑥ 15 世纪初明代航海家郑和率船队七下西洋，四次抵达东非沿海⑦，中非便在古丝绸之路上结成了天然伙伴关系，

---

① 艾周昌、沐涛编著《中非关系史》，华东师范大学出版社，1996，第 2~5 页。
② 孙毓棠：《汉代的中国与埃及》，《中国史研究》1979 年第 2 期。
③ 艾周昌、沐涛编著《中非关系史》，华东师范大学出版社，1996，第 1 页。
④ 刘鸿武、林晨：《人文交流推动中非合作行稳致远》，《西亚非洲》2020 年第 2 期，第 22~32 页。
⑤ （元）汪大渊：《岛夷志略校释》，苏继顾校释，中华书局，1981，第 358 页。
⑥ 〔摩洛哥〕伊本·白图泰：《伊本·白图泰游记》，马金鹏译，宁夏人民出版社，2000，第 539~559 页。
⑦ 刘鸿武、暴明莹：《蔚蓝色的非洲——东非斯瓦希里文化研究》，云南大学出版社，2008，第 6 页。

为中非人文交流与合作提供了历史逻辑与现实基础。

进入 20 世纪后，中非开始建立现代意义上的文明交往关系。1955 年，在万隆举行的亚非会议标志着现当代中非人文交流的开端。1955 年 5 月，中国同埃及在北京签署了《中华人民共和国政府和阿拉伯埃及共和国政府文化合作会谈纪要》，这是新中国与非洲国家之间正式签署的第一个文化协定。[①] 20世纪 50 年代至 70 年代，非洲处于民族解放运动的高潮，本着共同的历史命运和相互间的深切同情，新中国给予了非洲大量无私的帮助。1963 年底到 1964年初，周恩来总理先后访问了埃及、摩洛哥、苏丹等 10 个国家，并提出了中非交往的五项原则及中国对非洲援助的八项原则，表明了中国坚定地与非洲人民站在一起。70 年代，中国举全国之力为非洲国家修建了长达 1860 公里的坦赞铁路。1971 年 10 月 25 日，第二十六届联合国大会以 76 票赞成、35 票反对、17 票弃权的压倒性多数通过第 2758 号决议，决定恢复新中国在联合国的合法席位，同时将台湾代表驱逐出联合国。这一决议草案是由阿尔及利亚、几内亚、赤道几内亚、毛里塔尼亚、阿尔巴尼亚、坦桑尼亚、刚果（金）、赞比亚等 23 个国家共同提出的，其中非洲国家的支持票为 26 票，占 42 个非洲投票国家的 62%，占全部赞成票的 34%。尽管当时非洲国家的赞成率并不是最高的，但是由于投赞成票的非洲国家绝对数量超过任何其他洲，非洲在我国努力恢复联合国合法席位的斗争中作出了重要贡献，正如毛泽东所说的，"这是非洲黑人兄弟把我们抬进去的"[②]。中非双方长期以来风雨同舟、休戚与共。

进入 21 世纪，中非传统友好关系站在了新的历史起点上。2000 年，中非合作论坛成立，标志着中非人文交流又开启了新篇章。第一届中非合作论坛通过的《北京宣言》和《中非经济和社会发展合作纲领》提出要扩大中非之间的文化交流与合作，尤其是高层文化代表团、艺术和体育团组的互访，增加各类艺术展览，加强彼此之间的文化交流和研究。2003 年，第二届中非合作论坛会议通过了《中非合作论坛——亚的斯亚贝巴行动计划

---

① 项建英：《中非文化交流困境及中国对非教育的使命》，《比较教育研究》2011 年第 12 期，第 38~42 页。

② 沙健孙：《毛泽东思想通论》，人民出版社，2013，第 667 页。

（2004—2006 年）》，该计划承诺举办以非洲为主宾州的"相约北京"国际艺术节和"中国文化非洲行"活动，增加民间文化交流。2006 年，第三届中非合作论坛北京峰会正式确立了"政治上平等互信、经济上合作共赢、文化上交流互鉴"的中非新型战略伙伴关系，中非文化合作被提升到与政治、经济合作同等重要的地位。北京峰会通过的《中非合作论坛——北京行动计划（2007—2009 年）》也提出了实施非洲文化人士访问计划等。2009 年，在中非合作论坛第四届部长级会议上，中非双方签署了《中非合作论坛——沙姆沙伊赫行动计划（2010—2012 年）》，进一步提出加强政府和民间的文化交流与合作，并召开"中非合作论坛——文化论坛"，打造中非文化交流"文化聚焦"品牌，在非洲增设中国文化中心和利用网络等新技术手段传播双方文化。2012 年 6 月，中国与非洲国家在北京首次举办了"中非合作论坛——文化部长论坛"，标志着中非文化高层战略对话机制的建立。2015 年，在中非合作论坛约翰内斯堡峰会上，习近平主席表示将中非"新型战略伙伴关系"提升为"全面战略合作伙伴关系"，并为此做强和夯实"政治上平等互信、经济上合作共赢、文明上交流互鉴、安全上守望相助、国际事务中团结协作"的"五大支柱"，并为推进中非全面战略合作伙伴关系建设，中方愿在未来 3 年同非方重点实施"十大合作计划"（第九项是中非人文合作计划）。[①] 2017 年 4 月 24 日，"中国–南非高级别人文交流机制"首次会议的召开，标志着中非人文交流进入了机制化层面。2018 年，在中非合作论坛北京峰会上，习近平主席做主旨讲话时表示，"中国愿以打造新时代更加紧密的中非命运共同体为指引，在推进中非'十大合作计划'基础上，同非洲国家密切配合，未来 3 年和今后一段时间重点实施'八大行动'"[②]（第七项是实施人文交流行动），其中设立中国非洲研究院被列为人文交流行动首项任务。2021 年 11 月 29 日，习近平主席在中非合

---

① 《中非关系踏上新征程》，共产党员网，2015 年 12 月 5 日，https：//news. 12371. cn/2015/12/05/ARTI1449267445035766. shtml，最后访问日期：2022 年 12 月 3 日。

② 习近平：《携手共命运　同心促发展——在二〇一八年中非合作论坛北京峰会开幕式上的主旨讲话》，《人民日报》2018 年 9 月 4 日，第 2 版。

作论坛第八届部长级会议开幕式上的主旨演讲中指出："中非双方共同制订了《中非合作 2035 年愿景》。作为愿景首个三年规划，中国将同非洲国家密切配合，共同实施'九项工程'（第八项是人文交流工程），展现了中非人文交流正迈向更宽领域、更高水平的新境界。"①

二　中非人文交流的主要领域和组织框架

从中非人文交流现状来看，中国政府积极推动中国对非文化交流，中非人文交流涉及多个领域框架：孔子学院是中非人文交流的重要载体；人才培养、智库建设是中非人文交流的重要保障；文化艺术、媒体交流是中非人文交流的重要途径；民间交往是中非人文交流的重要场域。

第一，孔子学院是中非人文交流的重要载体。中国文化和旅游部在国外设立的国家汉办所和中国文化中心统领的海外孔子学院以及孔子课堂是中国最为重要的对外文化交流与合作平台。中国与非洲国家已经合作创办了 61 所孔子学院和 48 个孔子课堂②，分别在毛里求斯、贝宁、埃及、尼日利亚、坦桑尼亚、摩洛哥等国设立了文化中心。依托文化中心或孔子学院等平台，中国文化和旅游部还打造了如"中国年""中非文化聚焦""欢乐春节"等知名的文化活动品牌，对于促进中非相互了解、增进中非彼此友谊、推动中非关系发展具有重要意义。比如，2015 年中国文化聚焦品牌活动涵盖文化、艺术、文学、出版、电影、电视、体育、文化遗产等多个领域；交流形式包括演出、展览、人员交流、研讨会、青年培训、电影周、电视剧播映、文化机构对口合作、文化专业人士客座创作等；每年项目均在 200 个左右，几年来基本覆盖了所有非洲国家和中国国内省区市。2015 年聚焦品牌活动的重要项目有南非"中国年"系列文化活动、中非文化遗产保护论坛、中非文

---

① 习近平：《同舟共济，继往开来，携手构建新时代中非命运共同体——在中非合作论坛第八届部长级会议开幕式上的主旨演讲》，《人民日报》2021 年 11 月 30 日，第 2 版。

② 《新时代的中非合作（4）》，"新华社"百家号，2021 年 11 月 26 日，https：//baijiahao. baidu. com/s? id = 1717454474785203906&wfr = spider&for = pc，最后访问日期：2022 年 12 月 4 日。

化合作伙伴计划、对非人力资源培训等。

第二，人才培养、智库建设是中非人文交流的重要保障。"中非智库论坛"成立于 2011 年，截至 2023 年已成功举办 12 届，主要以"民间为主、政府参与、坦诚对话、凝聚共识"为宗旨，为中非双方搭建一个开放、平等、共享的思想对话平台。2018 年，在中非合作论坛框架下，中国与非洲国家先后召开了中非智库、文化、青年、民间、媒体等分论坛，进一步丰富了中非合作论坛的内涵。在相关部门的推动下，中非联合研究交流计划、中非智库"10+10"合作伙伴计划、中非高校"20+20"合作计划、中非科技伙伴计划、中非智库论坛、中非青年互访计划等项目的实施使中非人文交流内容愈加丰富，形式愈加多元，呈现新特点。中国积极推动非洲青年参与中非合作，设立中非创新合作中心，并依托鲁班工坊开展非洲青年职业技能培训，鼓励并支持女性交流对话，促进非洲青年和妇女全面发展。此外，中国积极培养中非人文交流的人才队伍。北京大学、中国人民大学、南京大学等国内知名高校设立了非洲研究方向的专业，还培养了一批来自非洲国家的青年学子，为中非人文交流队伍注入了新的血液。2019 年 4 月 9 日，中国非洲研究院在北京成立，习近平主席致贺信，对中国非洲研究院成立表示热烈祝贺，指出设立中国非洲研究院是人文交流行动的重要举措，并进一步提出期待，"希望中国非洲研究院汇聚中非学术智库资源，增进中非人民相互了解和友谊，为中非和中非同其他各方的合作集思广益、建言献策，为促进中非关系发展、构建人类命运共同体贡献力量"[①]。习近平主席在贺信中为中非人文交流指明了方向。

第三，文化艺术、媒体交流是中非人文交流的重要途径。近年来，在中非双方共同努力下，中非文化交流获得长足发展。中国与非洲国家在广播、电视、新闻、电影、博物馆等多个方面进行广泛交流与合作。中国已经和共建"一带一路"的多个非洲国家签订了政府间文化交流合作协定。中国对非洲国家定期政府间文化援助的力度不断加大，确保政府间文化交流项目的实施。中国曾派遣多个政府文化代表团访问非洲，并邀请和接待多个非洲国

---

① 习近平：《习近平向中国非洲研究院成立致贺信》，《人民日报》2019 年 4 月 10 日，第 1 版。

家政府文化代表团来华访问。与此同时，中国还派出多个艺术团组赴非洲国家演出，并接待多个非洲艺术团组来华演出。在中非双方的高度重视和积极行动下，仅 2006 年到 2014 年的八年间，中非已成功举办 6 届"中非文化聚焦"系列活动、8 届"非洲文化人士访问计划"；安排文化高层互访共计 47 起；新签署 39 个双边政府间文化协定及执行计划；截至 2012 年中非合作论坛第五届部长级会议召开前夕，开展近 70 个共计 1600 余人的中非艺术团互访演出，涉非 160 余国次，参加非洲国家举办的艺术节约 30 个；举办中非展览互访 30 多起；开展治国理政、造型艺术、大型庆典、手工艺等多门类中非人力资源培训合作 20 多项，互访人员 160 余位。另外，中国还向非洲 36 国（次）提供总价值约 720 万元的文化物资援助。① 此外，从 2012 年中非媒体合作论坛成功举办以来，中非双方在新闻报道、新媒体运营和人才培训等方面展开了务实合作。中国积极参与非洲国家网络数字化建设，中国的主流媒体中央电视台法语频道、《人民日报》、新华社、《光明日报》等加大了对非洲的报道力度，在传播中国文化、促进民心相通方面发挥了重要作用。

第四，民间交往是中非人文交流的重要场域。半官方性质的民间组织在中非民间交往中发挥了重要作用，如中国扶贫基金会、中国非洲人民友好协会（"中非友协"）、中国青年志愿者协会、中国民间组织国际交流促进会（"中促会"）、中国青少年发展基金会（"中国青基会"）、中国国际扶贫中心等。其中，中非友协是中国成立最早的专门从事对非民间外交工作的全国性民间团体。2011~2019 年，中非友协共接待来自非洲 51 个国家的 90 个代表团；派出 43 批代表团访问非洲 31 个国家；举办建交招待会 32 场次、其他各类活动 59 场次，约 2.5 万余人次参加；协调促成了 37 对中非友好城市关系的建立。② 2000 年以来，中国扶贫基金会在埃塞俄比亚、几内亚、苏

---

① 《文化部部长蔡武：开展中非文化交流互鉴与合作十分重要》，新华网，2014 年 5 月 10 日，http：//www.xinhuanet.com/world/2014-05/10/c_1110628948.htm，最后访问日期：2022 年 2 月 7 日。

② 《中国非洲人民友好协会第六届理事会成立》，"环球网"百家号，2019 年 11 月 25 日，https：//baijiahao.baidu.com/s? id = 1651181976478434511&wfr = spider&for = pc，最后访问日期：2022 年 2 月 7 日。

丹、加纳等非洲国家完成了多项对非援助项目。

此外，民营企业代表四达时代集团从 2002 年开始拓展非洲市场，承接了习近平主席 2015 年在中非合作论坛约翰内斯堡峰会上宣布的非洲卫星电视"万村通"项目。① 截至 2021 年，业务已遍及 37 个非洲国家，在 20 多个国家派驻了运营团队，为非洲 23 个国家 10112 个村落实施收看卫星数字电视工程。四达时代集成数百个频道的节目内容并落地中国主流媒体。其中包括几乎所有非洲国家的电视台和收视排名靠前的私营电视台，CGTN、CCTV-4、CGTN-F、CGTN-D、CNC 等 23 个中国主流媒体频道。节目涵盖新闻、综合、影视、体育、娱乐、儿童、音乐等几乎所有类型，语种涉及英、法、葡及非洲当地的斯瓦希里语、豪萨语等 11 种语言②，对加强中非文化、传媒之间的连接发挥了重要作用。

三　中非人文交流的现实意义

当前，世界处于百年未有之大变局，中国处于近代以来最好的发展时期③，但是"东升西降"的同时世界冲突、局部冲突仍然同步交织、相互激荡。这是一个机遇与挑战并存的时代。在这一背景下，中国和非洲国家携手以文明和文化的力量打开了世界文明交往的新局面。中非人文交流是中非政治互信的基础、经贸往来的保障、民心相通的桥梁，也是维护中非共同利益和长远发展的重要举措④，为推动构建中非命运共同体提供坚实可靠的民意基础与精神支撑。在国际上，中非人文交流推动了中华文化在世界范围的传

---

① 《中国"万村通"项目硕果累累，造福非洲》，中国日报网，2023 年 1 月 23 日，http：//cn.chinadaily.com.cn/a/202301/31/WS63d88379a3102ada8b22d19f.html，最后访问日期：2023 年 5 月 6 日。

② 《四达时代副总裁：在非洲市场，我们是一家"从地里长出来"的公司》，腾讯网，2021 年 5 月 12 日，https：//new.qq.com/rain/a/20210512A05PY400，最后访问日期：2022 年 2 月 10 日。

③ 习近平：《习近平在中央外事工作会议上强调：坚持以新时代中国特色社会主义外交思想为指导　努力开创中国特色大国外交新局面》，《人民日报》2018 年 6 月 24 日，第 1 版。

④ 《新时代中国-突尼斯人文交流国际学术研讨会成功举办》，对外经济贸易大学科研处官网，2021 年 9 月 27 日，http：//kyc.uibe.edu.cn/kydt/b17ad42e834f42acb877f95cbd457b13.htm，最后访问日期：2022 年 3 月 1 日。

播，展现了中华民族开放、包容、自信的国际形象，为提高中国的文化软实力奠定了坚实基础，对构建人类命运共同体具有重要意义。

第一，中非人文交流为中非各领域发展提供了良好的人文和社会生态。中非人文交流是推动中非关系全面协调和可持续发展不可或缺的重要一环。平等相待是中非人文交流的精神内核，开放包容是中非人文交往的重要基石。中非人文交流促使中非民众了解彼此文化、历史、信仰，夯实民意基础，有助于双方制定符合真实需求的合作战略，进而促进中非在政治、经贸、安全、卫生等其他领域的发展与合作。中国是维护世界文化多样性的倡导者、践行者，中非人文交流为尊重、维护和推进世界文化多样性树立了榜样，并在全球树立了一个开放、包容、文明的大国形象，在一定程度上减缓了外部世界复杂利益与发展变化的压力与冲突。

第二，中非人文交流增强了中非人民的文化自信，推动了中非命运共同体的构建。2018 年 9 月 3 日，习近平主席在中非合作论坛北京峰会上，从责任共担、合作共赢、幸福共享、文化共兴、安全共筑、和谐共生六个方面提出了共筑更加紧密的中非命运共同体重大理念，为中非命运共同体注入新动力。"文化，是民族的血脉，是人民的精神家园"①，中国和非洲都是世界文明格局中的多彩一极，都为世界文明发展作出了巨大贡献。中非文明凝聚着各自国家和民族的精神追求，承载着对美好生活和民族振兴的期盼。② 因此，中非人文交流有助于丰富双方的文化价值内涵，增强中非人民的文化自信。习近平主席指出，"文化自信是更基础、更广泛、更深厚的自信，是更基本、更深沉、更持久的力量"③。中非人文交流不仅影响着精神文化层面，也带动了双方学术、教育、艺术、媒体、智库等领域的文化交流与发展，有利于密切中非关系，助力中非关系全面可持续发展，为构建中非命运共同体贡献力量。

---

① 《文化发出时代强音》，《光明日报》2017 年 9 月 30 日，第 4 版。

② 《刘豫锡：让中非文明交融之花绽放》，"环球网"百家号，2019 年 5 月 23 日，https：//baijiahao. baidu. com/s？id = 1634290903976137850&wfr = spider&for = pc，最后访问日期：2022 年 2 月 10 日。

③ 《习近平总书记在全国宣传思想工作会议上强调：举旗帜聚民心育新人兴文化展形象　更好完成新形势下宣传思想工作使命任务》，《人民日报》2018 年 8 月 23 日，第 1 版。

第三，中非人文交流为世界提供了文明交往范本，提升了国家文化软实力。中国采用平等、包容、和平、奉献的姿态和理念去感染非洲人民，通过文化、艺术、教育、智库、媒体、卫生等多领域的交流合作，激发了非洲人民的参与热情，打造了中非人文共同体，中非人文交流与合作为增进中非人民相互了解搭建了重要桥梁，也成为不同文明和文化交流互鉴的典范。中国在对非的人文交流中积极宣传中华文明成果，立足非洲，面向世界，搭建了"一带一路"等文化交流平台，为具有文化魅力的国家形象提供了国际舞台。随着我国国际地位的提升，国际形象由"他塑"转为"自塑"，使得客观真实的中国形象得到全面展现，对提升我国文化软实力发挥了积极作用。

第四，中非人文交流超越"文明冲突论"，推动了新型文明秩序的构建。2017 年 10 月 18 日，习近平总书记在中国共产党第十九次全国代表大会上的报告中指出，"要尊重世界文明多样性，以文明交流超越文明隔阂、文明互鉴超越文明冲突、文明共存超越文明优越"[1]，为构建新型文明秩序指明了方向。"文明冲突论"的实质是带有霸权主义和西方中心主义色彩的文明论调，故意将政治对立色彩加到文明对抗上，其更是一种"文明优越论"，其本身违背了人类文明多样性和历史发展的客观规律。中非人文交流增进了中非文明间的相互欣赏、尊重和融合，超越了"文明冲突论"，突破了文明领域的对抗思维。中非人文交流向世界展现了中国开放、包容的大国风范，对世界新型文明秩序的构建起到了重要的推动作用。

第五，中非人文交流推动中华文化国际化，为构建人类命运共同体夯实了基础。随着中国综合国力的不断提升，中国的国际地位逐步提高，中国的一举一动越来越受到国际社会的关注，对中非人文交流合作的关注也在持续上升。中非人文交流不仅使非洲人民用更广阔的视野欣赏中华文化，而且促进了中华文化的国际传播，目前全球的"汉语热"和中华文化热等就是最

----

[1]　习近平：《决胜全面建成小康社会　夺取新时代中国特色社会主义伟大胜利——在中国共产党第十九次全国代表大会上的报告》，人民出版社，2017，第 59 页。

好的例证。中华文化的国际化有助于凝聚文化价值共识、培养人类多样的文明观，进而为推动构建人类命运共同体贡献力量。

第三节　中非人文交流展望

在中非双方的高度重视和积极行动下，中非人文交流成果丰硕，但也出现了诸多问题。中非能否有效应对这些挑战，影响着中非人文共同体的构建，进而影响中非命运共同体的构建。

一　中非人文交流面临的新挑战

随着中非人文交流合作的不断推进与发展，新的问题也不断出现，从实际情况出发，全面检视中非人文交流领域存在的问题对中非未来的合作与发展具有重要的指导意义。目前，中非人文交流领域存在的问题主要包括以下几个方面。

第一，官方与民间联动性较弱。开创官方、民间多层级同频共振是中非人文交流必备的横向思维。当前的中非人文交流格局仍以官方为主。中国半官方性质的民间组织、纯民间性质的企业或机构虽然在中非人文交流中发挥了一定的积极作用，但是中国政府依然扮演着中非人文交流的主要角色。中国的非政府组织存在自身管理能力较弱、法律法规不健全等诸多问题，这种"先天不足"延伸到中非人文交流中，直接引发了中国非官方组织在境外开展相关活动的身份合法性问题，难以得到当地政策的支持，中国非政府组织距离真正"走出去"还存在一定距离，这也影响了中国与非洲的非政府组织的有效合作。因此，加大中非之间非政府组织的参与力度有利于加强民众间的相互了解，对民心相通以及舆论走向具有重要的影响。

第二，话语体系的平衡性问题。在对非人文交流中，中国习惯采用宏大的视角和自上而下的信息传播方式，缺乏自下而上的微观视角，从而阻碍了非洲民众对中华文化的感性认识。具体而言，对非传播中新闻报道模式的失衡阻碍非洲民众对中国经验的认识。美国学者迈克尔·舒德森（Michael

Schudson）在《发掘新闻：美国报业的社会史》一书中提出"信息模式"和"故事模式"的概念。[①] 他认为，信息模式的新闻主要用来传达客观事实；故事模式的新闻主要呈现经过修饰后的事实，以此来引导大众。我国对非传播主要由主流媒体主导，而主流媒体的严肃性客观上阻碍了非洲民众对中国的认知与理解。与此同时，新闻报道中硬语态的表达还会导致民众对传播内容的对抗式解读，进而影响文化传播效果。

第三，人才培育的协同性问题。我国的非洲通用语缺少体系性。人才作为人文交流的主体，其对非洲国家语言的掌握直接影响着人文交流的效果。长期以来，我国的非洲通用语教育和培训体系不完备，在过去的语言教学培养中，我国偏重于英语和法语等，非洲通用语的教学培养相对较弱。这主要体现在三个方面。首先，非洲通用语人才培养出现断层，严重影响了这些地区的人文交流活动。其次，非洲通用语人才储备不足，教师学历较低，对我国非洲通用语人才的培育具有非常大的影响。比如，中国对来华非洲人员的研修班通常使用第三国语言，如阿拉伯语、法语、英语等，尤其当涉及小语种的翻译时，翻译力量和水平不足往往成为制约各类培训班教学质量提升的原因之一。[②] 最后，区域国别研究与非洲通用语之间相对隔绝，以致很多非洲通用语专业学生毕业后并不从事本专业的工作。

第四，战略规划的体系性问题。在历史上非洲国家曾长期经受西方殖民统治，在宗教、意识形态等方面深受西方文化的影响。与之对比，尽管中非人文交流已经显露成效，中国在非文化影响力有所扩大，但至今仍然未能有效突破西方国家多年来在非洲国家通过精心战略布局打造的国际话语空间以及意识形态影响力，急需科学系统的战略规划。相比之下，中华文化在非洲的传播处于弱势。中非人文交流聚焦文化艺术之间的交流，而双方间的合作较少；相对于政治领域、经贸领域的合作，人文交流领域相对滞后。中国政

---

① 〔美〕迈克尔·舒德森：《发掘新闻：美国报业的社会史》，陈昌凤、常江译，北京大学出版社，2009，第 79 页。

② 刘婵：《"一带一路"倡议下对外军事培训中的跨文化传播》，载王战、张瑾、刘天乔主编《非洲经济和社会文化制度研究》，武汉大学出版社，2018，第 167 页。

府往往重视高层之间的交流，而对民众间交流的重视远远不够，这直接影响了非洲民众对中华文化的了解。中华文化"走进"非洲需要多样的文化活动，很多非洲民众对中华文化的了解大多停留在中国功夫、刺绣、长城、春节等符号上，对中华文化缺乏深层次的认同感。此外，中国对非文化交流忽视了地方政府的效能，地方政府参与中非人文交流的案例还相对较少，地方政府的人文交流动能尚未获得较好的开发。

第五，西方国家的话语攻讦。长期以来，西方国家标榜"民主与自由"，抹黑中国与非洲的文化交流交往，意识形态冲突和文化价值观对立愈演愈烈，我国对非交往备受掣肘。随着我国政治、经济、军事、科技等硬实力的上升，西方媒体在国际话语空间蓄意抹黑中国、妖魔化中国、炮制"中国威胁论""新殖民主义论"等论调对中国展开攻击，质疑中国对非人文交流的真正意图。尽管一些非洲国家的精英针对美国等西方国家的"中国威胁论""新殖民主义论"等论调也在不断进行反击，但是这些西方论调在非洲仍然具有一定的舆论市场，对中国形象产生了一定的负面影响，影响中非人文交流效果。在对非人文交流中，我们所塑造的国家形象在一定程度上取决于与一些国家的话语博弈，西方国家对中国展开的舆论攻击为我们塑造在非洲国家良好的大国形象增加了难度。对此，采取积极有效措施，破除西方国家的抹黑攻讦，争取文化交流的主动权显得尤为迫切。

二　加强中非人文交流的实践路径

2000年，中非合作论坛成立，标志着中非人文交流站在了新的历史起点。2017年，"中国-南非高级别人文交流机制"首次会议的召开，标志着中非人文交流进入机制化层面。我们应该把握这一历史机遇，举各界之力，融合"一带一路""构建新时代中非命运共同体""构建人类命运共同体"等重要理念和措施，构建具有中国特色的中非人文交流体系。在此基础上本章提出以下几点对策建议。

第一，构建中非人文交流体系。首先，中非人文交流体系的建立应从顶层框架设计出发，中期进行方案设计，后期进行微观细节完善，优化对非交流合作的整体实施方案，明确各层级政府和分管部门在推进中非人文交流中的职责，除此之外，必要时还应颁布相关法律法规确保对非传播政策的实施。其次，加强官方与非政府组织之间的人文交流合作。中非人文交流格局以官方为主，但也应加强与中国的非政府组织、与非洲的非政府组织之间的交流与合作，加强中国的非政府组织与非洲的非政府组织之间的交流与合作。中国政府应该积极引导非政府组织"走进"非洲，加快出台相关的法律法规，加大政策扶持力度，培育相关专业人才，为非政府组织"走进"非洲提供有力保障。最后，充分激活各类对非人文交流人员的动能。当前中国在非人员主要有以下三类。第一类为中国官方派出人员，如外交官、援非机构人员、维和部队、医疗援助人员、工程顾问等，他们的社会地位相对较高，是中国官方对非文化交流的主力军。因此，政府应加强对这类人员人文交流的培训，提高在人文交流中的专业性。第二类为中国援建工程队伍以及企业外派人员，比如建筑人员、工程技术人员、管理层等，这些企业往往都有双方政府的政策扶持，但是它们大多实行封闭式管理，与当地社会的融入有限，且多数员工存在交流障碍等问题。政府应加强这类企业员工与非洲侨团的联系，使其能够积极参与当地慈善等社会公益事业，为中非人文交流打好基础。第三类为非洲的华人华侨，他们依靠政府的便利政策在非洲各地区兴办企业，主要涉及酒店、餐饮、零售、农业等行业，这些民营企业与当地的企业、政府、社会高层都有联系。2021 年 11 月 17 日，商务部副部长钱克明在国务院新闻办举行的中非合作论坛第八届部长级会议经贸工作发布会上表示，中国企业赴非投资越来越踊跃，已经在非洲设立了超过 3500 家各类企业，其中民营企业占比超过七成。① 面对数量如此庞大的民营企业，政府应该积极引导这些企业形成具有中国特色的企业文化，对中非人文交流起到积极作用。

第二，探索对非交流人才培养协同化路径。首先，加强培育区域与国别

①《商务部：中国在非洲设立企业超 3500 家，民企占比超七成》，"澎湃新闻"百家号，2021年 11 月 17 日，https：//baijiahao. baidu. com/s? id = 1716643815609347595&wfr = spider&for = pc，最后访问日期：2022 年 2 月 10 日。

研究专业和非洲通用语专业人才。中非人文交流与国际政治、国际关系紧密相连，当下对外交流人才多存在精通语言但不是区域国别研究专业或者是区域国别研究专业但不懂语言的情况。新型对非交流人才的培育应协同培育区域与国别研究专业人才和非洲通用语专业人才，统筹规划各学科人才的培养工作，使得相关人才所学为所用，推动其学校所学与社会就业形成闭环。高校应该加强对非洲学的课程建设，积极培养壮大研究非洲的人才队伍。此外，我们也要培养研究中国的非洲人才，比如培养非洲本土的汉语教师等。其次，提高对非交流工作人员的专业性。一方面，要有针对性地培育不同领域的专业人才，制定定期培训制度，尤其注重培训不同非洲国家地区的风俗民情等相关内容。另一方面，从事非洲研究的学者队伍相对薄弱，人文研究更处于弱势地位，因此应该加大跨学科联合研究的课题，与此同时，要鼓励基础研究和应用研究相结合的研究模式。此外应该鼓励国内学者结合自身研究领域长期驻扎非洲国家，亲身体验，加强对非洲人文直观深入的了解和研究。最后，建立对非交流一体化培养体系。设计对非人文交流专业和课程体系，是对非人文交流专业学生培育的重点，促进学生对非情况的全方位了解，在不同阶段制定与其相适应的培育方案，比如在学生完成了语言课程之后，可以进行对各国政治、经济、文化等的教育，然后根据学生的兴趣将其划分到不同的区域与国别研究专业，对特定国家和地区进行更加深入系统的学习和研究，为特定国家和地区培养专业化对外交流人才。

第三，发挥中非人文交流跨领域协同作用。未来应该重点攻克跨学科研究、智库建设、期刊建设等方面的难关。首先，加大跨学科研究，加强对跨文化传播研究、跨学科研究、区域与国别研究等的建设，加强对非洲不同国家文化习俗及民情等的研究，探究针对非洲不同地区国家的交流策略。其次，加强对青年项目申报、重大项目课题申报、国家社会科学基金等对非人文交流相关研究的资助，促进研究人员对中非文化交流展开深入研究。再次，应加强对非人文交流智库的建设，包括对智库人才队伍的建设，对有能力进行跨学科研究的学术智库给予资源倾斜，推动攻关中非人文交流核心议题。最后，加强有关中非人文交流期刊的建设，在不同学科的核心期刊中增设中非人文交流相关专栏，鼓励学者产出更多有影响力的学术研究成果。此外，还应重视文化产业合作在人文交流中的作用，积极对接非洲文化产业，促进中非人文交流各领域协同发展。近年来，中国积极行动将非洲文化"请进来"，建设了多个中非文化产业园区，中非之间应加强在出版、影视等方面的合作。

第四，实现对非文化本土化传播。中华文化"走进"非洲，中国的学术思想"走进"非洲，就必须实现与非洲本土文化的融合。对非文化实现本土化传播需要从传播主体、传播媒介、传播内容等方面加强建设。首先，要充分发挥非洲的华人华侨对文化传播的积极作用。华人华侨由于在当地社会的融入度较高，他们传播中华文化相对更有优势。其次，要实现传播媒介的本土化，应加大中国媒体在非洲的建设力度，比如设立分社、分台等，积极发挥中国媒体在中非人文交流中的作用。此外，要加强中国媒体与非洲当地媒体的合作，通过国家间媒体的合作，比如推出共同打造的文化类节目或者频道，大胆重用非洲国家优秀的本土人才，填补文化沟壑，更快融入非洲国家的传媒市场，增强对当地民众的贴近性和吸引力，促进民众对两国文化的了解。最后，对非文化传播内容要实行分众化表达、区域化表达，推出因地制宜的内容和传播路径，以增强对非传播的亲和力和实效性，达到共情传播目的，比如中国功夫、杂技、雕刻等。《媳妇的美好时代》一度受到非洲民众的热捧，应多推出一些反映中国真实生活的影视剧"走进"非洲，促使非洲民众对中华文化有更直观全面的了解，增强他们对中国文化的认同感。

第五，健全对非传播话语体系建设。习近平总书记在主持中共中央政局第三十次集体学习时指出，"注重把握好基调，既开放自信也谦逊谦和，努力塑造可信、可爱、可敬的中国形象"[①]，向世界阐释了具有中国特色的对外形象。我国的对非传播存在"信息模式"与"故事模式"报道失衡的问题，未来应注意健全话语体系，推动中华文化"走出去"，展现中国独有的

---

① 《习近平主持中共中央政治局第三十次集体学习并讲话》，中国政府网，2021 年 6 月 1 日，http://www.gov.cn/xinwen/2021-06-01/content_5614684.htm，最后访问日期：2022 年 2 月 10 日。

风貌和形象。一方面，要针对不同领域发挥好"信息模式"和"故事模式"的最佳传播效果。比如，"信息模式"更适合传播政治、经济、安全等领域的成绩。"故事模式"更适合传播人文社会生活等议题。另一方面，结合非洲民众的文化特征选择合适的传播语态，实现"硬语态"和"软语态"平衡传播。此外，构建中国特色的对非传播话语体系，要深入挖掘中华文化优秀独特的价值，让非洲国家深入全面地了解我国的现实国情；还要深入分析对非洲国家文化传播规律的研究，以更符合当地民众接受的方式将中华文化呈现出来，形成具有中国特色的传播模式，建立独具中国特色的传播话语体系。

"国之交在于民相亲，民相亲在于心相通。"① 人文交流是国与国、民与民之间增进了解、建立互信的桥梁，是中非关系深化发展的动力。中非双方均认识到人文交流对于促进相互了解、加深彼此友谊、加强文明互鉴、推动中非关系发展的重要意义。在此共识之下，中非人文交流不断深入，在文化、教育、科技、卫生、媒体、青年等各领域的交流均取得长足进展。

但是，相对于快速发展的政治交往和经贸合作而言，中非人文交流依然不足，尤其是思想文化交流明显落后。如果把政治、经济和文化比作中非关系的"三轮驱动"，那么"文化驱动"明显动力不足、速度跟不上。中非之间对彼此思想文化的了解还不够，双方思想文化上的相互影响还较弱，一些方面甚至存在误解。中国在非洲的舆论环境并非完全客观友善，媒体上时常出现一些涉华负面报道，容易误导视听，影响中非关系。中非之间相互直接了解的渠道亟待拓宽，中国人从西方媒体了解非洲、非洲人从西方媒体了解中国的情况亟待改变。中国人在非洲的形象并非完全积极正面，有的非洲文学作品把中国人刻画为负面形象。迄今，非洲市场上还很难看到中国出版物，非洲图书馆里很难找到中国书籍，非洲大学里很难见到中国教授的影子，中非人文交流许多方面都需要加强。这些都说明加强中非人文交流的必

---

① 习近平：《携手推进"一带一路"建设——在"一带一路"国际合作高峰论坛开幕式上的演讲》，《人民日报》2017 年 5 月 15 日，第 3 版。

要性、重要性和紧迫性。

反观西方思想文化，在经历了几百年的入侵渗透之后，对非洲的影响已经根深蒂固。非洲人在语言、文化、宗教、意识形态、价值观等方面与西方更为亲近，尤其是年轻一代"西化"现象严重，受西方文化影响很深。对此，一些非洲有识之士认为："非洲人已经被西方文化'洗脑'，本地文化被忽视，日益边缘化，对包括中国文化在内的世界其他文化知之甚少。""必须承认中非交流合作存在一些障碍，其中包括思想文化差异障碍；由于受西方影响较深，有些非洲精英并非真正了解中国、认同中国；西方将中国的发展强大视为一种威胁，因此会时常恶意歪曲中非关系，刻意抹黑中国形象，大多数非洲人并不喜欢西方的鼓吹宣传，但是舆论的力量过于强大，人们难免受到影响。"因此，如何促进中非人文交流，让非洲人了解一个真实的中国，让中国人了解一个真实的非洲，让世界了解中非友好合作的故事，显得十分紧迫必要。

当今中国日益走向繁荣富强，一个文明富强的中国必将对整个世界产生重大影响。随着中国综合国力的上升，中国的对外人文交流也必将进一步走向世界，散发出越来越大的影响力。中国领导人提出的一系列内政外交、治国理政思想正日益成为国际社会关注的焦点、全球智库研究的热点和世界媒体报道的亮点。习近平主席早在 2013 年 3 月访问坦桑尼亚时就指出："我们要更加重视中非人文交流，增进中非人民的相互了解和认知，厚植中非友好事业的社会基础。"①"文明上交流互鉴"是中非全面战略合作伙伴关系五大支柱之一。通过人文交流促进中非文明交流互鉴已被提升至中非战略合作层面，未来中非人文交流大有可为。习近平新时代中国特色社会主义思想中关于文明观和中非文明互鉴的一系列论述，对促进中非人文交流具有重要指导意义。

---

① 习近平：《永远做可靠朋友和真诚伙伴》，载《论坚持推动构建人类命运共同体》，中央文献出版社，2018，第 20 页。

第七章　构建中非安全共同体

当今世界大国力量对比深刻调整，国际社会中不稳定性、不确定性因素明显增加，单边主义、保护主义、霸权主义对世界和平与发展构成威胁。在百年未有之大变局这一复杂的国际背景下，为维护世界和平、促进共同发展，习近平总书记提出了积极构建人类命运共同体、构建中非命运共同体和总体国家安全观等重要思想和理论。习近平总书记还特别重视非洲安全问题，对中非安全合作高度关注，提出"携手打造安全共筑的中非命运共同体"，这些都为构建中非安全共同体提供了理论支撑。本章将就构建中非安全共同体进行理论探索和实践梳理，并分析当前构建中非安全共同体面临的困难和挑战，进而提出政策建议。

第一节　构建中非安全共同体的理论背景与现实需要

一　安全共筑的中非命运共同体

自党的十八大以来，习近平总书记曾多次在外交场合呼吁积极构建人类命运共同体。在 2015 年 9 月第七十届联合国大会一般性辩论上，习近平主席在讲话中表示："当今世界，各国相互依存、休戚与共。我们要继承和弘扬联合国宪章的宗旨和原则，构建以合作共赢为核心的新型国际关系，打造人类命运共同体。"① 打造人类命运共同体是中国特色大国外交的核心要义，而构建中非命运共同体是构建人类命运共同体的重要方面和途径。

在 2015 年 12 月 4 日中非合作论坛约翰内斯堡峰会开幕式的致辞中，习近平主席开头就提到"中非历来是命运共同体"，并提到为将中非关系升级为全面战略合作伙伴关系，将坚持在"安全上守望相助"，"愿意积极参与非洲加强维护和平安全能力建设，支持非洲加快发展，消除贫困，实现持久和平"②。习近平主席在此次峰会提出了"十大合作计划"，其中第十项就是"中非和平与安全合作计划"。2018 年 9 月 3 日，在中非合作论坛北京峰会开幕式的主旨讲话中，习近平主席提出"共筑更加紧密的中非命运共同体，为推动构建人类命运共同体树立典范"，并提出了五项要求，其中第五项就是"携手打造安全共筑的中非命运共同体"③。安全共筑，是为促进非洲和平稳定发挥建设性作用，支持非洲国家提升自主维稳维和能力。中国表示坚定支持非洲国家和非洲联盟等地区组织以非洲方式解决非洲问题，支持非洲落实"消弭非洲枪声"倡议，并愿意为促进非洲和平稳定发挥建设性作用。为此，中方在"十大合作计划"基础上，重点实施"八大行动"，其中第八项就是实施和平安全行动。2019 年，中非安全合作在中非命运共同体的框架下进入了新阶段，中非举办了首届中非和平安全论坛。2021 年 11 月 29 日，习近平主席在中非合作论坛第八届部长级会议开幕式上的主旨演讲中表示，中非双方共同制定了《中非合作 2035 年愿景》，共同实施"九项工程"。其中第九项是和平安全工程，"中国将为非洲援助实施 10 个和平安全领域项目，继续落实对非盟军事援助，支持非洲国家自主维护地区安全和反恐努力，开展中非维和部队联合训练、现场培训、轻

① 习近平：《携手构建合作共赢新伙伴　同心打造人类命运共同体——在第七十届联合国大会一般性辩论时的讲话》，《人民日报》2015 年 9 月 29 日，第 2 版。
② 习近平：《开启中非合作共赢、共同发展的新时代——在中非合作论坛约翰内斯堡峰会开幕式上的致辞》，《人民日报》2015 年 12 月 5 日，第 2 版。
③ 习近平：《携手共命运　同心促发展——在二〇一八年中非合作论坛北京峰会开幕式上的主旨讲话》，《人民日报》2018 年 9 月 4 日，第 2 版。

小武器管控合作"①。通过两次峰会和第八届部长级会议，习近平主席为中非和平安全合作绘就了宏伟蓝图，中非安全合作现如今已具备完善的顶层设计，并在习近平主席规划的路线图下不断深耕细作，上升到了一定的战略和全局高度。

习近平主席对中非安全关系的高度重视，特别是"携手打造安全共筑的中非命运共同体"的论述，为我们构建中非安全共同体提供了理论支撑。因而本章将使用构建中非安全共同体这一概念来表述"携手打造安全共筑的中非命运共同体"的内涵。

二　总体国家安全观与中非安全共同体

中国倡导维护国际法和公认的国际关系的基本准则，坚持按照《联合国宪章》办事，主张共同、综合、合作、可持续的安全观。

20世纪80年代初，"裁军及国际安全委员会"首次提出共同安全这一概念，认为只有全体国家都能够共享安全才能实现持久的安全。但这一概念始终难以超越霸权和平等传统思维定式。冷战结束以来，中国多次建议抛弃旧安全观，建立新型安全框架。2014年5月，习近平主席在亚洲相互协作与信任措施会议第四次峰会上指出："应该积极倡导共同、综合、合作、可持续的亚洲安全观，创新安全理念，搭建地区安全和合作新架构，努力走出一条共建、共享、共赢的亚洲安全之路。"② 这一新型安全观经过不断发展和完善，最终成为适用于全球安全治理的新型安全观。

习近平主席曾指出："当今世界，没有一个国家能实现脱离世界安全的自身安全，也没有建立在其他国家不安全基础上的安全……合作共赢的理念不仅适用于经济领域，也适用于政治、安全、文化等广泛领域；不仅适用于

---

① 习近平：《同舟共济，继往开来，携手构建新时代中非命运共同体——在中非合作论坛第八届部长级会议开幕式上的主旨演讲》，《人民日报》2021年11月30日，第2版。

② 习近平：《习近平谈治国理政》，外文出版社，2014，第354页。

地区国家之间，也适用于同域外国家开展合作……迈向命运共同体，必须坚持实现共同、综合、合作、可持续的安全。"① 2015 年 9 月，习近平主席在第七十届联合国大会一般性辩论时的讲话中指出："我们要营造公道正义、共建共享的安全格局。在经济全球化时代，各国安全相互关联、彼此影响。没有一个国家能凭一己之力谋求自身绝对安全，也没有一个国家可以从别国的动荡中收获稳定。弱肉强食是丛林法则，不是国与国相处之道。穷兵黩武是霸道做法，只能搬起石头砸自己的脚。"②

新安全观是总体国家安全观的重要组成部分。总体国家安全观是习近平总书记基于对国际国内两大局势的准确判断和中国国家安全利益的深刻认识而形成的，反过来亦指导着中国维护国家安全的相关实践。总体国家安全观为探索中非安全合作提供了充分的理论依据。

冷战结束以来特别是 2008 年金融危机以来，国际体系加速调整、国际格局加速演变，各种战略力量加快分化重组，国际格局"东升西降""南升北降"态势明显。2017 年以来，中美关系发生深刻变化，随着国际矛盾和斗争的尖锐性、复杂性日益凸显，我国周边安全环境也不断恶化，国际秩序之争的长期性提醒我们，我们的国家安全正面临着严峻的外部挑战。与此同时，我国国内也正在经历深刻而复杂的变化。改革开放以来，我们取得了前所未有的成就，中华民族的伟大复兴已展现出光明的前景，但也同样面临着前所未有的挑战：人口问题、发展问题、民族分裂势力和境外势力的渗透、环境污染和资源问题等矛盾持续积聚。可以说，影响国家安全的因素比历史上任何时候都要多，亟须防范内外安全风险联动引发的系统性风险。在此种形势下，我国国家安全的内涵和外延不断丰富和完善，对我国国家安全工作提出了新的要求。近年来，习近平总书记多次指出世界正面临着"大变局"，出于对这一世界趋势的

---

① 习近平：《迈向命运共同体　开创亚洲新未来——在博鳌亚洲论坛 2015 年年会上的主旨演讲》，《人民日报》2015 年 3 月 29 日，第 2 版。
② 习近平：《携手构建合作共赢新伙伴　同心打造人类命运共同体——在第七十届联合国大会一般性辩论时的讲话》，《人民日报》2015 年 9 月 29 日，第 2 版。

把握和判断，面对国际国内两大环境，以习近平同志为核心的党中央不断积极推进我国国家安全理论和实践的创新工作，现已形成一套系统完善的总体国家安全观，为在变局之中维护国家安全、护航民族复兴提供了理论依据和实践指南。

2014年4月15日，中央国家安全委员会第一次会议召开，习近平总书记参加并主持会议，首次正式提出总体国家安全观。习近平总书记在中央国家安全委员会第一次会议的讲话中提出："当前我国国家安全内涵和外延比历史上任何时候都要丰富，时空领域比历史上任何时候都要宽广，内外因素比历史上任何时候都要复杂，必须坚持总体国家安全观，以人民安全为宗旨，以政治安全为根本，以经济安全为基础，以军事、文化、社会安全为保障，以促进国际安全为依托，走出一条中国特色国家安全道路。"① 其中，以促进国际安全为依托，就是坚持和平发展，在维护自身国家安全利益的同时也维护国际社会共同的安全利益。同时，习近平总书记还指出："贯彻落实总体国家安全观，必须既重视外部安全，又重视内部安全，对内求发展、求变革、求稳定、建设平安中国，对外求和平、求合作、求共赢、建设和谐世界；既重视国土安全，又重视国民安全，坚持以民为本、以人为本，坚持国家安全一切为了人民、一切依靠人民，真正夯实国家安全的群众基础；既重视传统安全，又重视非传统安全，构建集政治安全、国土安全、军事安全、经济安全、文化安全、社会安全、科技安全、信息安全、生态安全、资源安全、核安全等于一体的国家安全体系；既重视发展问题，又重视安全问题，发展是安全的基础，安全是发展的条件，富国才能强兵，强兵才能卫国；既重视自身安全，又重视共同安全，打造命运共同体，推动各方朝着互利互惠、共同安全的目标相向而行。"② 以上是理解总体国家安全观最重要的五大要素③和

---

① 《习近平主持召开中央国家安全委员会第一次会议强调：坚持总体国家安全观　走中国特色国家安全道路》，《人民日报》2014年4月16日，第1版。

② 《习近平主持召开中央国家安全委员会第一次会议强调：坚持总体国家安全观　走中国特色国家安全道路》，《人民日报》2014年4月16日，第1版。

③ 总体国家安全观的五大要素：以人民安全为宗旨，以政治安全为根本，以经济安全为基础，以军事、文化、社会安全为保障，以促进国际安全为依托。

五对关系①，体现了坚持统筹国际国内两个大局的战略思维，展现了中国应对国家安全挑战的坚定决心。2014 年 11 月 28 日，习近平总书记在中央外事工作会议上的讲话中指出："要高举和平、发展、合作、共赢的旗帜，统筹国内国际两个大局，统筹发展安全两件大事……要切实维护我国海外利益，不断提高保障能力和水平，加强保护力度。"②

2015 年 1 月 23 日，中共中央政治局召开会议并审议通过《国家安全战略纲要》，这是中华人民共和国成立以来我国第一部总体国家安全战略。③该纲要将外部安全与内部安全置于同等重要的地位，强调对内重发展、对外重合作。2015 年 7 月 1 日，《中华人民共和国国家安全法》正式通过，这标志着总体国家安全观的指导地位在法律上得到确立。《中华人民共和国国家安全法》第三条规定："以促进国际安全为依托，维护各领域国家安全。"第八条规定："国家安全工作应当统筹内部安全与外部安全……自身安全和共同安全。"第十条规定："维护国家安全，应当坚持互信、互利、平等、协作，积极同外国政府和国际组织开展安全交流合作，履行国际安全义务，促进共同安全，维护世界和平。"第三十三条规定："国家依法采取必要措施，保护海外中国公民、组织和机构的安全和正当权益，保护国家的海外利益不受威胁和侵害。"④ 以上《中华人民共和国国家安全法》的相关规定为中非安全共同体的构建提供了充分的法律依据。2017 年 10 月 18 日，党的十九大报告将"总体国家安全观"纳入新时代坚持和发展中国特色社会主义的十四条基本方略，作为习近平新时代中国特色社会主义思想的重要组成部分。党的十九大报告将国家安全放在非常重要的位置，多次论及"安全"与"国家安全"，并对相关工作作出了专门部署和任务要求。2021 年 11 月 11 日，中

---

① 总体国家安全观的五对关系：既重视外部安全，又重视内部安全；既重视国土安全，又重视国民安全；既重视传统安全，又重视非传统安全；既重视发展问题，又重视安全问题；既重视自身安全，又重视共同安全。

② 马占成：《中央外事工作会议在京举行》，《人民日报》2014 年 11 月 30 日，第 1 版。

③ 中国现代国际关系研究院：《百年变局与国家安全》，时事出版社，2021，第 229 页。

④ 《中华人民共和国国家安全法》，2015 年 7 月 1 日第十二届全国人民代表大会常务委员会第十五次会议通过。

国共产党第十九届中央委员会第六次全体会议审议通过了《中共中央关于党的百年奋斗重大成就和历史经验的决议》。该决议在原有的国家安全五大要素和五对关系基础上加入了"统筹开放和安全""统筹维护国家安全和塑造国家安全",进一步丰富和完善了总体国家安全观的内容。党的二十大报告对整体国家安全观作出了这样的论述:"我们要坚持以人民安全为宗旨、以政治安全为根本、以经济安全为基础、以军事科技文化社会安全为保障、以促进国际安全为依托,统筹外部安全和内部安全、国土安全和国民安全、传统安全和非传统安全、自身安全和共同安全,统筹维护和塑造国家安全,夯实国家安全和社会稳定基层基础,完善参与全球安全治理机制,建设更高水平的平安中国,以新安全格局保障新发展格局。"[1]

截至目前,习近平总书记提出的总体国家安全观经过思想体系和理论体系不断地发展和完善,已成为"十四五"时期中国社会经济发展的指导思想,是习近平新时代中国特色社会主义思想在安全领域的生动体现。坚持总体国家安全观,是习近平新时代中国特色社会主义思想的重要内容。同时,总体国家安全观的提出是在理论创新和实践探索上具有双重意义的里程碑事件,它标志着具有中国特色的国家安全思想和国家安全道路的形成。此外,总体国家安全观就是要为社会经济发展保驾护航,为抵达民族复兴的胜利彼岸提供内部和外部的安全保障,坚持安全利益与发展利益并重,为国际安全提供依托。国内安全与国际安全同为国家安全的一体两面,要求我们营造更加有利的国际安全环境,这为打造中非安全共同体提供了坚实的理论依据。

由此可见,在总体国家安全观思想指导下,构建人类命运共同体必须以共同安全为保障,而作为人类命运共同体典范的中非命运共同体,也必将加强安全对话、深化安全合作,朝着共建中非安全共同体的方向迈进。

三 维护中非安全利益的现实需求

首先,维护中国在非洲的海外利益安全。自改革开放以来,我国同外部

---

① 习近平:《高举中国特色社会主义伟大旗帜 为全面建设社会主义现代化国家而团结奋斗——在中国共产党第二十次全国代表大会上的报告》,人民出版社,2022,第52~53页。

世界的联系日益紧密。加入世界贸易组织以来，我国经济对外依存度亦不断提高。在能源等大宗商品进口方面，我国对非的依赖与日俱增。如今，我国已是世界第一大货物贸易国家和主要对外投资大国。随着自身实力的增强和"一带一路"倡议的稳步推进，我国国家利益不断拓展——我国在非的政治经济利益以及驻非机构与企业的安全、在非中国公民的人身及财产安全等海外利益安全日益关乎我国整体发展和国家安全。

2015 年 12 月 18 日，习近平总书记在中央经济工作会议上的讲话中指出："重视海外安全，维护好海外利益……我们要加紧研究、加大投入、加强防范，逐步提高海外安全保障能力和水平，保护海外我国公民和法人安全，保护我国海外金融、石油、矿产、海运和其他商业利益。"① 国家利益所在之处，国家安全工作就要跟进到那里。为维护海外利益提供坚强有力保障是我们维护国家安全的题中应有之义。

其次，应对非洲国家当前的安全威胁。近年来，非洲地区的安全形势加剧恶化并开始产生系统性危机。过去一年，马里、几内亚、苏丹接连发生军事政变，非洲多国即将举行大选，非洲的政治稳定性有待观察。埃塞俄比亚是非盟总部的所在地，被称为非洲的"政治心脏"。然而，2021 年 10 月，埃塞俄比亚因内战已经进入国家紧急状态，且内战有扩大化、长期化的趋势。埃及、苏丹和埃塞俄比亚对尼罗河水资源的争夺也呈愈演愈烈之势。同时，非洲多国社会抗议明显增多，社会治安形势普遍恶化。最具代表性的就是南非，南非前总统祖马入狱引发了抗议和骚乱，加剧了本就严峻的社会安全形势。尼日利亚则面临着极端组织袭击、农牧民冲突、有组织犯罪等多重危机，社会治安严重失序。为此，尼日利亚不得不寻求国际援助与合作，要求美军非洲司令部从德国迁往非洲。② 几内亚湾的海盗活动十分猖獗。此外，恐怖组织借疫情混乱之机加速拓展势力。非洲恐怖主义活动比以往更加

---

① 中共中央党史和文献研究院编《习近平关于总体国家安全观论述摘编》，中央文献出版社，2018，第 218~219 页。

② 中国现代国际关系研究院编著《国际战略与安全形势评估（2021/2022）》，时事出版社，2021，第 263 页。

频繁且有向非洲南部蔓延的趋势。非洲地区局势动荡为我国企业和公民在当地发展生存带来了严峻挑战。受国际大环境的影响，西方主要国家纷纷调整了对非战略，美法等国从非洲撤军，转移安全责任，这也对非洲的政治与安全产生重大影响。作为一个负责任的大国，中国是联合国安理会常任理事国中派遣维和人员最多的国家，在解决地区和全球安全问题中发挥着不可替代的作用。"作为安理会常任理事国和负责任大国，中国始终忠实履行自身国际义务，为维护世界和平稳定发挥建设性作用。中国从未侵略他国，从不搞代理人战争，从不寻求势力范围，从不参与军事集团对抗，是和平与安全纪录最好的大国。"[①] 共建中非安全共同体，应对非洲国家当前的安全威胁，维护非洲地区的和平与稳定，就是为地区和国际提供公共安全产品，从而展现中国负责任的大国形象。

最后，对维护全球面临的共同安全挑战具有重要意义。每一个国家内部的安全都有赖于外部世界的安全。当今世界正处于百年未有之大变局，国际战略力量正加速分化重组，国际体系正以前所未有的速度演变和深刻调整，霸权主义、强权政治有新的发展。随着大国博弈升温，传统安全问题不稳定性不确定性因素增多，世界和平与发展面临着巨大的挑战。与此同时，以恐怖主义、金融危机、网络安全、粮食安全、自然灾害为代表的非传统安全问题也日益突出。地区性和全球性的传统安全问题、非传统安全问题日益威胁着人类社会共同价值和安全利益。特别是新冠疫情的全球大流行，使得我们认识到非传统安全问题带来的全球性挑战以及其所造成的人道主义问题，对各国都形成了严峻考验。任何一个国家的安全短板都有可能形成安全风险洼地，累积到一定程度后就有可能外溢成区域性安全问题甚至全球性安全问题。恐怖主义就是典型的例子。安全问题的跨国性、全球性，仅凭个别国家的一己之力根本无法解决。在应对上述严峻的全球性安全威胁和挑战方面，中非携手共建安全共同体，在解决气候问题、难民问题、贫困问题和应对恐怖主义等领域可以大有作为。

---

① 《坚定不移站在历史正确的一边》，《人民日报》2022 年 3 月 28 日，第 3 版。

综上，我们生活在一个安全上相互依存的世界，而面对这个并不太平的世界，只有各国携起手来通力协作，系统应对共同的安全挑战，才能维护好自身的国家安全和发展利益，才能保障国际安全与和平稳定。非洲不安全，世界就不可能安全，共建中非安全共同体既可以解决非洲当前面临的安全问题，也可以为应对全球安全挑战作出重大贡献，对稳定全球安全形势具有重要的现实意义。

第二节　构建中非安全共同体的实践

中国与非洲的安全合作可追溯到 20 世纪 50 年代，在反对殖民主义和霸权主义的共同目标下，军事安全合作是当时中非关系最重要的特征之一。可以说，中非在安全关系层面有着良好的历史基础。进入 21 世纪以来，随着中非之间经贸往来的日益频繁以及非洲力图摆脱对西方国家的安全依赖，非洲国家对加强中非安全合作有着强烈的诉求和期待。同时，中国在非利益和安全需求的迅速增长也对中国保护海外安全利益的能力提出了更高的要求。在总体国家安全观的指导下，中非之间以中非合作论坛为平台，积极推动构建中非命运共同体，随着中非命运共同体在安全层面的意义和内涵不断丰富和完善，打造"安全共筑的中非命运共同体"就是打造中非安全共同体。

在 2015 年中非合作论坛约翰内斯堡峰会上，中国提出向非盟提供 6000 万美元的无偿援助，支持非洲常备军和危机应对快速反应部队的建设和运作，并表示中方将继续参与联合国在非洲的维和行动，支持非洲国家加强国防、反恐、防暴、海关监管、移民管控等方面的能力建设。在会议通过的《中非合作论坛约翰内斯堡峰会宣言》中，双方表示：坚持互帮互助，维护和平安全；坚持通过对话协商和平解决争端，支持非洲以非洲方式解决非洲问题；落实"中非和平安全合作伙伴倡议"，支持非洲集体安全机制建设，共同应对粮食安全、能源安全、网络安全、气候变化、保护生物多样性、重大传染性疾病和跨国犯罪等非传统安全问题和全球性挑战；恐怖主义是人类及其和平、宽容价值观的全球性威胁，我们强烈谴责一切形式的恐怖主义，致力于采取协调、有效措施合作打击这一公害。①

在 2018 年中非合作论坛北京峰会上，中方宣布决定设立中非和平安全合作基金，支持中非开展和平安全和维和维稳工作，继续向非洲联盟提供无偿军事援助；支持萨赫勒、亚丁湾、几内亚湾等地区国家维护地区安全和反恐努力；设立中非和平安全论坛，为中非在和平安全领域加强交流提供平台；在共建"一带一路"、社会治安、联合国维和、打击海盗、反恐等领域推动实施 50 个安全援助项目。在此次会议通过的《关于构建更加紧密的中非命运共同体的北京宣言》中，双方表示：我们强调秉持共同、综合、合作、可持续的安全观，坚持以对话解决争端、以协商化解分歧，统筹应对传统和非传统安全威胁，反对任何形式、任何方式、发生在任何地点及任何原因导致的恐怖主义；中方坚定支持非洲国家和非盟等地区组织以非洲方式自主解决非洲问题的努力，支持非洲常备军、危机应对快速反应部队建设，支持有关地区国家采取积极措施应对恐怖主义威胁；中方支持联合国为非洲自主和平行动提供可预见、可持续的资金支持，支持非方实现 2020 年建成"消弭枪声的非洲"；中方愿根据非方需要，继续建设性参与非洲热点问题斡旋和调解；我们一致欢迎中非加强在联合国安理会层面相关事务中的沟通协调，通过中国与安理会非洲非常任理事国会晤、磋商等机制，密切在涉非和平安全事务中的协作，维护共同利益；欢迎中方同非盟和平安全理事会在会议、磋商等机制下加强合作，维护共同利益。② 《中非合作论坛——北京行动计划（2019—2021 年）》③ 为中非合作"八大行动"各领域进行了具体的规划，其中中非在和平安全合作领域的合作分为两大方面：一是军队、警察与反恐，二是反腐败、领事、移民、司法与执法，双方围绕军队、警察、反恐、反腐败、领事、移民、司法与执法等领域共有 21 条合作计划。在军队、警察与反恐方面，中方表示：将增加对非洲防务安全援助规模，加强务实合作和理念、经验交流，将推动实施 50 个安全援助项目；将继续向

---

① 李新烽主编《中国非洲研究年鉴 2020》，中国社会科学出版社，2020，第 23 页。
② 李新烽主编《中国非洲研究年鉴 2020》，中国社会科学出版社，2020，第 26~27 页。
③ 李新烽主编《中国非洲研究年鉴 2020》，中国社会科学出版社，2020，第 29 页。

非方提供维和警务培训支持，向非盟提供无偿军事援助，支持萨赫勒、亚丁湾、几内亚湾等地区国家维护地区安全和反恐努力；设立中非和平安全论坛；加强中非军事医学合作；等等。在反腐败、领事、移民、司法与执法方面，中非将推动建立执法安全合作论坛，加强中非警务交流；中方将在未来3年向非洲国家提供警用装备援助；以铁路安保、工业园区和重大项目安保合作为重点，深化"一带一路"安保合作；等等。[①]

在总体国家安全观的指导下，在人类命运共同体理念的基础上，中非安全共同体建设在中非合作论坛这一合作框架下不断深化。《新时代的中非合作》白皮书指出，2019年以来，中国先后举行中非实施和平安全行动对话会、首届中非和平安全论坛、中非和平安全论坛军事医学专题视频会议，并积极参与非洲国家举行的和平安全领域重要会议或论坛。中国政府非洲事务特别代表积极斡旋非洲热点问题，为推进非洲和平与安全发挥了独特建设性作用。中国通过联演联训、舰艇互访等多种方式，支持非洲国家加强国防和军队建设，支持萨赫勒、亚丁湾、几内亚湾等地区国家维护地区安全和反恐努力，在共建"一带一路"、社会治安、联合国维和、打击海盗、反恐等领域推动实施安全援助项目并帮助非洲国家培训军事人员。中国支持联合国在维护非洲和平与稳定方面发挥重要作用，是安理会常任理事国中向非洲派遣维和人员数量最多的国家。[②]

自1990年参加联合国维和行动以来，中国派出的维和人员有超过80%部署在非洲，累计向非洲派出3万余人次，在17个联合国维和任务区执行任务。现有1800余名维和人员在马里、刚果（金）、阿布耶伊、南苏丹、西撒哈拉5个非洲任务区执行联合国维和任务。2017年，因为在维和行动中作出突出贡献，中国第二十批驻刚果（金）维和工兵、医疗两支分队的

---

① 李新烽主编《中国非洲研究年鉴2020》，中国社会科学出版社，2020，第44~45页。
② 《新时代的中非合作》，中国政府网，2021年11月26日，http://www.gov.cn/zhengce/2021-11/26/content_5653540.htm，最后访问日期：2022年3月25日。

218 名维和官兵被联合国授予执行维和任务人员的最高荣誉——"和平荣誉勋章"。① 马里安全风险较高，对联合国维和行动来说是一项艰巨的挑战。而中国第七批赴马里维和部队维和人员责无旁贷，到达后立即对原有的安全防卫系统进行了改造升级，为快速进入作战状态赢得宝贵时间。中国第七批赴马里维和部队的 413 名官兵也因此被授予联合国"和平荣誉勋章"。联合国秘书长马里问题特别代表、联合国驻马里稳定团（联马团）团长安纳迪夫表示，中国维和部队克服重重困难，为困境中的民众带来希望，是所有维和部队的骄傲。中国维和官兵的出色表现，体现了中国对联合国维和行动的强大支持和负责任大国担当。②

与此同时，"中非支持扩大双方人员有序往来，不断加强领事合作，推动执法部门合作，共同打击各类跨国犯罪。2019 年，中国公民赴非洲各国达 60.7 万人次，非洲各国公民入境中国达 68.5 万人次。双方人员往来快速增长推动中国和非洲国家领事关系迅速发展。中国支持非洲国家加强执法能力建设，2018 年以来为非洲国家培训 2000 余名执法人员，并提供警用物资。中国在联合国框架下向非洲任务区派出维和警察，在国际刑警组织框架下同非洲国家积极开展案件协作、情报交流、经验分享、联合行动，共同打击跨国犯罪"③。

第三节　构建中非安全共同体面临的挑战

长期以来，中非经贸关系一直是中非合作的亮点，相比之下，中非安全关系是中非关系的短板。构建中非安全共同体是中非关系不断深化和发展的

---

① 王建峰：《人民日报观点："中国对维和事业的贡献，值得大书特书"》，人民网，2017 年 8 月 3 日，http://opinion.people.com.cn/n1/2017/0803/c1003 - 29445830.html，最后访问日期：2022 年 2 月 28 日。

② 李凉、吕强：《中国为推进联合国维和行动贡献力量》，中国社会科学网，2020 年 4 月 8 日，http://www.cssn.cn/gjgxx/gj_rdzx/202004/t20200408_5111254.shtml，最后访问日期：2022 年 2 月 28 日。

③ 《新时代的中非合作》，中国政府网，2021 年 11 月 26 日，http://www.gov.cn/zhengce/2021-11/26/content_5653540.htm，最后访问日期：2022 年 3 月 25 日。

必然趋势，也是双方顺应时代潮流和世界局势的现实选择。但是，构建中非安全共同体也面临着一些困难和风险。

一　殖民主义遗留问题的影响

1884 年柏林会议掀开了欧洲列强瓜分非洲的狂潮，非洲被殖民化的速度之快可谓空前绝后。20 世纪 50 年代末至 60 年代，非洲开启了去殖民化过程，但殖民主义影响依然存在。殖民主义对非洲安全和中非安全关系的影响主要体现在以下几个方面。

一是数百年的奴隶贸易以及殖民统治，殖民宗主国深刻影响并塑造了非洲的历史进程，造成了非洲的国界问题。非洲国家领土的边界划分是殖民者划分的，人为地割裂了非洲民族的自然历史联系。有的民族被划分成多个国家，如图西族被划分到了非洲大湖区的卢旺达、布隆迪、刚果（金）和乌干达，造成了该地区的民族矛盾激烈、冲突不断。有的历史上不相关联的民族则被划分到了同一个国家，如尼日利亚三大民族豪萨族-富拉尼族、约鲁巴族和伊博族本有着各自的历史文化和统治区域，但英国人为了统治便利，将他们所在的区域合并为现今的尼日利亚，在尼日利亚独立后，部族矛盾日益尖锐，多次引发冲突和暴乱。殖民者这种有意无意的边界安排，使得许多非洲国家在独立之后陷入民族冲突或边界战争，问题及其影响直到今天依然存在。

二是欧洲保留了在非洲的"干预权"。很多非洲国家是在殖民者保留了大量特权的前提下独立的。如英国基本控制了尼日利亚的整个非殖民化过程，保留了大量政治经济特权，在尼日利亚政坛扮演"中间人"和"仲裁人"的角色。而法国则是通过签署双边协定的方式在非洲保留了大量的驻军，规定在这些非洲国家受到"外来威胁"时，法国可以直接进行军事干预。欧洲国家对非洲殖民地在安全事务上的"干预权"一直维持至今。

三是欧盟在对非洲进行安全干预的同时深刻塑造了非洲的安全机制和理念。当前非盟的非洲和平与安全架构作为非洲安全机制的核心架构，欧盟经验被非盟广泛吸收，非洲安全机制深受欧盟安全机制和"共同安全与防务政策"影响。在资金层面，欧盟主导了非盟安全机制的运转，如果得不到欧盟的支持或首肯，非盟就难以调动足够经费开展安全行动，而如果离开欧盟援助，非盟的安全机制就难以运转。此外，欧盟从其利益出发对非洲安全事务进行选择性介入，并有意在非洲安全事务上减少对非盟的依赖，这对非洲联合自强的努力造成了一定程度的破坏，也导致非洲内部的分裂，对非洲安全能力建设形成了挑战。

二 非洲安全领域的内部挑战

（一）非洲安全局势复杂

一方面，非洲国家众多，国情复杂，非洲安全结构是碎片化的，安全问题是多层面的，安全行为是多元化的，部族势力、地方势力、反政府势力都能对非洲国家安全和地区稳定产生不同程度的影响。例如，非洲南部地区一直都是中国在南南合作框架下重要的合作伙伴，然而，根据斯德哥尔摩和平研究所的报告，自疫情暴发以来，撒哈拉以南非洲的安全冲突明显升级[①]，政治动荡加剧，由此衍生的传统、非传统安全风险严重影响地区的安全和稳定，也为包括中企在内的海外投资者带来生命和财产威胁。如何找到各方利益最大公约数，既维护中国在非海外利益安全又解决非洲现实安全问题，是一件很困难的事情。另一方面，一个可悲的现实是：非洲依然是国际政治的竞技场，域外国家的介入对非洲安全形势发展及中非安全关系前景都有直接影响。随着域外大国以各自利益和战略考量为出发点调整对非政策，美法等大国不断收缩在非军事存在、转移安全责任，非洲地区的政治与安全形势动荡也随之加剧。而印度、俄罗斯、中东国家则大步介入非洲，加大对非安全事务的参与力度，特别是俄罗斯深度介入利比亚内战，重返非洲态势明显，引起西方国家的警惕和反制。然而，以美国为代表的西方国家在非洲进行地缘政治博弈和战略压制的主要目标依然是中非关系。如美国极力渲染"中

---

① Stockholm International Peace Research Institute, "Global Developments in Armed Conflicts, Peace Processes and Peace Operations," February, 2021, https：//www. sipri. org/yearbook/2021/02, accessed：2022-02-24.

国威胁论"，说"中国已成为美国在非洲一大隐患"①。非洲这种复杂的安全形势，方方面面都成为我们发展对非安全关系时需要考虑的因素。

（二）非洲安全风险上升

非洲传统安全问题与非传统安全问题交织，安全和发展互相影响，治理难度极大，这对中非共建安全共同体构成了挑战。一方面，近几年，非洲国家政变频发，如马里、几内亚、布基纳法索等，这既造成了非洲地区的安全形势恶化，也对我国海外利益冲击较大。几内亚是我国铝土矿重要的进口来源国，政变带来的不确定性为我国在几内亚企业的利益安全带来挑战。而布基纳法索在我国的努力下于 2018 年才同我国建交，2022 年 1 月 24 日军事政变后，新的领导人对华认知和态度还有待观察，未来双边关系会如何还不确定，如何保护好在布基纳法索的中资企业和侨民的安全也是需要认真考虑的事情。另一方面，抗击新冠疫情仍是非洲国家最为棘手的难题，疫苗接种率低，公共卫生条件差，感染风险极高，由此产生了一系列经济问题和社会问题。如南非本就失业率高，因疫情数次封锁造成经济进一步下行，贫困问题激化社会矛盾，又引发了社会动荡和骚乱，绑架、抢劫、排外等案件频发。恐怖组织趁疫情之际扩张势力，有从北非地区向南部蔓延之势。综上，非洲地区传统安全问题和非传统安全问题交织，将对地区安全形势产生深远影响。

（三）非洲安全治理能力有待增强

安全治理能力不足是非洲和平与安全面临的另一个核心挑战。② 非洲目前依然是全球安全治理中最薄弱的环节，是联合国维和行动的重点区域，非洲安全治理长期依赖欧洲、美国等西方国家，从 20 世纪 90 年代初才开始尝试依靠非洲自身力量处理非洲地区安全事务。虽然近年来，非洲解决自身安全问题的意愿增强，安全能力也在实践中不断提升，但相比历史现实因素相互交织的安全挑战，非洲安全治理起步晚、应对能力有限，无法真正解决现

---

① 中国现代国际关系研究院编著《国际战略与安全形势评估（2021/2022）》，时事出版社，2021，第 270 页。

② 张春、张紫彤：《百年变局下中非合作的战略定位再明晰》，载张宏明主编《非洲发展报告 No. 23（2020~2021）》，社会科学文献出版社，2021，第 197 页。

实的安全挑战。非洲安全治理能力有待增强，主要体现在安全议程设置上无法掌握主导权、安全资金依赖外来援助、和平安全理念与制度建设照搬欧盟等。由于非洲区域安全治理能力不足以应对非洲安全挑战，非洲不得不借助域外力量，这也为非洲带来了新的安全问题。

三 影响非洲安全的外部因素

冷战结束后，美苏的撤出冲击了非洲旧有的安全秩序，冷战期间被掩盖的部族矛盾、宗教矛盾、地域矛盾集中爆发，安全形势恶化，非洲成为一块"地缘政治空白区"。但随着非洲经济发展和地区一体化进程的加快，非洲大陆以非盟整体形象在国际舞台上的影响力得到提升，日益成为大国争夺的对象。长期以来，以欧盟为代表的美欧西方国家在非洲安全事务上占有主导性的地位，但如今非洲日益希望摆脱对欧美西方国家的高度依赖，并且积极寻求合作对象的多元化，主要大国也在安全领域加大对非的战略投入。

长期以来，在非洲政治与安全层面最具影响力的是欧盟。近年来，欧盟战略自主意愿提升，欧洲为在国家安全层面提升影响力，力图在国际安全问题上扮演更加积极的角色，加之非洲安全形势的变化直接影响欧洲本土安全与海外利益，欧盟对非洲安全问题尤为关注并一直积极协调。2000 年，欧盟与非洲召开首次首脑峰会，同年中非合作论坛召开，之后印度、韩国、土耳其、美国、俄罗斯等纷纷与非洲举办首脑峰会。但相比之下，中国、印度以及俄罗斯对非洲安全上的战略投入远低于欧洲。欧盟深知这一点并意图强化对非安全合作以及对非洲地区热点进行干预来巩固自己的优势地位，维护其在非洲的政治经济利益。同时，近些年乌克兰问题和美欧制裁等给俄罗斯带来很大的地缘政治压力，为缓解这一压力，俄罗斯选择加快重返非洲的步伐，将非洲之角等国作为和西方地缘政治博弈的舞台。目前，俄罗斯已和20 多个非洲国家签署防务合作协定。大国在非洲安全事务上的博弈和介入，对非洲地区安全局势和中非安全关系前景有直接影响。不同国家对非安全战略文化、政策重点、政治导向和意识形态都有所不同，彼此之间不可避免产生冲击。

影响非洲安全的历史因素、内部因素和外部因素致使非洲安全形势堪忧，安全治理能力较低，这导致中非的安全合作面临诸多挑战。

第四节 构建中非安全共同体的实践路径

构建中非安全共同体既要有政策制定的延续性，又要有贯彻实施的灵活性。一方面，为了保证中国对非政策的延续性和大国信誉，中非安全共同体的构建要坚持一些根本性的原则，并且不因形势的变化而改变。另一方面，面对时局发展变化极其快速的现实，中非安全共同体必须立足双方的基本安全诉求并充分考虑整个地区形势乃至国际环境，并能随着形势的变化进行相应调整。

一是坚持习近平总书记关于总体国家安全观、新安全观、人类命运共同体和中非命运共同体的思想指导，将《国家安全战略纲要》作为发展对非安全关系的行动框架，以《中华人民共和国国家安全法》为探讨中非安全合作的法律依据。在坚持以总体国家安全观为指导方面，重点放在统筹国际安全与国内安全、统筹发展与安全。习近平总书记曾经生动地指出："贫瘠的土地上长不成和平的大树，连天的烽火中结不出发展的硕果。"[1] 发展与安全犹如一枚硬币的两面，发展为安全提供基础，安全为发展提供保障，二者缺一不可。正如习近平总书记所言："发展就是最大安全，也是解决地区安全问题的'总钥匙'。"[2] 贫困是动荡的根源，和平是发展的保障，发展是解决一切问题的总钥匙。没有发展，安全问题就会更加严重，要实现安全就必须实现发展。非洲很多地区的安全问题，根源之一就是没有经济发展。构建中非安全共同体，涉及的不仅是安全问题，更是发展问题。只有解决了发展这一源头问题，才能解决安全这一表象问题。因此，解决非洲安全问题要标本兼治、综合施策。

二是支持非洲国家在非洲集体安全机制建设下维护和平以及自主解决冲突的能力。"授之以鱼，不如授之以渔。"习近平主席曾表示："中国主张恪

---

① 全国干部培训教材编审指导委员会组织编《全面践行总体国家安全观》，人民出版社，2019，第23页。

② 习近平：《习近平谈治国理政》，外文出版社，2014，第356页。

守维和基本原则，继续坚持联合国宪章和哈马舍尔德原则……要加大对非洲的帮扶，支持非洲国家提高自身维和维稳能力，以非洲方式解决非洲问题。"① 囿于历史因素，非洲国家对地区强国和域外干预势力抱有深深的恐惧和不安全感，任何地区事务都极力避免单个有影响力的国家发挥作用，非洲国家力求通过非盟这一平台用"一个声音说话"，有关非洲安全问题的相关政策和建设都需要充分考虑到这种民族特性和历史因素。非盟负责的非洲和平安全架构是非洲的核心安全机制，因此应重点同非盟及非洲和平安全架构对接并提供所需的支持。

三是要坚持中非安全共同体的多边性。一方面，在对非安全合作中要坚持在有联合国授权和非盟及当事国同意下的多边行动。在安全问题上坚持克制和谨慎的战略文化，避免介入高风险的安全行动中，降低争议性和风险性，提高政治敏锐性。另一方面，非洲是全球安全治理的对象，其地区安全、稳定、和平、发展都需要国际社会和多边组织的共同努力。此外，联合国的宗旨就是维护国家和平与安全，在国际事务中具有核心调解作用。维护联合国框架下的多边行动就是维护联合国的地位、尊重以国际法为基础的国际秩序和践行真正的多边主义，同时也有助于扩大我国在国际安全领域的影响力。中非安全共同体高度重视世界安全，因此倡议开展以互信互利为特点的国际安全合作；强化对安全行动的咨询与磋商；兼顾每个国家各自的安全问题，共同应对全球安全的各种威胁与挑战。安全共筑的中非共同体以构建全球安全共同体为目标，让各国人民协调一致来应对当今世界的传统和非传统安全问题。

四是要重视大国在非关系特别是安全关系互动的影响。构建中非安全共同体的最根本目标是维护国家安全，既是维护中国的国家安全，也是维护非洲国家的安全，更是维护地区稳定和全球安全。从对外关系来讲，要维护国家安全，运筹好大国关系是关键。② 大国在非关系特别是大国在非安全关系

---

① 杜尚泽、李秉新、李晓宏等：《习近平出席联合国维和峰会并发表讲话》，《人民日报》2015年9月30日，第1版。

② 《总体国家安全观干部读本》编委会编著《总体国家安全观干部读本》，人民出版社，2016，第17页。

的互动将深刻影响中非安全共同体的前景。囿于历史原因，欧洲殖民者对非洲的安全问题负有不可推卸的责任，非洲安全问题不应脱离问题制造者去解决。而欧洲特别是欧盟在非洲安全议题上亦有较大的影响力，解决非洲安全问题也无法绕过欧盟。因此，只有中国与欧盟在非关系特别是安全关系和谐，中非安全共同体才能稳步向前。欧洲在非洲也有重要的安全利益，非洲地区的安全风险日益复杂，非洲安全治理需要多方参与。特别是近年来，欧洲深受债务危机、难民危机、乌克兰危机、英国脱欧等冲击，对非安全干预"心有余而力不足"，需要国际力量分担其在非洲的安全压力和责任。中国和欧洲都需要一个和平安全稳定的非洲，双方有共同推进在非安全合作的现实需求。因此，要充分发挥大国外交优势，寻找到各方利益最大公约数，积极开展各类安全领域的合作，为全球安全治理共同努力。

五是出台和完善相关的政策法规，为中非安全共同体的构建提供有力的法律支撑，使相关合作具有合理性与合法性。目前，中国开展海外军事安全合作、维护海外利益仅有《中华人民共和国国家安全法》和《中华人民共和国反恐怖主义法》作为依据，在外事立法方面尚未跟上，很多时候相关活动需要靠临时协调，这在很大程度上制约了中非安全关系的深入发展。因此，应改进现有政策并适时推出配套的法律法规，为安全合作设置一套中非双方共同遵守的标准、程序和制度，以规范具体的安全领域的合作实践。

六是根据非洲安全形势变化以及国际社会面临的共同安全挑战，适时调整中非安全合作的政策重点。对中方而言，非洲传统安全问题烈度高、风险高，不宜过多介入，而非洲非传统安全问题——恐怖主义、公共卫生安全、社会骚乱、海上安全等造成的威胁更加现实和直接。特别是当下新冠疫情还未结束，非洲作为疫情重灾区，亟须国际社会有关利益攸关方共同携手应对。因此，中方在传统安全领域应降低战略投入，重点聚焦抗击疫情等非传统安全领域并加大全球安全治理的合作力度。

第八章　构建幸福共享的中非命运共同体

习近平主席在 2018 年的中非合作论坛北京峰会上强调，中非要携手打造幸福共享的中非命运共同体，要把增进民生福祉作为发展中非关系的出发点和落脚点。[①] 习近平主席的这一论述有其深刻的时代背景。当前处于百年未有之大变局之下，经济全球化深入发展，世界各国人民的命运从未像今天这样紧紧相连，与此同时，世界经济发展不平衡性依然突出，处于世界体系外围的多数发展中国家，尤其是经济结构脆弱的非洲国家，面临"有增长无发展"的局面。发展关联着人民的幸福，影响着政治经济社会的发展，也影响着世界和平稳定。构建幸福共享的中非命运共同体的核心内涵是以"人民至上"为价值立场，以共同发展为必由途径，以增进中非双方人民民生福祉为价值目标的发展观，强调中非双方要在关系双方民生福祉的关键领域加强合作，让中非合作发展的成果更多惠及人民，打造更加紧密的中非命运共同体，为人类命运共同体的建设树立典范。迄今为止，在习近平外交思想指导下，中国对非合作一直秉持"人民至上"理念，强调共同发展、共享发展，以增进双方人民民生福祉为最高宗旨。中非双方在民生领域合作方面取得了多项成就，促进了中非关系稳健发展，也为增进人类的共同利益作出了积极贡献。

---

① 《携手共筑更加紧密的中非命运共同体》，求是网，2018 年 9 月 12 日，http://www. qstheory. cn/dukan/hqwg/2018-09/12/c_1123416509. htm，最后访问日期：2022 年 12 月 4 日。

第一节　幸福共享的中非命运共同体的内涵

中非关系在中国外交战略格局中占据重要的基础地位。习近平主席十分重视中非关系的发展，指出"发展同非洲国家团结合作是中国对外政策重要基础，也是中方长期、坚定的战略选择"①。早在 2013 年，习近平主席在首次出访非洲时就提出了"中非命运共同体"的理念，推动了中非关系深入发展。在 2018 年中非合作论坛北京峰会上，习近平主席从责任共担、合作共赢、幸福共享、文化共兴、安全共筑、和谐共生六个方面，首次提出要"共筑更加紧密的中非命运共同体"的主张得到非洲国家的一致赞同。其中，"幸福共享"体现了习近平新时代中国特色社会主义思想中以"人民至上"为价值立场，以共同发展为必由途径，以增进中非双方人民民生福祉为价值目标的一种发展理念。习近平主席提出的"幸福共享"的中非合作理念与当前非洲发展的现实状况与迫切需要相契合，符合非洲国家的发展利益。

一　人民至上理念

和平与发展彼此关联，是时代的重要主题。当今世界，发展不平衡不均衡的情况十分严峻。虽然发展中国家和新兴经济体在世界经济格局中发挥日益重要的作用，但总体而言与发达国家之间的南北差距仍十分明显，各国内部也存在发展不平衡的现象。发展失衡也使得世界经济鸿沟不断加深，广大发展中国家的人民民生福祉得不到保障，贸易保护主义、单边主义回流，恐怖主义、难民问题等全球性问题更加突出，给世界和平与安全带来负面影响。因而，共同发展、共享发展是应对全球性问题的必然选择。习近平主席指出，"各国和各国人民应该共同享受发展成果。每个国家在谋求自身发展的同时，要积极促进其他各国共同发展。世界长期发展不可能建立在一批国

①　李满、杜尚泽、李锋：《习近平同卢旺达总统卡加梅会谈》，《人民日报》2018 年 7 月 24 日，第 1 版。

家越来越富裕而另一批国家却长期贫穷落后的基础之上。只有各国共同发展了，世界才能更好发展"①。这一论述从人类命运共同体的广阔视野出发，回答了"为什么发展"以及"为谁发展"这两个重大问题：发展的目标是为了促进各国共同发展，最终是为了世界长期发展，发展要为各国人民谋福利，因而发展成果应由各国及各国人民共享。在习近平主席这一外交思想引领下，中国在走出自身特色发展道路成为世界第二大经济体，提升了 14 亿多中国人民福祉的同时，积极促进其他发展中国家共同发展。在与非洲国家交往时，中国通过"一带一路"倡议、中非合作论坛等平台与非盟《2063年议程》及非洲国家各自发展战略相对接，设立南南合作援助基金、中非发展基金，免除相关非洲国家无息贷款债务，与非洲各国共同发展、共享发展机遇与成果。在 2018 年中非合作论坛北京峰会上，习近平主席强调，"中国是世界上最大的发展中国家，非洲是发展中国家最集中的大陆，中非早已结成休戚与共的命运共同体……第三，携手打造幸福共享的中非命运共同体。我们要把增进民生福祉作为发展中非关系的出发点和落脚点。中非合作要给中非人民带来看得见、摸得着的成果和实惠"②。习近平主席的讲话指出了中非命运与共、共同发展、共享发展和增加中非双方人民民生福祉是构建幸福共享的中非命运共同体的应有之义，也是中非合作的动力与方向，彰显出中非合作始终坚持发展为民、人民至上的价值理念。

党的十八大以来，国际形势与中国国内各项事业迎来新的变化与挑战，习近平总书记强调，面对新的形势变化，建设和发展中国特色社会主义，实现社会主义现代化和中华民族伟大复兴，"必须坚持以人民为中心的发展思想"③，"必须坚持人民主体地位，坚持立党为公、执政为民，践行全心全意为人民服务的根本宗旨，把党的群众路线贯彻到治国理政全部活动之中，把

---

① 习近平：《顺应时代前进潮流，促进世界和平发展》，载《论坚持推动构建人类命运共同体》，中央文献出版社，2018，第 7 页。

② 习近平：《携手共命运 同心促发展——在二〇一八年中非合作论坛北京峰会开幕式上的主旨讲话》，《人民日报》2018 年 9 月 4 日，第 2 版。

③ 习近平：《决胜全面建成小康社会 夺取新时代中国特色社会主义伟大胜利——在中国共产党第十九次全国代表大会上的报告》，人民出版社，2017，第 19 页。

人民对美好生活的向往作为奋斗目标，依靠人民创造历史伟业"①。党的二十大指出："必须坚持人民至上。人民性是马克思主义的本质属性，党的理论是来自人民、为了人民、造福人民的理论，人民的创造性实践是理论创新的不竭源泉。一切脱离人民的理论都是苍白无力的，一切不为人民造福的理论都是没有生命力的。我们要站稳人民立场、把握人民愿望、尊重人民创造、集中人民智慧，形成为人民所喜爱、所认同、所拥有的理论，使之成为指导人民认识世界和改造世界的强大思想武器。"② 人民至上理念，其实就是要将人民的根本利益和福祉放在最高位置。外交工作是治国理政活动中的一个重要方面。新形势下，以习近平同志为核心的党中央在科学把握国际形势的深刻变化的规律性认识的基础上，创造性地提出了新时代中国特色大国外交的战略思想体系，将人民至上的理念充分贯彻于新时代中国的外交政策理念与实践中。深刻理解和准确把握人民至上理念在习近平外交思想中的科学内涵对于深入认识和发展中非关系具有重要且深远的意义。

（一）坚持以人民立场为我国对外工作的根本价值立场

习近平总书记强调，"人民立场是中国共产党的根本政治立场……全党同志要把人民放在心中最高位置，坚持全心全意为人民服务的根本宗旨，实现好、维护好、发展好最广大人民根本利益，把人民拥护不拥护、赞成不赞成、高兴不高兴、答应不答应作为衡量一切工作得失的根本标准，使我们党始终拥有不竭的力量源泉"③。习近平外交思想秉承以人民为中心这一理念精神，强调"人民群众是我们党的力量源泉，也是中国外交的力量源泉"④，始终将维护国家和人民利益放在首位，全心全意为人民服务，以人民的幸福感、安全感、获得感作为外交工作的衡量标尺，以实现人民群众对幸福生活

---

① 习近平：《决胜全面建成小康社会　夺取新时代中国特色社会主义伟大胜利——在中国共产党第十九次全国代表大会上的报告》，人民出版社，2017，第21页。

② 习近平：《高举中国特色社会主义伟大旗帜　为全面建设社会主义现代化国家而团结奋斗——在中国共产党第二十次全国代表大会上的报告》，人民出版社，2022，第19页。

③ 习近平：《在庆祝中国共产党成立95周年大会上的讲话》，《求是》2021年第8期，第15页。

④ 曲青山：《新时代我国对外工作的根本遵循和行动指南——学习〈习近平外交思想学习纲要〉》，《人民日报》2021年11月3日，第9版。

的向往和中华民族伟大复兴为使命担当，并紧密围绕这一奋斗目标开展中国的外事外交工作。对美好生活的向往不仅是中国人民的梦想，也是世界人民的梦想。习近平总书记强调，中国梦与世界各国人民的美好梦想是相通的，因而中国的对外工作不仅要服务于中国人民的根本利益，维护国家主权、安全、发展利益，在谋求自身发展壮大的同时，通过外交工作营造有利的国际环境，承载大国责任与担当，推动人类社会的共同繁荣与发展。

在国际合作交往中，习近平外交思想不仅继承了和平共处五项原则等中国传统外交政策的精髓，并在新形势下根据世界形势的发展和中国自身变化，创造性地提出一系列战略外交理念，强调要以坚持正确的义利观为对外工作的价值理念，以推动构建新型国际关系和人类命运共同体为目标使命，凸显了以人民为中心的价值立场。从世界范围来说，经济全球化不断深入，使得全球化问题牵一发而动全身。新冠疫情的大流行更加体现出人类命运紧密相连，人类迫切需要超越其"种"属性，齐心协力应对危机，合作共赢、共存，这是全世界人民利益的根本所在。然而，在危机面前，冷战思维、零和博弈、单边主义等强调冲突与对抗的国际关系旧模式已经严重阻碍了世界的和平与发展进程。习近平总书记提出，"弘扬和平、发展、公平、正义、民主、自由的全人类共同价值，坚持合作、不搞对抗，坚持开放、不搞封闭，坚持互利共赢、不搞零和博弈，反对霸权主义和强权政治，推动历史车轮向着光明的目标前进"①，这为构建新型国际关系提供了以合作共赢为核心价值观的中国构想。在与广大发展中国家交往时，习近平主席先后提出构建中非命运共同体、中国-东盟命运共同体、中阿命运共同体、中拉命运共同体等区域共同体理念，推动在相互尊重、合作共赢基础上的新型国际关系的构建，继而推动形成更为广阔的人类命运共同体，其最终目标指向建设一个持久和平、普遍安全、共同繁荣、开放包容以及清洁美丽的世界。这不仅符合中国人民的根本利益，也符合世界人民的根本利益。

---

① 习近平：《在庆祝中国共产党成立100周年大会上的讲话》，《人民日报》2021年7月2日，第2版。

（二）在对非交往中坚持人民至上

坚持发展为了中非人民，意味着承认中非双方人民在中非关系发展中的历史主体地位，要让中非双方往来的一切活动谋求中非双方人民利益的实现，强调发展要为了现实、具体的人民，而非抽象的集体，是为了绝大多数人、全体人民能够过上美好生活，满足人民对物质、精神生活的向往与追求。中国人民和非洲人民都面临着发展不平衡不充分带来的利益需求得不到满足的问题。现阶段，中国人民的利益需求从对"物质文化的需要"转化为对"美好生活的需要"，与此同时，非洲人民还深受贫困、粮食安全、公共卫生等危机及非传统安全问题的困扰，基本物质需求还得不到全面保障。中非共同发展意味着要在中非全方位交往中促进中非人民彼此利益诉求的实现，继而为公平、有效、包容的全球发展作出贡献。

坚持发展依靠中非人民，强调中非人民在推动中非关系发展实践中的主动性和创造性力量。中非民间友好往来是中非关系持续健康发展的重要保障，也是中非共同发展的强大推动力量。习近平主席提出"国之交在于民相亲"，真实亲诚的对非政策理念及正确的义利观等一系列重要论述，作为中国与非洲国家往来的重要价值观，重视以民心相通促进国家间的友好往来，为"一带一路"建设奠定坚实的民意基础和合作根基。随着"一带一路"倡议在非洲大陆的不断深入，越来越多的非政府行为体，如企业、社会组织及个人，成为中非民间交往的重要力量，积极承担社会责任，开展慈善、咨询、社会服务等对外活动，为加强中非经济联系、政治互信及文化融合，为推动构建中非命运共同体凝聚实践基础。

坚持发展成果为中非人民共享，既包含中非关系发展的方向与目标，也包含对国际经济秩序公平正义发展的价值诉求。一方面，共享发展成果既要全民共享，也要全面共享。中国的外交政策宗旨之一是促进共同发展，这意味着内部发展与外部发展的和谐。同时，共享发展成果还意味着国家之间在经济、政治、文化、生态文明等各方面的建设成果之间的全面共享。另一方面，共享发展成果需要公平正义的国际政治经济秩序的制度保障。非洲落后的经济状况有其深刻的殖民历史根源，而当今世界体系格局是在殖民掠夺与垄断资本输出基础上形成的。这种"中心—外围"的发展结构是世界发展失衡的根源，也是全球性危机的根源。如何实现国际经济秩序中的分配正义是影响世界人民能否共享发展成果的重要因素。习近平主席强调，"中国将继续为非洲发展作出新的更大贡献，欢迎非洲搭乘中国发展的快车、便车，让中国发展成果更多惠及中非人民"①。

二 幸福共享原则

（一）幸福共享是我国对外工作的重要目标

增进人民利益福祉、共享幸福是我国对外工作的价值目标。习近平外交思想紧密联系时代特征，将维护人民根本利益、增进人民福祉作为对外工作的价值目标。习近平总书记在党的十九大报告中指出，"必须始终把人民利益摆在至高无上的地位，让改革发展成果更多更公平惠及全体人民，朝着实现全体人民共同富裕不断迈进"②。这一论述指出了人民利益与幸福共享之间的关联：共同富裕、幸福共享不仅是中国人民的利益所在，共同发展、共享发展也是世界人民利益之所在。坚持人民利益至上，就是要从满足人民需要出发，在一切工作中维护和发展人民的根本利益，增进人民福祉，共享发展成果，这就意味着在国内国际两个层面统筹兼顾，不仅要自身发展，也要促进世界发展。为此，我国的对外工作既要判断和明确人民群众的利益需求为何，还要站在人类命运共同体的高度，将自身的利益需求与全世界各国人民的利益需求结合起来。

在新的时代背景下，我国国内社会的主要矛盾发生了重大变化，人民群众的利益需求产生新变化。习近平总书记在党的十九大报告中指出，"中国特色社会主义进入新时代，我国社会主要矛盾已经转化为人民日益增长的美好生活需要和不平衡不充分的发展之间的矛盾"③。与此同时，面对世界经

---

① 杜尚泽、李志伟、谢环驰：《习近平集体会见部分非洲国家领导人》，《人民日报》2015 年 12 月 5 日，第 2 版。

② 习近平：《决胜全面建成小康社会　夺取新时代中国特色社会主义伟大胜利——在中国共产党第十九次全国代表大会上的报告》，人民出版社，2017，第 45 页。

③ 习近平：《决胜全面建成小康社会　夺取新时代中国特色社会主义伟大胜利——在中国共产党第十九次全国代表大会上的报告》，人民出版社，2017，第 11 页。

济复苏乏力、局部冲突和动荡频发、全球性问题加剧的外部环境，和平与发展仍然是时代主题。维护世界和平与发展是世界各国人民所共同追求的事业及幸福所在。因而，满足人民对美好生活的需求以及维护和平稳定的国际环境和世界秩序，与世界共同发展就代表了人民群众的根本利益。习近平总书记在讲话中指出实现人民群众根本利益的两个方向：一是在内部坚持共同富裕，让改革成果为全体人民共享；二是对外强调新发展理念，让发展成果为世界人民共享，这就将增进人民福祉和利益、共享幸福从国内层面推广至与世界人民的互利交往合作的实践之中，体现了以人民为中心的宗旨，以及将共享幸福作为统筹对内对外工作的价值目标。

（二）共同发展是实现幸福共享的必由之路

发展关联着人民幸福，共同发展是中国人民与世界人民幸福共享、推动构建人类命运共同体的必由路径。人类命运共同体的构建必须以世界各国共同发展为前提。中国外交政策的宗旨是维护世界和平，促进共同发展。习近平主席在多个场合强调共同发展的重要性。中国的发展得益于国际社会，中国愿意以自己的发展为国际发展作出贡献，支持各国共同发展，建设各国共享的百花园。2017年，习近平主席在"一带一路"国际合作高峰论坛开幕式上表示，"发展是解决一切问题的总钥匙。推进'一带一路'建设，要聚焦发展这个根本性问题，释放各国发展潜力，实现经济大融合、发展大联动、成果大共享"[①]。2021年9月，习近平主席出席第七十六届联合国大会一般性辩论并发表重要讲话时，提出"全球发展倡议"。2021年10月，在二十国集团领导人第十六次峰会第一阶段会议上的重要讲话中，习近平主席进一步强调"我们应该坚持以人民为中心，提升全球发展的公平性、有效性、包容性，努力不让任何一个国家掉队"[②]。

在与非洲国家交往时，中国始终遵循共同发展、共享发展、发展为民的

[①] 习近平：《携手推进"一带一路"建设——在"一带一路"国际合作高峰论坛开幕式上的演讲》，《人民日报》2017年5月15日，第3版。

[②] 习近平：《团结行动　共创未来——在二十国集团领导人第十六次峰会第一阶段会议上的讲话》，《人民日报》2021年10月31日，第2版。

合作价值理念，以造福中非人民为根本目标，这一点在 2018 年中非合作论坛北京峰会上习近平主席的讲话中得到进一步的阐释与明确。习近平主席提出，"中国在合作中坚持发展为民、务实高效。中国坚持把中非人民利益放在首位，为中非人民福祉而推进合作，让合作成果惠及中非人民"[①]。2021年 11 月，在中非合作论坛第八届部长级会议开幕式上，习近平主席指出，"中非关系为什么好？中非关系为什么深？关键在于中非双方缔造了历久弥坚的中非友好合作精神"[②]，而共同发展、互利共赢就是这一友好合作精神的重要组成部分，是中非友好关系继往开来的力量源泉。习近平主席的相关论述体现了中国对非外交政策中"人民至上"与"共同发展"理念的相互统一，是构建幸福共享的中非命运共同体的根本价值遵循，也就是在中非关系中坚持"发展为了人民，发展依靠人民，发展成果为人民共享"这一理念原则。

三　着力增进人民民生福祉

从非洲的经济发展来看，进入 21 世纪以来，多数非洲国家政治稳定，为非洲经济总体蓬勃发展创造了条件，非洲大陆自此成为"希望的大陆"。然而，自 2014 年以来，受到世界经济疲软和大宗商品价格下跌的影响，非洲经济增速明显放缓，从 2000 年的 5%降至 2012 年的 3%左右。[③] 2020 年至今，在新冠疫情的影响下，非洲经济发展更是受到严重影响，经济衰退，财富缩水，贸易逆差扩大，就业民生受到冲击，社会不平等加剧，从而也对政治稳定造成冲击。[④] 究其深层原因，非洲的经济深受殖民遗产影响，继承了

---

① 习近平：《携手共命运　同心促发展——在二〇一八年中非合作论坛北京峰会开幕式上的主旨讲话》，《人民日报》2018 年 9 月 4 日，第 2 版。

② 习近平：《同舟共济，继往开来，携手构建新时代中非命运共同体——在中非合作论坛第八届部长级会议开幕式上的主旨演讲》，《人民日报》2021 年 11 月 30 日，第 2 版。

③ 张忠祥、陶陶：《非洲经济发展的新态势》，《现代国际关系》2020 年第 9 期，第 49~57 页。

④ 《联合国发布新冠肺炎疫情对非洲影响报告》，中华人民共和国商务部网站，2020 年 6 月 9 日，http：//www.mofcom.gov.cn/article/i/jyjl/k/202006/20200602972358.shtml，最后访问日期：2022 年 3 月 28 日。

殖民时期的国际分工格局，产品结构单一脆弱，在世界经济体系中处于依附地位，经济发展总体呈现不平衡态势，极易受到外部环境影响。非洲发展不平衡体现在：国家之间发展不平衡，经济发展增长与经济发展负增长的国家之间差距明显；次区域之间发展不平衡，自 2015 年起，东部非洲增长快于其他区域，南部非洲发展则最为缓慢；"有增长，无发展"情况仍在延续，社会部门远远落后，一半人口生活在绝对贫困标准之下，财富分配不均，青年人就业问题突出，民众享受民生保障的机会不平等，如医疗、教育、水资源、健康卫生设施等，财富增长未能充分转化为发展机遇。① 近年来，非洲国家积极谋求经济转型，以期实现经济增长与社会发展双促进。2015 年，非洲联盟峰会上通过《2063 年议程》，描绘了非洲大陆发展的七大愿景，其中强调了包容性增长、可持续发展以及以人为本的发展的重要性，其目标是消除贫困，增加农业生产，保障粮食安全，满足人民基本生活需要，提高人民生活、教育、健康水平，创造就业机会，保障弱势群体权益，人与自然和谐发展等。② 社会发展水平的提高是非洲发展的一个重要关切。

《2063 年议程》是为全体非洲人谋求幸福的非洲梦，除七大发展愿景外，议程还提出了 17 个行动领域以及 5 个延续性的十年执行规划，明确行动方向和行动举措。非洲梦与谋求中华民族伟大复兴的中国梦有着共通融合之处，都以国家和民族富强振兴、人民幸福为根本价值目标，因而也就奠定了构建幸福共享的中非命运共同体的共识基础。

习近平主席强调，增进中非双方人民民生福祉是中非关系发展的出发点与落脚点。③ "出发点"，意味着中非人民对民生福祉的现实需要。"落脚点"，意

---

① 〔摩洛哥〕法提姆·哈拉克：《正在形成中的多极世界：非洲面临的机遇与挑战》，周瑾艳编译，《西亚非洲》2017 年第 1 期，第 24～33 页。

② African Union Commission，"Agenda 2063，" 2015，p. 2，https：//www.afdb.org/fileadmin/uploads/afdb/Documents/Policy-Documents/Agenda2063_Popular_Version_English.pdf，accessed：2022-03-15.

③ 《「国际锐评」提质升级，打造更加紧密的中非命运共同体》，"国际在线"百家号，2018 年 9 月 3 日，https：//baijiahao.baidu.com/s? id = 1610585050014607273&wfr = spider&for = pc，最后访问日期：2022 年 12 月 4 日。

味着将民生福祉的增进情况作为衡量中非关系发展的价值标准。这两个维度从根本上体现了中国对非洲发展权的尊重与支持，以及以实际行动在非洲国家关切的民生福祉领域加强合作，促进非洲国家发展利益增长的决心与意愿。

在增进民生福祉的政策理念方面，可以从以下三个方面进行归类，即"为什么要增进双方人民的民生福祉？""增加什么样的民生福祉？""如何增加民生福祉？"整体而言，中国支持非洲谋发展的权利，与非洲共同发展是民生福祉增进的前提条件；加强对民生部门的援助合作是明确增进民生福祉这一实践的对象；对接发展战略、提供发展平台、发展经验分享等举措是增进民生福祉的途径。三者紧密结合，形成有机的统一体。

（一）主张支持捍卫非洲国家的发展权利，中非发展权共享、共赢

《联合国发展权利宣言》指出，发展权是一项不可剥夺的人权。中国支持联合国通过《关于人权新概念的决议案》和《关于发展权的决议》，并在发展权的概念上对《联合国发展权利宣言》的内容进一步延伸，将促进各国共同发展，尤其是发展中国家发展作为发展权的重要内容。中国国务院办公室发布的《发展权：中国的理念、实践与贡献》强调，"各国人民共有共享。实现发展权既是各国的责任，也是国际社会的共同义务……中国坚持相互尊重、平等相待、合作共赢、共同发展的原则，把中国人民的利益同各国人民的共同利益结合起来，支持和帮助发展中国家特别是最不发达国家减少贫困、改善民生、改善发展环境，推动建设人类命运共同体"[1]，倡导"各国坚持公平、开放、全面、创新的共同发展理念，着力促进包容性发展"[2]，打造以平等为基础的世界经济格局，实现发展权共享、共赢。《新时代的中非合作》白皮书也进一步指出发展权对于中非合作的重要性，强调中非双方将生存权和发展权作为首要基本人权，尊重各国自主选择发展的权利。习近平主席在多个外交场合强调，支持包括非洲国家在内的发展中国

---

[1] 《发展权：中国的理念、实践与贡献》，中国政府网，2016 年 12 月 1 日，http://www.gov.cn/zhengce/2016-12/01/content_5141177.htm，最后访问日期：2022 年 3 月 28 日。

[2] 《发展权：中国的理念、实践与贡献》，中国政府网，2016 年 12 月 1 日，http://www.gov.cn/zhengce/2016-12/01/content_5141177.htm，最后访问日期：2022 年 3 月 28 日。

家维护自身发展利益，追求发展权利，认为这不仅是各国自身的责任，也是国际社会的共同义务，强调发展才能消除全球性危机的根源，保障人民的基本权利，推动人类社会进步。享有发展权是发展的前提条件。中非发展权共享、共赢，才能在各自发展和共同发展中彼此促进，增进双方人民的利益与民生福祉。

（二）主张加强民生合作，提高非洲国家社会发展水平

中国政府历来重视民生问题。在 2008 的政府工作报告中明确指出，要"统筹经济社会发展，加快教育、卫生、文化、体育等社会事业发展和改革，积极解决涉及人民群众切身利益的问题"①，明确了民生工作的具体内容。2009年的政府报告对民生工作有了进一步的阐述，将民生工程纳入民生工作范围，包括保障性住房、教育、卫生、文化等。在对外交往中，民生也是外交政策的重点内容。2013 年，习近平主席在亚太经合组织工商领导人峰会上强调，中国"将以保障和改善民生为重点，促进社会公平正义，推动实现更高质量的就业，深化收入分配制度改革，健全社会保障体系和基本公共服务体系"②。自此，民生成为中国对外阐述外交政策的一个重要内容。其中，促进非洲人民民生福祉的增加是中国对非合作的重要政策目标，并且"相当长一段时间以来，中国以民生为主的对外交往集中于中非关系"③。

民生部门的发展关系着社会发展水平，中国将促进非洲国家社会发展水平作为非洲经济发展的内生动力。为此，中国积极同非洲开展减贫脱贫、卫生健康、粮食安全、教育和人力资源开发、妇女儿童权益保障等社会领域合作，提高非洲国家社会发展水平。在中非合作"十大行动计划"、"八大行动"以及《中非合作 2035 年愿景》中规划的"九大工程"中，减贫惠农、卫生健康、能力建设等民生领域一直是重点合作覆盖领域。《中非合作 2035 年愿景》明确列

---

① 《2008 年国务院政府工作报告》，中国政府网，2009 年 3 月 16 日，http://www.gov.cn/test/2009-03/16/content_1260198.htm，最后访问日期：2022 年 3 月 28 日。

② 习近平：《深化改革开放　共创美好亚太——在亚太经合组织工商领导人峰会上的演讲》，《人民日报》2013 年 10 月 8 日，第 3 版。

③ 马勇田、席桂桂：《中共十八大以来的民生外交》，《当代中国史研究》2016 年第 3 期，第 25～33 页。

出了中非共筑"幸福共享"的中非命运共同体的三大合作领域——卫生健康、减贫合作及人力资源合作，以此作为共同提升民生福祉水平的三个重点方向。

（三）主张与非洲各国发展战略对接，共享发展机遇与发展经验

"发展是解决一切问题的总钥匙。"① 中国对非合作中与非洲平等相待、义利并举，将中国发展与非洲现实需要结合起来，与非洲国家发展战略对接，"将自身发展经验和机遇同世界各国分享，欢迎各国搭乘中国发展'顺风车'，一起来实现共同发展"②，以发展促进非洲国家民生福祉的增进。

首先，主张发展战略对接，落实推进"一带一路"倡议合作举措及中非合作论坛行动计划。在总体政策规划上，中国通过"一带一路"倡议加强与联合国 2030 年可持续发展议程、非盟《2063 年议程》、非洲发展议程③以及非洲各国发展战略对接。在 2021 年中非合作论坛第八届部长级会议开幕式上，习近平主席指出会议前中非双方已共同制定了《中非合作 2035 年愿景》，中国将同非洲国家密切配合，共同实施包括卫生健康、减贫惠农、贸易促进、投资驱动、数字创新、绿色发展、能力建设、人文交流及和平安全在内的"九项工程"。④ 这些合作行动计划总体而言围绕非洲发展的现实需要与关切，体现了中非合作全面、务实、为民的特征。中国以实际行动助力非洲全方位发展。

---

① 习近平：《携手推进"一带一路"建设——在"一带一路"国际合作高峰论坛开幕式上的演讲》，《人民日报》2017 年 5 月 15 日，第 3 版。

② 习近平：《携手构建合作共赢新伙伴　同心打造人类命运共同体——在第七十届联合国大会一般性辩论时的讲话》，《人民日报》2015 年 9 月 29 日，第 2 版。

③ "中国支持非盟《2063 年议程》及其旗舰项目的落实，积极参与非洲农业综合发展计划（CAADP）、非洲基础设施发展计划（PIDA）、非洲矿业愿景（AMV）、非洲科技创新战略（STISA）、非洲内部增长计划（BIAT）、非洲工业化发展加速计划（AIDA）、非洲发展署—非洲发展新伙伴计划（AUDA-NEPAD）等全非计划落实。"参见《中非合作 2035 年愿景》，国家国际发展合作署网站，2021 年 12 月 9 日，http：//www.cidca.gov.cn/2021-12/09/c_1211480567.htm，最后访问日期：2022 年 3 月 28 日。

④ 《非洲多国人士表示"九项工程"将进一步强化非中务实合作》，"新华网"百家号，2021 年 11 月 30 日，https：//baijiahao.baidu.com/s？id=1717850276408459625&wfr=spider&for=pc，最后访问日期：2022 年 12 月 4 日。

其次，主张共享发展机遇，让中非双方自身的发展成为彼此发展的机遇。改革开放 40 多年以来，中国发展给世界发展带来了重大机遇。中国经济的持续增长，成为世界经济增长的稳定器和动力源。在全方位开放中，中国的"世界工厂"和"全球市场"的地位为世界经济发展起到重要推动作用。中国将"一带一路"倡议以及多边对话、合作平台，如中非合作论坛、中国国际进口博览会、"一带一路"国际合作高峰论坛等作为发展机遇的共享平台，为国际社会提供了更多的公共产品，带动各国参与到中国发展进程中。在百年未有之大变局的环境下，中国仍处于重要战略机遇期。新一轮产业革命和科技革命推动全球进入数字经济时代，同时，中国开始向第二个百年目标奋进，经济增长向高质量发展阶段转型，"一带一路"倡议将成为高质量发展之路，为世界发展带来更多新机遇。于非洲而言，非洲经济正融入快速发展的新兴市场，随着世界经济中心向东转移以及南南合作不断深入，非洲国家将在全球经济治理新形势中提升话语权，信息、通信技术革命都将使非洲迎来跨越式发展的新机遇。中非之间将在自身结构转型发展中及信息技术发展背景下寻找到优势互补的发展机遇。

最后，主张在非洲关切的重点民生领域共享发展经验。中国改革开放以来取得了举世瞩目的成就，其发展经验能够为非洲国家提供经验参照，其中减贫脱贫经验是共享发展、增进民生福祉的一个重要内容。联合国 2030 年可持续发展议程将消除贫困作为首要目标，中国和非洲同作为发展中国家，都有庞大的农村人口，城乡二元结构明显，脱贫减贫均是中非发展的头等要务。目前，中国取得了脱贫攻坚的巨大成就，走出具有自身特色的减贫道路，成为世界上减贫人口最多的国家，对世界减贫贡献率超过 70%，能够为非洲消除贫困提供借鉴。中国主张减贫与发展相结合、扶贫与扶志相结合，积极落实《中国和非洲联盟加强中非减贫合作纲要》，增设一些机制性的互动平台和措施，如"中非合作论坛——减贫与发展会议""中非青年减贫和发展交流项目"，开展多种形式的减贫经验交流和合作，提供减贫知识产品，将中国经验作为主要的全球公共产品推广至非洲，同时，注重将扶贫经验与非洲减贫计划相对接，助力非洲国家提升自主减贫和发展能力。

第二节　中非民生领域合作成就

一　中非民生合作中的具体举措

在推动构建中非命运共同体的框架下加强中国与非洲在民生领域的合作，促进非洲国家社会发展水平的提高，增进非洲国家人民的民生福祉，是中国国际发展合作中的重要内容。《新时代的中国国际发展合作》白皮书强调，中国国际发展合作以帮助其他发展中国家落实联合国 2030 年可持续发展议程为重要方向，并指出了中国发展合作中改善民生、增进发展中国家民生福祉的重要领域，即助力消除贫困、提升粮食安全、推动卫生发展、保障优质教育、促进性别平等、改善基础设施等，旨在让当地民众拥有更多获得感、幸福感，从而进一步促进中非"一带一路"的深化合作。①

（一）助力消除贫困

消除贫困是联合国 2030 年可持续发展议程的首要目标，也是非盟《2063 年议程》中列出的首项发展愿景。世界银行报告指出，1990 年至2012 年，非洲大陆极端贫困人口比例从 56% 降至 43%②，但随着人口快速增长，生活在极端贫困状态的人口仍然增加超过 1 亿。③ 此外，世界银行还预计，若缺乏有效措施，世界上的极端贫困人口将越来越多地集中于非洲大陆。贫困问题严重阻碍着非洲国家经济社会发展。中非减贫合作秉承"发展-减贫"的观念，在中非合作论坛框架下，通过加强农业基础设施建设、

---

① 《〈新时代的中国国际发展合作〉白皮书（全文）》，国务院新闻办公室网站，2021 年 1 月10 日，http：//www. scio. gov. cn/zfbps/32832/Document/1696685/1696685. htm，最后访问日期：2022 年 3 月 28 日。

② World Bank Group，"Poverty in a Rising Africa，" 2016，p. v，https：//www. un. org/africarenewal/sites/www. un. org. africarenewal/files/Poverty% 20in% 20a% 20Rising% 20Africa% 20Overview. pdf，accessed：2022-03-15.

③ World Bank Group，"Poverty in a Rising Africa，" 2016，p. v，https：//www. un. org/africarenewal/sites/www. un. org. africarenewal/files/Poverty% 20in% 20a% 20Rising% 20Africa% 20Overview. pdf，accessed：2022-03-15.

分享减贫经验、开展技术合作及技术转移、强化人力资源培训、提供农业援助等方式，帮助非洲国家减少贫困、改善民生。

在分享减贫经验方面，中国积极落实《中国和非洲联盟加强中非减贫合作纲要》，设置"中非合作论坛—减贫与发展会议""中非青年减贫和发展交流项目"等机制，开展形式多样的减贫经验交流与合作，鼓励和支持中非地方政府、企业、青年和非政府组织积极参与，与非洲国家分享减贫理念与实践经验。

在基础设施建设方面，非洲农村交通、电力、排灌设施落后，是非洲农业发展缓慢的主要原因之一。中国加强参与非洲国家的水电站建设、电网铺设，改善当地交通及生产生活条件，积极帮助非洲国家改善农村地区生活环境，如帮助毛里塔尼亚贫困三角洲建设公路，促进当地农业和畜牧业发展。

在技术培训方面，中国实施援非百名农业专家、援非农业专家组等项目，建立农业示范中心和农业合作机制，加强农业科学合作研究。[①] 同时，根据非洲国家需要，结合当地实际，组织开展农林牧渔、加工制造、建筑、科教文卫、手工技艺等领域培训，如在卢旺达、莱索托、中非共和国等国开展菌草种植示范项目，帮助农户掌握菌草种植技术；在利比里亚、埃塞俄比亚等国提供竹藤编织技术培训，充分利用当地竹资源制作居家用品，提高农户收入，为非洲国家培养技术人才。

（二）提升粮食安全

农业关系国计民生，是中非发展合作的重要优先领域。中国帮助非洲国家加快农业发展，目标是实现粮食自给、保障粮食安全，同时促进消除绝对贫困。非洲农业发展面临的主要问题包括农业基础设施不足，未形成完善的农业生产体系，缺乏实用性的农业技术、农业发展的政策引导不足等。[②] 根

---

① 游雯、刘倩、王金辉：《依托热作优势资源　搭建中非农业合作之路——中国热带农业科学院援非工作综述》，《紫光阁》2018 年第 10 期，第 66~67 页。

② 《非洲的出路：农业发展》，中国农业信息网，2018 年 9 月 27 日，http：//www.agri.cn/V20/ZX/sjny/201809/t20180927_6254366.htm，最后访问日期：2022 年 3 月 28 日。

据这一现状，在因地制宜、量力而行的基础上，中非农业发展合作的主要举措聚焦增强农业生产能力、培养农业科研和技术人才、支持农业产业链发展等方面。

在增强农业生产能力方面。中国在非洲国家援建 22 个农业技术示范中心，为有关国家试验并推广高产新品种，援助农业基础设施项目，提供农用机械设备和物资，缓解农业生产物资短缺问题。

在培养农业科研和技术人才方面。中国为非洲国家农业产业发展升级提供人才培训，援建农业技术学校、中非联合研究中心等项目，开展农业技术合作项目，为非洲国家培养农业技术力量搭建平台；在联合国粮农组织"粮食安全特别计划"和中非合作论坛框架下派遣援非农业专家组和技术人员，培训非洲农业人员掌握实用技术；开展中非科研机构"10+10"合作，联合研发适用于非洲大陆的新品种新技术新装备，为非洲农业发展提供科技支撑和服务保障。

在支持农业产业链发展方面。中国帮助非洲国家加强农业生产后的环境援助，援建相关农产品加工中心和仓储设施等项目，提升粮食仓储能力，减少粮食浪费；推广农业生产技术，通过农业技术示范中心平台向非洲国家示范农业全产业链过程发展，分享农业综合经营经验，帮助非洲国家实现农业生态循环和可持续生产，同时，积极配合联合国粮农组织等国际组织发起的倡议和活动，助力非洲国家提高粮食安全保障水平。

此外，为促进中非农业现代化合作的官方政策协调，2019 年，由中共中央对外联络部和中华人民共和国农业部共同主办中非农业合作论坛，成立中国-非盟农业合作委员会，推进中非农业现代化合作规划和行动计划编制工作的开展。

（三）推动卫生发展

埃博拉疫情和新冠疫情的暴发暴露了非洲公共卫生体系的脆弱性，加强中非卫生健康合作具有迫切性和现实意义。中非合作论坛约翰内斯堡峰会、北京峰会分别通过的"十大合作计划""八大行动"，以及《中非合作 2035 年愿景》的"九项工程"都将中非卫生健康合作列为其中一项重要行动，凸显中非卫生合作的重要性。

中非卫生健康合作围绕加强非洲地区的公共卫生体系建设，以提升医疗卫生基础能力和增强医疗卫生服务力量为主要方向。具体举措包括：派遣医疗队和医疗专家队伍，援建医疗卫生基础设施，提供各类医疗物资，培养医学人才，推动公共卫生体系建设，援建非洲疾控中心总部，加强中非传统医药合作，促进中非医药产能合作等。

新冠疫情暴发后，中非团结互助、相互支持，践行了中非共建命运共同体的理念。在中国遭受第一波疫情冲击时，非盟和非洲国家领导人第一时间向中国表示支持，向中国捐赠抗疫物资。在 2020 年 4 月非洲国家出现疫情之后，中国通过派遣医疗队，援助抗疫医疗物资，改善医疗卫生基础设施，加快中非友好医院建设和中非对口医院合作，将疫苗作为国际公共产品优先提供给包括非洲国家在内的发展中国家，加强与埃及、摩洛哥等非洲国家的疫苗研发合作等，以实际行动共同打造中非卫生健康共同体。

（四）保障优质教育

教育是发展之本，关系着非洲的未来。非盟《2063 年议程》将教育公平和高素质人才作为非洲振兴的重要前提。中非教育合作以教育部出台《推进共建"一带一路"教育行动》为纲领性指引，以开展教育互联互通合作、开展人才培养培训合作、共建丝路合作机制为重点和行动框架。

中非教育合作行动覆盖基础教育、高等教育和职业教育三个领域。中国通过援建基础设施、改善教学环境、培养师资力量和高素质人才、扩大奖学金规模等方式，提升非洲国家的教育发展水平。

在基础教育方面，中国重视基础设施援建与教育物资及技术援助。中国在莫桑比克、纳米比亚等国援建了一批中小学校，并提供计算机、实验室设备、文体用品等教学物资，改善基础教学环境；向南苏丹提供教育技术援助，因地制宜提供英语、数学、科学等基础教育教材，编印 130 万册教材，令 15 万师生收益，促进当地教育资源均衡发展。

在高等教育方面，中国通过改善高等教育基础设施、提供奖学金等措施帮助相关国家培养高等技术人才。中国援建了马拉维科技大学教学楼、坦桑尼亚达累斯萨拉姆大学图书馆等项目，在肯尼亚肯雅塔农业科技大学援建了中非联合研究中心，为当地培养生物多样性保护与利用及资源遥感等专业的高等技术人才；开展中非高校间"20+20"合作计划、设立"原子能奖学金"项目等加强科研合作和师生互访，联合培养高水平人才；实施"一带一路"国际科学组织联盟奖学金、中国政府奖学金、"国际杰青计划"、"国际青年创新创业计划"等项目帮助非洲培养大量高科技人才。

在职业教育方面，中国通过援建职业培训中心或职业技术学校，提供职业技术教育物资，设立"鲁班工坊"，派遣中国教师到非洲国家职业院校任教，接受非洲留学生在中国职业院校学习，帮助非洲国家改善职业教育质量，从而为中非产能合作和"一带一路"建设提供技能人才。

此外，孔子学院也为中非文化教育融合作出了积极贡献。中非合作建立了 61 所孔子学院和 48 个孔子课堂，成为培养中非友好使者、促进民心相通的重要机构。

（五）促进性别平等

妇女是推动社会发展的重要力量。性别平等和妇女赋权已成为联合国 2030 年可持续发展议程的重要目标。习近平主席在联合国大会纪念北京世界妇女大会 25 周年高级别会议上的讲话中指出，中国主张在发展中保障妇女权益，加强全球妇女事业合作，促进世界性别平等。[①] 中非妇女事业合作主要围绕加强妇女权益保障、增强妇女能力建设展开，为妇女成长创造机会。具体合作举措包括落实习近平主席在联合国成立 70 周年系列峰会上提出的为发展中国家实施 100 个"妇幼健康工程"，加大对非洲国家的妇女培训力度，提供技术培训项目以提升妇女参与政治经济活动的能力，设置女性领导力与社会发展在职学历学位项目，增强就业能力。目前 100 个"妇幼健康工程"在塞拉利昂、马拉维、佛得角等国落地，保障了当地妇女医疗

---

① 习近平：《在联合国大会纪念北京世界妇女大会 25 周年高级别会议上的讲话》，《人民日报》2020 年 10 月 2 日，第 2 版。

卫生服务。在津巴布韦开展的妇女宫颈疾病防治项目，提高了有关国家产科、新生儿科等科室水平。

（六）改善基础设施

为进一步丰富非洲国家人民的文化体育生活，满足人民对人居环境的需求，中国帮助非洲国家改善文化活动条件，支持非洲国家基础设施建设。中国的援建项目包括阿尔及利亚歌剧院、塞内加尔竞技摔跤场和黑人文明博物馆、科特迪瓦文化宫、贝宁会议大厦，以及几内亚比绍、突尼斯等国的体育运动场馆的建设、维修和升级改造。中国帮助塞拉利昂、布隆迪等国实施了城区主干道建设、拥堵路段改造等市政项目，改善了城市路网通行能力；帮助圣多美和普林西比道路整修和社区排水。这些举措有效改善了居民的生活品质。

二　中非民生领域合作的成就

习近平主席强调，中非关系以增进人民民生福祉为价值导向。自2000年中非合作论坛创立以来，中非全方位合作促进了中非双方经济发展，增加了人民利益。中国对非发展合作是中非全方位合作中的重要一环，而其中的民生合作又是促进非洲社会发展水平提高的一个重要支撑点，对推动南南合作、维护发展中国家利益、支持非洲国家自主发展、改善民生、构建"幸福共享"的中非命运共同体作出了重要且积极的贡献。

增进人民民生福祉是中非关系发展的宗旨，是中非开展全面合作、共同发展的根本价值目标，是一个庞大的系统工程，在实践领域上包括但不仅限于民生部门合作。中非在贸易、投资、承包工程等各方面开展的合作近年来进入全面快速发展期，规模不断扩大、结构不断优化、合作水平不断提升，有力地促进了非洲经济发展，也带动了国际对非合作的投入，从而为促进人民生活水平提高及民生福祉的增加创造了有利条件。目前，中国对外投资重点更加向民生领域倾斜，对外工程建设更多以促进民生发展作为评判项目的宗旨，还鼓励支持企业更多投资民生项目，让更多有实力、有信誉的企业"走出去"，积极承担社会责任，为扩大当地就业、改善基础设施和促进民生发展作贡献，推动非洲国家社会发展水平的提高。

在具体的民生领域，中国对非发展合作重点关注减贫、粮食安全、卫生健康、教育、性别平等、公益设施等方面，注重与联合国 2030 年可持续发展议程、非盟《2063 年议程》及非洲各国发展战略相对接，在联合国等国际组织多边框架下，以及"一带一路"倡议和中非合作论坛行动计划框架下开展了一系列行动，践行了中国的大国责任，为改善当地民生作出了积极贡献。

（一）合作成果看得见、摸得着，改善了民生

中国秉承相互尊重、平等相待，"受援国提出、受援国同意、受援国主导"的原则同非洲国家开展民生领域合作，合作规模不断扩大，通过多样化、讲求实效、授人以渔的合作形式为非洲人民带来看得见、摸得着的实惠。《新时代的中国国际发展合作》白皮书指出，2013 年至 2018 年，中国向 53 个非洲国家提供了对外援助资金，占中国对外援助资金份额的 44.65%，重点用于帮助建设中小型社会福利项目，以及实施人力资源开发合作、技术合作、物资援助、南南合作援助和紧急人道主义援助。中非民生领域合作的形式不断丰富，包括援建成套项目，如农业示范中心、农业加工、医院学校、打井供水等社会公共设施，以及提供药品、医疗设备等一般物资，开展涉及农、工、文、卫等领域的技术培训和人力资源开发培训，设置南南合作援助基金用以支持落实联合国 2030 年可持续发展议程，派遣援外医疗队、志愿者，提供紧急人道主义援助，免除有关国家无息贷款债务等。这些合作举措成为中国为非洲发展提供的全球公共产品，体现了中国的大国责任。

《新时代的中非合作》白皮书列出了中非在民生部门领域合作的具体成就，中国与非洲在减贫、卫生健康、教育、农业、公益设施等社会领域的合作以贴切人民需要、人民能够感受到的形式为当地人带来实在的帮助。在减贫领域，中国注重提供减贫经验相关的知识产品，连续举办了 10 届"中非合作论坛——减贫与发展会议"，举办 160 期减贫援外培训班，为非洲 53 国培训超过 2700 人次。在卫生健康领域，关注弱势群体的医疗服务及公共卫生体系建设。持续派出援非医疗队，开展"光明行"等巡诊活动，广受非洲人民赞誉，帮助 18 个非洲国家建立了 20 个专科中心，同 40 个非洲国家 45 所非方医

院建立对口合作机制，加强非洲公共卫生体系建设。在新冠疫情暴发后，中国积极向非洲提供疫苗等公共产品，助力非洲复工复产，改善民生。在教育领域，关注技术技能培训，提供教育资源与平台，辅助教育公平，"中非高校20+20合作计划"为中非高校加强交流提供了合作平台。设立"鲁班工坊"，为非洲培养适应经济社会发展急需的高素质技术技能人才。在农业领域，重视提高农业生产、加工能力，加强技术培训和能力建设，授人以渔，促进自主发展。在公益设施领域，为当地人援建与生活相关的文教体育等设施。这些举措切实关心非洲人民利益和对物质文化生活的基本需求，增进了人民民生福祉，体现了中非民生合作人民至上的理念。

（二）促进了共同发展

中非在民生部门领域的合作以支持落实联合国 2030 年可持续发展议程以及对接非盟《2063 年议程》包容性增长目标为合作导向。减贫、卫生、教育、粮食安全等议题代表了非洲人民的整体利益诉求，也是世界发展不平衡的体现。提升这些社会发展部门水平，既是非洲各国自身的责任，也是国际社会共同的责任。因而，共同发展是根本途径和必由之路，唯有共同发展才能从根本上提高民生水平，而民生水平的提高又会再次促进整个国际社会的共同发展进步。共同发展是一个意蕴丰富的集合概念，包含公平、均衡、互助、共享、创新、开放等内涵。中国对非民生合作以改善民生为宗旨，体现了公平发展的愿景；以改革开放 40 多年来积累的资金、技术、人才、装备等经济发展优势和建设经验为基础，具备帮助非洲实现均衡发展及可持续发展的条件和能力；以中非命运共同体为引领，以正确的义利观为合作原则，体现了互助发展、共享发展的道义观；中非民生合作形式不断创新，因地、因需制宜，汲取其他国家和国际组织开展发展合作的有益经验，助力非洲民生发展，体现了创新发展、开放发展的内涵。

中国对非民生合作以实际行动促进了中非共同发展，推动了幸福共享的中非命运共同体的构建。

首先，促进了社会发展和民心相通，为"一带一路"顺利实施及深入发展创造了良好的外部环境。21 世纪以来，中非全方位合作从整体上促进了非洲的经济发展。中国积极落实"五通",推动中非贸易合作、对非投融资合作不断深入扩大。自2009年起,中国一直是非洲最大贸易伙伴国,并带动其他国家加大对非合作投入。即便在目前新冠疫情持续蔓延、全球经济增长疲软的背景下,中国强劲的经济需求带动了非洲经济复苏。2021年中国同非洲地区贸易总额突破2500亿美元,创下2014年以来新高,非洲地区贸易稳步恢复,成为全球贸易的增长亮点之一。① 中非合作成为非洲经济的推动者,而非洲经济发展又为促进社会发展提供了动力与物质资源。中非在民生领域的发展合作覆盖了非洲发展振兴的关键领域,为非洲国家提供看得见、摸得着的帮助与实惠。中国实施的系列民生工程项目,如住房、医疗、教育、乡村道路、弱势群体救助、打井供水,以及提供的国际公共产品,如南南合作援助基金、南南合作与发展学院和国际发展知识中心、疫苗、减贫经验、教育奖学金、职业技能技术培训等,促进了民心相通,改善了中非共同发展的舆论环境,为"一带一路"倡议发展落实奠定了民意基础。于中国而言,"一带一路"框架下合作的顺利推进也符合中国对开放经济的需求以及结构转型下高质量发展的需求,有利于中国自身的发展利益。毛里塔尼亚进步力量联盟国际部秘书古尔默·阿布杜罗在评论中非合作与中非关系时说道,中非合作给非洲不仅带来了机遇,还帮助非洲减少了贫困,帮助那些不受发达国家重视的小国建设了桥梁、公路、医院等公共设施。"中国对于非洲来说,并不是人们惧怕的'新殖民主义',而是一种全新的发展机遇,一种真正的'双赢'战略合作伙伴关系。"②

其次,帮助增强了非洲发展的内生动力。中国对非发展合作以授人以渔、自主发展为重要原则之一,更加重视对非能力建设及技术合作,这是中国在改革开放之后从扶贫开发总结出的发展经验。在中非民生部门合作的各

---

① 《中国需求带动非洲贸易助力经济复苏》,中华人民共和国商务部网站,2022年2月8日,http://chinawto.mofcom.gov.cn/article/e/r/202202/20220203278447.shtml,最后访问日期:2022年3月28日。

② 〔毛里塔尼亚〕古尔默·阿布杜罗:《非洲与中国:新殖民主义还是新型战略伙伴关系?》,马京鹏译,《国外理论动态》2012年第9期,第77~82页。

个领域，都有人力资源开发、技术培训等能力建设专项项目，如减贫培训、职业教育培训、手工艺等技能技艺培训、高科技人才培养、妇女就业技能培训等。中国还在农业等领域积极推进技能技术转移转化，通过加强科研交流、培训、技术转让，建立联合实验室或研究中心，帮助非洲国家提升产业职业技能，如在联合国粮农组织-中国南南合作计划下向刚果（金）、利比里亚等国转让 450 多项实用农业技术，受益农民超过 3 万多名；建立中国科学院-中非联合研究中心，开展水资源、传染病防控研究，农业试验性种植及先进技术示范，与埃塞俄比亚建立中国-埃塞俄比亚皮革技术"一带一路"联合实验室，与埃塞俄比亚分享制革清洁生产技术、污水治理技术等自有知识产权。学者马艳等[①]在实证研究的基础上进一步提出，中国"一带一路"合作通过坚持平等开放共赢的理念，推动公平制度的构建，对非洲等欠发达国家的技术转移和支持，从长期来看对缩小和发达国家的技术差距，抵抗霸权，显著降低国际交换的不平等性有重要作用。

最后，与国际社会共同推进了非洲国家民生发展合作。中国坚持发展中国家定位，秉持"共同但有区别的责任"原则，深入推动南南合作，推动建立更加平等均衡的全球发展伙伴关系，并和其他发达国家及国际组织在尊重受援国主权与主导的原则下开展三方合作。中国在南南合作援助基金项目下与联合国开发计划署、世界粮食计划署、联合国儿童基金会、世界卫生组织等十多个国际组织和国际非政府组织开展合作，向非洲国家提供粮食援助、灾后重建、妇幼卫生等领域的合作项目，设立中国-联合国教科文组织信托基金，与美国、英国、澳大利亚、瑞士、葡萄牙、新西兰、比尔及梅琳达·盖茨基金会等官方和非官方援助方在卫生、农业等民生领域开展三方合作，与美国在非卫生官员开展支持抗击埃博拉疫情的联合培训等。这些举措丰富了国际发展合作的方式和途径，充分利用了中国的经验优势以及发达国家与国际组织的资金、技术、平台优势，促进了国际社会对非民生合作的发展。

---

① 马艳、李俊、王琳：《论"一带一路"的逆不平等性：驳中国"新殖民主义"质疑》，《世界经济》2020 年第 1 期，第 3~22 页。

第三节　中非民生合作领域面临的新挑战与合作展望

中国在推进对非民生合作方面已经取得了一定的成就，但也存在不足，未来还需要进一步总结合作经验与教训，让合作的成果更多惠及人民。

一　中非合作面临的新挑战

（一）中非合作面临的整体性挑战

首先，百年未有之大变局下国际环境的不确定性、不稳定性因素增多，对世界共同发展的外部环境造成影响。近年来，经济全球化进程不足，贸易保护主义、民粹主义、单边主义等逆全球化现象不断发酵，影响了全球市场的开放度与自由度以及世界经济的正常发展，继而在最严重的情况下引发社会动荡和政治社会危机。非洲国家经济结构具有高度依附于全球市场的特点，逆全球化造成的大宗商品价格下跌将严重打击非洲大陆的经济表现，使非洲国家陷入发展困境。同时，随着国际格局力量对比的巨大变化，国际地缘政治回归，世界主要国家的对外政策不断调整，影响国际多双边合作，给全球政治稳定带来不利影响。此外，全球经济和金融不稳定态势依然存在，国际经济合作和非洲经济将不可避免地受到影响。

其次，非洲的政治经济安全因素给中非合作带来挑战。在政治方面，进入21世纪以来，非洲"逢选必乱"的局面不断减少，大多数非洲国家政治局面趋于稳定，但影响非洲安全的根源性问题没有解决，非洲经济转型中产生的矛盾、街头政治运动以及地缘政治博弈产生的影响对政治稳定依然构成挑战。在经济方面，非洲经济、产业结构脆弱，经济发展不平衡现象严重，经济自我发展能力不足，因而极易受到外部环境冲击。此外，非洲同时面临传统安全与非传统安全交织的问题，以及具有安全问题区域化、全球化等特征。整体上，这些因素对"一带一路"合作项目深入发展造成了不利影响。

再次，中国经济发展形势变化对中非合作的模式可能产生影响。受到国际环境、国际形势变化及国内经济结构调整的影响，中国经济进入新发展阶段，经济转型升级，以创新驱动替换要素驱动，从传统的资本净流入国变为直接投资的净流出国，从而对中国对外投资结构产生影响。中国经济结构调整，经济增长放缓，可能会造成对非洲的矿产、油气等自然资源需求降低，相关领域的投资缩减。中非之间的主要经济联系纽带可能从贸易关系转向直接投资、制度性经济合作。

最后，国际对非合作竞争加剧影响了中非合作的外部环境。在中非合作论坛引领下，近年来，世界主要经济体纷纷增加对非合作与投入，使得中国在非的国际竞争加剧。美国、日本、印度、俄罗斯、英国、法国等国通过峰会机制强化对非关系，并且在基础设施领域与中国展开竞争。美国拜登政府提出的 B3W 全球基础设施建设倡议，以及印度、日本提出的"亚非增长走廊"倡议旨在与中国的"一带一路"倡议形成在基础设施领域的国际规范引导权竞争，从而获得在非影响力，并通过对媒体话语权的把持制造中非合作的负面观念市场，从而对中国对非合作造成不利影响。

（二）中非民生合作中存在的不足

第一，以民生合作增进民生福祉的指标不够清晰。《中华人民共和国国民经济和社会发展第十四个五年规划和 2035 年远景目标纲要》针对国民民生福祉设置了包括收入、就业、健康、教育等在内的 7 个主要指标，为观察民生福祉的改善提供了参照标准。改善民生是中国对外政策重要的话语表述，但民生一词在对外合作中涉及的概念和衡量标准还缺少清晰的界定和说明。"十大合作计划"和"八大行动"将减贫惠农、卫生健康领域列入行动计划，在《中非合作 2035 年愿景》的"九项工程"中增添了能力建设的内容，这些举措可以被视作区别于经贸、和平安全、人文合作的专属于民生的领域。联合国 2030 年可持续发展议程里列出的减贫、教育、卫生、妇女儿童等领域也可被视作中国国际发展合作中改善民生的一个重要方向。然而，在这些领域怎样衡量民生改善的效果？中非合作在什么程度上增进了民生福祉？这些问题尚欠缺明确的指标和以指标为标准的衡量合作效果的机制，对后续行动合作规划的科学性、方向性引导还不够。

第二，民生合作相对薄弱，合作水平有待进一步提高。经贸合作是"一带一路"框架下的重点合作领域，是中国推动维护开放经济，加大与世界国家往来的重要经济关系纽带，是中非合作的"压舱石"与"推进器"。中非经贸规模不断扩大，优势互补，合作不断提质增效。相较而言，民生合作的方式还较为单一，以提供物资、援建成套项目为主要形式，在人力资源开发、技术培训等能力建设合作方面的力度与成效都不够突出，合作的成果较为有限。

第三，民生合作主要以政府主导，市场和社会组织参与不足。中国对非发展合作仍然停留在传统援助模式上，合作主体为中国政府及受援国政府，可配置资源有限，受益群体亦有限，在民生目标的设定上采取自上而下的方式，民生工程项目重硬件设施，部分项目因缺乏与利益攸关方的充分沟通而导致效果欠佳，被认为不符合非洲实际发展需要。此外，在决策机制上，缺乏着眼于全球策略的顶层设计与长远规划，决策部门之间缺乏统一协调，不利于项目统筹、资源整合和效益最大化。以卫生健康项目为例，中非卫生合作的总体部署与管理由国家卫生健康委员会负责，援非医疗队由中国驻非使馆负责管理，医疗卫生人力资源培训由教育部负责，卫生援建项目及培训研修项目由商务部负责，部门之间协调统筹不足。

二　中非民生领域合作展望

构建"幸福共享"的中非命运共同体，增进中非人民民生福祉既要从广义的民生概念出发，坚持人民至上，坚持以人民为中心的发展思想，全方位、高质量促进中非全面合作，也要聚焦具体的民生合作领域，立足人民群众的利益需求，扩大民生合作的规模，使中非经济发展和社会发展相互促进，实现共同发展。

（一）坚持以人类命运共同体及中非命运共同体思想为引领，以人民至上的理念为根本立场，始终以增进中非人民利益和民生福祉为中非合作的出发点与落脚点，坚持正确的义利观和真实亲诚的对非政策理念，以发展作为增进双方人民民生福祉的根本途径

在中非合作中，既要始终贯彻落实增进民生福祉这一目的，又要坚持

新发展理念对实践的指导作用，让创新成为引领发展的第一动力，注重解决发展的不平衡性问题，强调人与自然和谐共生，发展更高层次的开放型经济，继续扩大开放以推动改革发展，坚持共建共享，实现共同富裕、共同繁荣。同时，坚持中非人民在共同发展中的主体性，充分调动双方人民发展的主动性与积极性。中非共同发展需要依靠中非人民的力量，积极承担发展的各方责任。中国要坚定走中国特色的社会主义道路，继续扩大开放，在实现自身发展的同时，要更加支持非洲国家自主发展，增强非洲发展的内生动力。

（二）将民生外交作为一个整体且系统性的内容纳入中国外交的战略全局规划中，并以此为基础制定民生外交的宏观战略，并进一步建立和完善民生外交战略引领下的中非民生合作政策与规划

在战略层面，民生外交是将民生合作作为对外经济交往的一种重要手段，让其服务于中国新时代大国外交整体战略布局。民生外交在国际形势、国际秩序深刻变化的当下尤其具有重要意义。一方面，世界经济新旧动能转化，经济增长普遍乏力，逆全球化趋势不断发展，发展不平衡性突出，各国都在寻找新的经济增长点，以民生经济发展促进民生改善既可以成为经济发展的动力，又能服务于各国保持政治社会稳定，从而实现可持续发展的愿景。从这个意义上来说，各国对民生合作存在普遍需求。另一方面，民生合作属于发展合作的重要范畴，是促进民心相通的重要载体。中国的发展合作理念既不同于西方，有其自身的道义基础，又在实践上有着西方无可比拟的优势，如中国在减贫、农业、教育等方面积累的发展经验，因而能够为全体发展中国家提供以发展促民生、实现发展振兴的中国方案。同时，面临激荡的国际形势，民生合作有着最广泛的民意基础，能够团结中国人民与世界人民，而非分裂与对抗。因此，民生外交从战略目标来说，既要服务于中华民族伟大复兴的中国梦，也要服务于人类命运共同体构建，要能充分发挥其"软实力"的特征，帮助国际社会客观公正地认识中国，增强对中国发展道路的认同，形成中国与世界共同发展的良好环境。习近平主席提出的构建中非卫生健康共同体可以被视作民生外交整体战略的一部分，其他民生领域也

应该纳入进来，形成中国民生外交在全球层面的系统倡议。

在具体的政策与规划层面，需要首先明确民生合作的总体目标和民生福祉增进的指标，作为民生合作的方向性指引。总体目标以联合国 2030 年可持续发展议程、非盟《2063 年议程》为框架，结合中国的发展经验优势，秉持非洲需要、非洲提出和非洲主导的原则，确定宏观的大陆层面的民生合作的重点领域。在确定重点合作领域的基础上，与非洲各国发展战略充分对接，由中非双方共同协商提出一些建设性的民生福祉增进的指标，为系统性规划民生合作行动及评估行动的效果提供参照，继而为下一步民生合作的行动优化、效果提升及资源的有效利用提供依据。

（三）建立和完善民生合作的组织体系和机构，鼓励多方参与

民生合作涉及的领域众多，在组织体系上涉及中央政府各职能部门、地方政府以及驻外外事机构等，从协调和调度资源的效率与效果上来说，在各领域加强统一统筹的管理，协调各部门之间的行动是极为必要的。同时，民生合作离不开双方民众的参与，需要鼓励多方参与，让政府、市场、社会加强合作协同，鼓励引导企业、社会组织积极参与到民生合作中，作为对官方外交的有力补充，能够丰富合作的形式，调动更多的资源，促进民心相通。如新冠疫情在非洲暴发后，马云基金会和阿里巴巴公益基金会及时向非洲国家伸出援手，提供抗疫物资，分享抗疫经验，助力非洲国家走出困境，这成为民间参与民生合作的一张名片，并起到宣传中国大国形象的正面作用。

（四）丰富民生合作的形式，帮助非洲能力建设

虽然中国对非民生合作的形式不断丰富，形成包括援助援建成套项目、提供物资、开展技术合作、人力资源开发、派遣志愿者在内的一揽子措施，但总体上以传统援助模式为基础。非洲在诸多民生领域面临能力建设赤字，这是制约其可持续发展和自主发展的关键。中国日益重视对非能力建设，但主要形式以技术培训为主，合作形式较为单一，能力建设尚未形成机制化的合作模式，可以成为未来民生合作的重点方向。能力建设在西方发展合作领域已经是一个比较成熟的概念，也是西方援助机构对非援助的重点内容，形成了机制化的援助体系。在非洲大陆，世界银行、非洲发展银行、联合国发

展署于 1991 年联合提出非洲能力建设倡议，通过非洲能力建设基金、联合融资、实施联合援助项目帮助非洲能力建设。作为该倡议的执行机构——非洲能力建设基金会目前已被非盟授权为非盟特别机构，牵头负责实施非洲地区的能力建设工作。其使命是通过"建立战略伙伴关系，提供赠款与技术支持，以及与非洲能力建设相关的知识"，为"非洲减贫和可持续发展建设个人及机构能力"①。2019 年 9 月，中国国家发改委国际合作中心与非洲能力建设基金会签署了战略合作协议，标志着中国对非能力建设合作有了专门的对接平台。在未来，中国需要在此基础上进一步深化对非在民生领域的能力建设，对接行动计划，形成机制性合作。

（五）加强在民生合作中的国际合作，积极参与全球民生治理

长期以来，联合国及其他国际组织如世界银行、世界卫生组织、国际红十字会以及西方发达国家、跨国企业等是对非援助的主体，它们拥有丰富的援助经验，并成为援助规范话语权的把持者，构建了全球民生治理体系。中国既要走出具有自身特色的发展合作模式，坚持南南合作的立场，也要积极参与全球民生治理体系，推动该体系不断完善，维护发展中国家整体利益。因此，中国需要加强民生领域的国际合作，坚持受援国主导的原则，将自身发展经验优势与发达国家在资金、技术方面的优势结合起来，进一步扩大合作，协商合作的路径，循序渐进地推进三方合作，使受援国受益，增强自主发展能力。

---

① "Capacity Development in Fragile States," 2011, p. 9, https：//www.acbf-pact.org/file/aci-report-2011pdf, accessed：2022-03-15.

第九章　构建和谐共生的中非命运共同体

生态文明是工业文明后产生的新的文明阶段，是遵循人与自然和谐共生、持续发展的社会形态。生态文明是人类文明发展的历史趋势，要妥善处理好工业文明带来的矛盾，督促人类把社会活动限制在生态环境能够承受的限度内，使得人与自然能够实现可持续发展。① 习近平总书记指出："生态文明建设是关系中华民族永续发展的根本大计。"② 纵观历史，横看世界，各国都有过因破坏生态环境惨遭自然反噬的案例，甚至出现过因生态环境退化导致文明衰落的惨痛教训，诸如古巴比伦。现今许多国家也面临着海水上升、荒漠化严重等环境问题，制约了国家的长远发展。习近平总书记高屋建瓴，从人类命运共同体的高度提出了地球生命共同体、人与自然生命共同体的概念，呼吁世界各国摒弃纷争，共同携手构建全球环境治理体系。在习近平生态文明思想的指导下，中非之间开展了诸多环境保护领域的交流与合作，搭建了中非环境合作平台，提升了中非环境治理能力，为实现中非可持续发展奠定了扎实的基础。

第一节　习近平生态文明思想

一　地球生命共同体和人与自然生命共同体

面对自然资源日趋缩紧、环境污染日益严重的威胁，人们越来越清醒地

---

① 黄承梁：《生态文明是人类文明发展进步的新形态和新道路》，《中国环境报》2021 年 7 月 19 日，第 3 版。

② 习近平：《论坚持人与自然和谐共生》，中央文献出版社，2022，第 1 页。

认识到保护生态环境是实现国家和民族可持续发展的必由之路。多年前，我国政府意识到保护生态环境的重要性，先后出台了一系列政策措施，推动生态文明建设取得积极成效。习近平总书记从维护人类命运共同体的角度，作出了生态文明思想相关论述，提出了地球生命共同体和人与自然生命共同体等概念，为全球生态环境治理贡献了中国智慧。

党的十八大以来，以习近平同志为核心的党中央高度关注生态文明建设，从思想上、法律上、制度上全面推进生态环保领域改革，完善生态文明顶层设计和制度体系建设，部署实施了一系列工作安排，使人民环保意识不断增强，生态环境保护取得重大实质性进步。生态文明建设进入了快车道。我国相继出台了《关于加快推进生态文明建设的意见》《生态文明体制改革总体方案》等政策文件，研究制定了诸多生态文明建设领域的改革方案，对生态文明建设的任务、目标等进行了详细规划，尤为有效的是将生态文明建设纳入党政领导干部的考核评价范围，要求领导干部职务调动前需要进行自然资源资产离任审计，对任期内破坏生态环境的行为予以严厉追责。为扎实推进破坏生态环境的行为追责制度，党中央专门制定了《中央生态环境保护督察工作规定》，向地方派遣中央生态环境保护督察组，狠抓当地破坏生态环境的突出问题，促进进驻地对环境污染问题立行立改，加快经济社会发展全面绿色转型，共同建设美丽中国。

习近平总书记在党的十九大报告中指出："坚持人与自然和谐共生。……必须树立和践行绿水青山就是金山银山的理念，坚持节约资源和保护环境的基本国策，像对待生命一样对待生态环境，统筹山水林田湖草系统治理，实行最严格的生态环境保护制度，形成绿色发展方式和生活方式，坚定走生产发展、生活富裕、生态良好的文明发展道路，建设美丽中国，为人民创造良好生产生活环境，为全球生态安全作出贡献。"① 此外，党的十九大还将"绿水青山就是金山银山"写入党章，2018 年召开的全国两会通过的宪法修正

① 习近平：《决胜全面建成小康社会　夺取新时代中国特色社会主义伟大胜利——在中国共产党第十九次全国代表大会上的报告》，人民出版社，2017，第 23～24 页。

案将"美丽中国"和"生态文明"写入宪法，进一步将生态文明建设提升到国家制度的层面，使生态文明建设实现了有理有据、有法可依。

马克思、恩格斯关于生态环境保护的观点认为，人类是自然界的产物，无论主观能动性多大，都不能摆脱对自然界的依赖，并始终受其制约。人类在与自然的互动中应该善待自然，那么自然也会馈赠人类；如果人类依靠科学技术征服了自然，那么自然也会对人施以报复。马克思、恩格斯的观点深刻反映了人与自然的关系，为我国生态文明建设提供了思想指南。在此基础上，我国进一步深化了马克思、恩格斯生态自然观，将生态文明建设纳入人类文明建设体系中，形成了"五位一体"的总体布局。中华文明绵延5000年未断，与我们先辈尊重自然、热爱自然的理念息息相关。我们的先辈主张天地人合一的生态理念，倡议人们遵照大自然规律活动，取之有时、用之有度。早在西周时期，我国为保护生态环境专门制定了虞衡制度，设立掌管山林川泽的官员，专职负责环境保护的政策制定与实施，如《周礼》记载了"山虞"和"林衡"分别执掌山林和林麓的政令；秦汉时期，进一步细分为林官、湖官、苑官等，该制度一直延续到清代，其中不少朝代对于破坏环境的行为都有较为严厉的处罚手段。[①] 2018年在全国生态环境保护大会上，习近平总书记结合中华传统文化，在马克思、恩格斯生态环境保护观点上进一步提出了适合我国国情的生态文明观，他提出："生态兴则文明兴，生态衰则文明衰。生态环境是人类生存和发展的根基，生态环境变化直接影响文明兴衰演替。"[②]

我国是一个人口大国，对生态环境的依赖程度很高，我国带头推进生态文明建设，其示范和引领作用将是世界性的。人类共同居住在同一个地球村，是一个休戚与共的命运共同体，单靠一国做好环境保护只是杯水车薪，它需要世界各国的共同努力。"生态文明建设关乎人类未来，建设绿色家园是人类的共同梦想，保护生态环境、应对气候变化需要世界各国同舟共济、

---

① 习近平：《论坚持人与自然和谐共生》，中央文献出版社，2022，第2页。

② 习近平：《论坚持人与自然和谐共生》，中央文献出版社，2022，第2页。

共同努力,任何一国都无法置身事外、独善其身。"① 为更好地应对全球气候变化,我们应该深度参与全球环境治理,积极引导全球环境治理的改革方向,提升我国的话语权和影响力。"一带一路"倡议是我国对外交往的顶层设计,应对气候变化是我国与共建"一带一路"国家共同面临的挑战,只有与共建"一带一路"国家共同携手守护良好的生态环境,才能实现"一带一路"建设的可持续发展。

战国时期儒家思想家荀子在《荀子·天论》中写到"天有其时,地有其财,人有其治。万物各得其和以生,各得其养以成"。老子在《道德经》中说"人法地,地法天,天法道,道法自然"。这些观念倡导的都是人类行为应遵循大自然规律,实现天地人三者统一。在中国传统生态文明思想的基础上,结合我国现今发展的实际情况,党中央站在人类命运共同体的角度,高屋建瓴地提出了"地球生命共同体"和"人与自然生命共同体"的概念。

(一)地球生命共同体

随着现代科学技术的高速发展,工业文明给人们生活带来了巨大便利,同时也给生态环境保护尤其是生物多样性带来了严重的威胁。当前,全球生物物种灭绝速度加快,大量物种将在未来几十年内灭绝,更有大量动植物生存空间受到威胁,生物链的破坏对人类的生存和发展大为不利。人们越来越意识到,地球是全人类共同的家园,破坏生态环境、丧失生物多样性将成为全人类面临的共同挑战。为共同应对气候变化带来的环境危机,习近平主席在《生物多样性公约》第十五次缔约方大会领导人峰会上提出:"保护生物多样性有助于维护地球家园,促进人类可持续发展。……国际社会要加强合作,心往一处想、劲往一处使,共建地球生命共同体。"② 地球生命共同体概念的提出标志着人类命运共同体概念有了进一步提升,将关注点从"人类"拓展到地球上所有的生命,大大拓宽了共同体涵盖的范围,体现了人们对地球上其他生物的关注,与中华传统文化中的万物和谐共生的理念相互融通。

---

① 习近平:《论坚持人与自然和谐共生》,中央文献出版社,2022,第13~14页。
② 习近平:《论坚持人与自然和谐共生》,中央文献出版社,2022,第291页。

面对生态环境的日益退化，世界各国应妥善处理不同制度之间的矛盾，分享生物多样性治理经验，探索生态文明建设新思路，积极支持各国保护生物多样性的环保事业，共同推动构建世界各国共同发展的地球家园。对待各国之间的纷争，应以国际法为基础，坚持公平合理的国际治理体系。"我们要践行真正的多边主义，有效遵守和实施国际规则，不能合则用、不合则弃。设立新的环境保护目标应该兼顾雄心和务实平衡，使全球环境治理体系更加公平合理。"①

应对气候变化的挑战，需要各国遵守相关法律法规。《联合国气候变化框架公约》及《巴黎协定》，是全球 3/4 以上数量的国家共同签署的旨在保护环境的国际法律文件，得到了世界上许多国家的认可，具有很强的指导性和操作性。法律的生命力在于实施。公约签署后需要签约国努力推进落实。"各方应该重信守诺，制定切实可行的目标和愿景，并根据国情尽己所能，推动应对气候变化举措落地实施。发达国家不仅自己要做得更多，还要为发展中国家做得更好提供支持。"② 这也是广大发展中国家的期盼，希望发达国家向发展中国家提供更多的资金和技术支持，共同推动经济社会绿色发展，筑牢人类生存的地球家园。

（二）人与自然生命共同体

一方面，唯物辩证法认为人与自然相互联系、相互制约，人类的生存和发展依赖自然，应遵循自然发展的客观规律，但人类有时候又不满足自然现有的现状，希望征服自然、改造自然。另一方面，人与自然又是相互对立的，人类为了改善生存环境又在不断地否定自然、改造自然。人类应树立正确的生态观念，遵循自然规律，实现人与自然的和谐统一。③ 恩格斯在《自然辩证法》中指出，人类不要过分陶醉于对自然界的胜利，每一次的胜利自然界都会对人类进行报复。④ 习近平总书记在人与自然辩证观点的基础上

---

① 习近平：《论坚持人与自然和谐共生》，中央文献出版社，2022，第 293 页。
② 习近平：《论坚持人与自然和谐共生》，中央文献出版社，2022，第 302~303 页。
③ 明媚、张紫竹、吴舜泽等：《重温马克思主义经典论述 学习习近平生态文明思想》，《中国环境报》2018 年 6 月 13 日，第 3 版。
④ 习近平：《论坚持人与自然和谐共生》，中央文献出版社，2022，第 134~135 页。

进一步衍生出人与自然生命共同体的概念，他提出"人因自然而生，人与自然是一种共生关系，对自然的伤害最终会伤及人类自身。只有尊重自然规律，才能有效防止在开发利用自然上走弯路"①。"自然是生命之母，人与自然是生命共同体，人类必须敬畏自然、尊重自然、顺应自然、保护自然。"②"人与自然是生命共同体，无止境地向自然索取甚至破坏自然必然会遭到大自然的报复。我们坚持可持续发展，坚持节约优先、保护优先、自然恢复为主的方针，像保护眼睛一样保护自然和生态环境，坚定不移走生产发展、生活富裕、生态良好的文明发展道路，实现中华民族永续发展。"③

生态环境是重要而脆弱的，使用过程中不觉得它的重要性，一旦破坏失去后将不复存在，对人类的生存将造成不可逆的严重后果。"要把生态环境保护放在更加突出位置，像保护眼睛一样保护生态环境，像对待生命一样对待生态环境，在生态环境保护上一定要算大账、算长远账、算整体账、算综合账，不能因小失大、顾此失彼、寅吃卯粮、急功近利。"④ 保护生态环境，关键是要靠人们的积极行动，要逐渐强化人民心中的生态文明意识，让大家都共同参与保护生态环境，守住自然界的安全边界和底线，转变绿色生产和消费观念，养成绿色健康的生产生活方式，形成人与自然和谐共生的格局。

保护生态环境也需要我们树立正确的绿色经济发展观，从"穷山恶水"转变为"绿水青山就是金山银山"的观念，不要以牺牲生态环境为代价去发展经济，损害后的修复工作将会付出更大的经济代价。"绿水青山既是自然财富，又是社会财富、经济财富。保护生态环境就是保护生产力，改善生态环境就是发展生产力。"⑤ 国家也在逐渐扭转只凭经济增长评定发展好坏

---

① 习近平：《论坚持人与自然和谐共生》，中央文献出版社，2022，第135页。

② 习近平：《论坚持人与自然和谐共生》，中央文献出版社，2022，第225页。

③ 习近平：《高举中国特色社会主义伟大旗帜　为全面建设社会主义现代化国家而团结奋斗——在中国共产党第二十次全国代表大会上的报告》，人民出版社，2022，第23页。

④ 《这件事上，习近平说"一定要算大账、算长远账"》，人民网，2020年6月5日，http://cpc.people.com.cn/n1/2020/0605/c164113-31736889-2.html，最后访问日期：2022年1月18日。

⑤ 习近平：《论坚持人与自然和谐共生》，中央文献出版社，2022，第63页。

的标准，制定相关法律法规，提高环境标准，对破坏生态环境的行为予以重罚，努力为子孙后代留下一个可持续发展的生活环境。

为切实做好生态环境保护工作，我国专门成立了中国生物多样性保护国家委员会，建立了中央和地方生物安全工作协调机制。2021 年 10 月，中共中央办公厅、国务院办公厅印发了《关于进一步加强生物多样性保护的意见》，确立了发展新理念、新目标、新要求，将生物多样性保护纳入各地区、各有关领域中长期规划，预计到 2035 年将全面完善生物多样性保护政策法规和检测体系，大幅提高生态管理水平，形成人与自然和谐共生的良好局面。[①]

二 构建全球环境治理体系

面对气候变化给全人类带来的威胁，靠一个国家单打独斗是无法解决的，只有各国团结起来，精诚合作才能克服国际政治经济政策变化给生态环境带来的不确定因素，才能达成广泛的共识，形成切实有效的应对气候变化的方案。习近平总书记多次在国际场合表示："中国愿同世界各国、国际组织携手合作，共同推进全球生态环境治理。"[②] 向世界表明了中国参与全球环境治理的决心。

在共同应对气候变化中，各国应树立正确的义利观，摒弃零和博弈的狭隘观念，积极主动地履行环境保护义务。鉴于各国经济实力、生态环境不同的实际情况，应从各国国情出发，考虑到发展中国家的困难，鼓励发达国家承担更多的国际责任，在资金、技术等领域给予发展中国家帮助，坚持共同但有区别的责任，实现互惠共赢。"对气候变化等全球性问题，如果抱着功利主义的思想，希望多占点便宜、少承担点责任，最终将是损人不利己。"[③] 发展中国家是遭受环境破坏较为严重的群体，为实现经济发展牺牲环境的代价更大，现今面临的改善环境风险的困难更多，面对这种情况，发展中国家

---

① 《关于进一步加强生物多样性保护的意见》，人民网，2021 年 10 月 20 日，http：//politics. people. com. cn/n1/2021/1020/c1001-32258372. html，最后访问日期：2022 年 2 月 10 日。
② 习近平：《论坚持人与自然和谐共生》，中央文献出版社，2022，第 97 页。
③ 习近平：《论坚持人与自然和谐共生》，中央文献出版社，2022，第 115 页。

更应团结起来，加强南南合作，密切信息、技术、经验的交流，共同应对生态失衡带来的不利影响。

作为世界上最大的发展中国家，我国一直积极响应号召，主动履行保护生态环境的义务。我国率先发布《中国落实 2030 年可持续发展议程国别方案》，向联合国交存《巴黎协定》批准文书，向国际社会作出了 2030 年前实现碳达峰、2060 年前实现碳中和的承诺，还将发布能源、交通等领域环境保护的实施方案，出台相关金融、税务、科技等综合保障措施，为全球环境治理提供中国方案。

"一带一路"倡议自发起以来，得到了众多共建"一带一路"国家的支持，开展了全方位的合作，我国高度重视共建"一带一路"国家的环境保护工作，在生态环保领域积极沟通对话，取得良好成效。2017 年 5月，我国发起成立"'一带一路'绿色发展国际联盟"，发布了绿色"走出去"行动倡议，呼吁共建"一带一路"国家践行绿色发展的新理念，提倡绿色低碳的生产生活方式，希望共建"一带一路"国家加强生态环保合作，共同努力实现联合国 2030 年可持续发展议程环境目标。该联盟的成立有助于为共建"一带一路"国家打造沟通对话、分享环境信息、交流转让技术的平台，促进共建"一带一路"国家达成绿色发展共识，推动共建可持续发展，实现联合国 2030 年可持续发展议程。为使"一带一路"绿色发展之路更有计划、更具有针对性，我国生态环境部还出台了《"一带一路"生态环境保护合作规划》，制定了到 2030 年推进生态文明和绿色发展的规划："到 2025 年，推进生态文明和绿色发展理念融入'一带一路'建设，夯实生态环保合作基础，形成生态环保合作良好格局。……到 2030 年，推动实现 2030 可持续发展议程环境目标，深化生态环保合作领域，全面提升生态环保合作水平。"[1] 该规划与联合国 2030年可持续发展议程方向一致，为未来共建"一带一路"国家加强生态环保

---

[1] 《关于印发〈"一带一路"生态环境保护合作规划〉的通知》，中华人民共和国生态环境部网站，2017 年 5 月 12 日，http：//www.mee.gov.cn/gkml/hbb/bwj/201705/t20170516_414102.htm，最后访问日期：2022 年 2 月 10 日。

合作提供了目标指南。我国还于 2016 年启动了"一带一路"生态环保大数据服务平台，平台主要依靠互联网、卫星等技术，为共建"一带一路"国家搜集整理了有关部门、企业、社会等机构提供的环保、政策法规、行业标准、专业技术等信息，方便共建"一带一路"国家及时了解各国的环保信息、学习和分享环保技术与经验，有效地服务于绿色"一带一路"建设。①

第二节　中非生态治理合作

近年来，在中非合作论坛的框架下，我国政府加大了对非洲国家，尤其是最不发达国家和容易遭受环境不利影响的非洲国家的援助力度，在对非投资结构中将新能源和清洁能源作为中非合作的优先领域，对非援助中许多项目也开始向气候变化领域倾斜，包括气候监测技术培训、自然灾害预警监测和应对机制、改善清洁能源的设备等基础设施建设。我国多年来在环境领域对非洲国家的帮助，以及不带任何附加条件的援助，对维护与非洲国家的友谊奠定了扎实的基础，也使我国与非洲国家在应对气候环境国际会议中能相互支持，为中非深入开展经贸文化等其他领域的交流合作奠定了基础。

一　中非生态治理合作的必要性

面对国际风云变幻的考验，66 年来，中非始终携手共进、通力合作，探索适合中非国情的发展道路，维护中非共同利益，结下了珍贵的友谊，为构建新型国际关系树立了典范。当前，中非关系呈现出前所未有的生命力，为中非发展提供了重大机遇，中非双方应继续结伴前行，把握好时代的机遇，加强务实合作，推动中非关系走深走实。在中非合作论坛和"一带一路"倡议的推动下，中非之间开展了能源、基础设施建设等领域的合作，取得了良好的经济效益。随着合作的深入开展，也相应出现了一些发展中的

---

① 《"一带一路"生态环保大数据服务平台网站启动——赵英民出席启动活动》，《中国环境报》2016 年 9 月 28 日，第 1 版。

问题，非洲国家高度关注生态环境保护，但在经济发展过程中尤其是资源开发和工程建设中不可避免地会对当地环境造成一定影响，增强中国投资企业和公民的生态环保意识成为维护中非关系可持续发展的必由之路。党的十八大作出大力推进生态文明建设的战略决策，党的十九大报告进一步提出要建设人与自然和谐共生的现代化，构建人类命运共同体，显示了我国加强生态文明建设的决心。中国和非洲国家共住地球村，是兴荣与共的命运共同体，顺应自然、保护自然是中非人民的共同责任，也是民族延绵发展的共同追求，符合中非双方的共同利益。加强中非生态文明建设仍然任重道远，需要密切双方在生态环境保护领域的交流与合作，增强企业和公民的环保意识，强化制度建设保障，发挥示范项目的带动作用，巩固发展成果。

二　中非生态治理合作的基本原则

为促进中非开展生态环境合作，我国政府和非洲国家高层签订了相关的政策性文件，为中非环境合作提供了政策依据。

2000年，中非共同搭建了"中非合作论坛"交流平台，自此，中非之间开展了宽领域、深层次的合作。2006年11月，在北京召开的中非合作论坛北京峰会暨第三届部长级会议通过了《中非合作论坛——北京行动计划（2007—2009年）》。从该计划中可以看出中非双方意识到环境保护对中非可持续发展的重要意义，中国政府出资设立了联合国环境规划署—中非环境中心，非洲国家予以高度肯定。之后，中非将继续推动能力建设、水污染和荒漠化防治、生物多样性保护、环保产业和环境示范项目等领域的合作，加强环保领域对话与交流，增加培训非洲国家环境管理人员和专家的数量，与联合国环境规划署共同开展多边环保合作。[①] 该计划为中非环境保护合作开了好头，自此，环境保护合作被纳入中非合作论坛相关文件中，并在此基础上逐渐深化。

2009年11月，在埃及举行的中非合作论坛第四届部长级会议通过了《中

[①] 《中非合作论坛北京行动计划（2007—2009年）》，中非合作论坛官网，2006年11月5日，http：//www.focac.org/chn/zywx/zywj/200909/t20090917_8044399.htm，最后访问日期：2022年2月7日。

非合作论坛——沙姆沙伊赫行动计划（2010—2012 年）》，在该计划中，气候变化问题被提上更重要的议程，非洲国家认为气候变化产生的破坏已经影响到当地的发展，对提高适应气候变化能力的需要更为迫切。为积极响应非方诉求，我国采取了多种途径帮助非洲国家改善生态环境：为非洲国家举办研修与培训项目；建立中非应对气候变化伙伴关系，密切高层往来；为非洲国家援助沼气、太阳能等清洁能源和供水项目；向非洲国家提供气象监测、环保领域的卫星数据；加强生物多样性保护，提高荒漠化治理和监测能力；等等。① 这些措施更为务实可行，大大提升了中非环境保护合作能力。

2015 年 12 月在南非召开的中非合作论坛约翰内斯堡峰会第六届部长级会议通过了《中非合作论坛——约翰内斯堡行动计划（2016—2018 年）》，中非双方进一步达成加强中非环境合作的共识，希望推动中非绿色金融对话与合作，探索中非间政府与社会资本环境合作模式，促进非洲国家绿色发展。双方进一步拓展了合作范围，我国积极支持非洲国家保护野生动植物资源，加强水资源管理和废弃矿山的恢复，完善双方气候变化协商磋商机制。对于我国出资 200 亿元成立的中国气候变化南南合作基金，非洲国家予以高度肯定，希望帮助非洲提升适应气候变化的能力，做好减灾救灾工作。②

2018 年 9 月，在中非合作论坛北京峰会上，习近平主席首次提出了"打造和谐共生的中非命运共同体"概念，他表示："中国愿同非洲加强在应对气候变化、应用清洁能源、防控荒漠化和水土流失、保护野生动植物等生态环保领域交流合作，让中国和非洲都成为人与自然和睦相处的美好家园。"③ 为此，论坛第七届部长级会议通过了《中非合作论坛——北京行动

---

① 《中非合作论坛——沙姆沙伊赫行动计划（2010 至 2012 年）》，中非合作论坛官网，2009 年 11 月 12 日，http://www.focac.org/chn/zywx/zywj/200911/t20091112_7875842.htm，最后访问日期：2022 年 2 月 13 日；以正文标题名为准。

② 《中非合作论坛——约翰内斯堡行动计划》，中非合作论坛官网，2015 年 12 月 25 日，http://www.focac.org/chn/zywx/zywj/201512/t20151224_8044410.htm，最后访问日期：2022 年 2 月 13 日；以正文标题名为准。

③ 习近平：《携手共命运 同心促发展——在二〇一八年中非合作论坛北京峰会开幕式上的主旨讲话》，《人民日报》2018 年 9 月 4 日，第 2 版。

计划（2019—2021 年）》，此计划在以往基础上对"生态保护和应对气候变化"做了进一步优化，包括落实"中非绿色发展合作计划"，帮助非洲实施 50 个绿色发展和生态环保援助项目，推进森林可持续经营合作，开展竹藤国际合作示范项目，加强荒漠化防治能力，在灾害应急期间向非洲国家提供制图服务等。① 这些措施从官方层面的合作逐渐延伸到实务领域，愈加契合中非环境合作的宗旨，使老百姓感受到中非合作带来的好处。会议通过的《关于构建更加紧密的中非命运共同体的北京宣言》提出，中非将合作应对气候变化，维护生物多样性，共同打击野生动植物非法贸易，构筑绿色发展的全球生态体系，保护人类赖以生存的家园；密切环保领域国际合作，呼吁发达国家落实承诺，给予非洲国家改善环境的资金、技术支持。②

2021 年 11 月，中非合作论坛第八届部长级会议将环境合作提上了新的高度。随着"一带一路"的深入推进，几乎所有非洲国家都加入了"一带一路"倡议，要从实现战略长远发展的角度出发，推动共建"一带一路"国家实现绿色发展。在双方制定的《中非合作 2035 年愿景》中，规划了"九项工程"，其中一项是绿色发展工程，即中国将为非洲援助实施 10 个绿色环保和应对气候变化项目，支持"非洲绿色长城"建设，在非洲建设低碳示范区和适应气候变化示范区。本届会议还通过了《中非合作论坛第八届部长级会议达喀尔宣言》（简称《达喀尔宣言》），呼吁积极构建环境友好型社会，充分发挥中国—非盟能源伙伴作用，增加清洁能源比重，反对不负责任的破坏行为，加大生态环境保护力度。③ 为密切中非合作，本次会议还专门通过了中非应对气候变化的官方文件——《中非应对气候变化合作

---

① 《中非合作论坛——北京行动计划（2019—2021 年）》，中非合作论坛官网，2018 年 9 月 5 日，http://www.focac.org/chn/zywx/zywj/201809/t20180905_7875851.htm，最后访问日期：2022 年 2 月 13 日。

② 《关于构建更加紧密的中非命运共同体的北京宣言（全文）》，中国政府网，2018 年 9 月 5 日，http://www.gov.cn/xinwen/2018-09/05/content_5319301.htm，最后访问日期：2022 年 2 月 14 日。

③ 《中非合作论坛第八届部长级会议达喀尔宣言（全文）》，中国政府网，2021 年 12 月 2 日，http://www.gov.cn/xinwen/2021-12/02/content_5655364.htm，最后访问日期：2022 年 2 月 14 日。

宣言》，该宣言是针对双方关切的气候变化问题，探索适合中非国情的绿色发展之路的专门文件，主要从加强国际合作、资金支持、技术合作、合作领域、气候投融资、交流平台建设等方面做了规定，为未来中非应对气候变化的具体合作提供了指南。在国际层面，中非双方达成了团结合作的意向，愿意在《联合国气候变化框架公约》《京都议定书》《巴黎协定》等多边条约下加强合作，坚持在公约确立的共同但有区别的责任原则和根据各自能力为改善气候环境作出贡献的原则下，为国际社会改善气候环境作出力所能及的贡献。呼吁发达国家加大对非洲国家改善环境的资金支持，并对未来继续给予非洲国家资金支持提前做好规划。在南南合作层面，中非将加快相关合作文件的签署，推动示范区建设，协助非洲国家专业人才队伍培养，强化南南合作项目对帮助非洲加强能力建设的引领作用。在中非合作层面，中国和非洲国家将建立新时代中非应对气候变化战略合作伙伴关系，全面拓宽合作领域，包括环境监测、气候预警、清洁能源等，甚至在高精尖技术合作上也有了较大进展，我国将会与非洲国家分享我国多年来探索的高分辨率观测系统、卫星导航系统、气象卫星等高端技术成果，帮助非洲国家提升防灾减灾的能力。我国还将支持非洲国家提出的绿色环保倡议，如"绿色长城"计划、非洲农业适应倡议、非洲适应倡议等。中非金融机构在投融资过程中，也逐步倾向符合国际环境保护标准的项目，加强环境风险监测，在信息披露中增加环境信息、绿色低碳管理等内容，让民众看到中非在保护环境方面作出的努力。①

上述政策文件的通过为中非间开展应对气候变化合作提供了制度保障，使得中非绿色发展合作道路逐渐清晰，为中非未来发展指明了方向。

三　中非生态治理合作平台

2015 年通过的《中非合作论坛——约翰内斯堡行动计划（2016—2018

---

① 《中非应对气候变化合作宣言（全文）》，中非合作论坛官网，2021 年 12 月 2 日，http：//www.focac.org/chn/zywx/zywj/202112/t20211202_10461235.htm，最后访问日期：2022 年 2 月 14 日。

年）》首次提出将在"中国南南环境合作-中非绿色使者计划"框架内设立中非环境合作中心。为落实行动计划提出的要求，中国生态环境部、肯尼亚环境部和联合国环境规划署于 2017 年 12 月在第三次联合国环境大会期间共同签署了《联合成立中非环境合作中心合作意向书》，三方决定将共建中非环境合作中心。2018 年，习近平主席在中非合作论坛北京峰会上重申了"推进中非环境合作中心建设"的倡议，希望中非加强环境政策领域交流对话和相关问题联合研究。2020 年 11 月，中非环境合作中心在北京启动，该中心以开放、包容、自愿为宗旨，主要围绕"中非绿色使者计划""中非绿色创新计划"等项目开展合作，它的成立是深化中非环境合作的重要举措，为中非在环境领域加强政策交流对话、推动环境产业技术合作、开展相关问题联合研究搭建了新的交流合作平台，与联合国 2030 年可持续发展议程和非盟《2063 年议程》的宗旨目标相契合。非洲国家对环境保护、气候变化等问题高度关注，希望借助中非环境合作中心的平台，吸收借鉴各国环境治理的先进经验，学习他国的先进技术，提升非洲国家环境治理的水平。未来，中非双方可以通过该平台，开展沟通对话，探索符合中非特色的绿色发展合作道路，推动实现"中非绿色创新计划"，促进中非气候变化合作项目的实施。

随着"一带一路"倡议的深入实施，几乎所有非洲国家都成了"一带一路"倡议的联盟国，在该倡议下设立的相关环境保护机构也是中非开展环境保护合作的重要平台。"一带一路"绿色发展国际联盟是由我国生态环境部和共建"一带一路"国家的环保部门、国际环保组织共同发起成立的机构，旨在促进共建"一带一路"国家达成绿色发展国际共识，推动各国加强环境保护联合研究，为环保绿色发展提供支持建议。该联盟现有成员包括安哥拉、埃塞俄比亚、冈比亚、肯尼亚、毛里求斯等国家环境保护主管部门，联合国环境规划署、绿色气候基金、国际自然保护联盟等国际政府间组织，以及部分非政府组织和高端智库，这些机构为促进绿色发展积极努力，发布了《"一带一路"绿色发展展望》系列研究报告，多次以绿色投融资、绿色发展展望、绿色创新等主题召开国际研讨会，取得了良好的社会效果。

截至 2021 年底，该联盟为方便我国企业赴共建"一带一路"国家投资编撰了"'一带一路'环境政策法规标准蓝皮书（中东欧篇）""'一带一路'环境政策法规标准蓝皮书（东南亚篇）"，着重介绍了主要投资国家的环境政策、环境法律、环境标准、该国签署的环境领域的国际条约、相关环保案例，并在此基础上提出了意见建议，具有很强的实用性，但非洲篇尚未出台，希望该联盟能继续关注非洲国家环境政策法规，为我国企业投资提供便利。[①]

"一带一路"生态环保大数据服务平台是利用当前先进的互联网大数据等技术，汇总共建"一带一路"国家的环保政策，为共建"一带一路"国家开展环保交流提供了信息支撑。该平台收集了共建"一带一路"国家二氧化碳排放量、能源消耗、国际湿地分布、降水、人均可再生内陆淡水资源等方面的具体数据，还提供了部分环境治理的经典案例。自成立以来，该平台发布了 8 期《"一带一路"生态环保大数据分析报告》，及时跟踪重点国家环保政策变化动态，提供相关投资资讯，是我国企业绿色投资的重要参考资料。尽管该平台汇总了近百个共建"一带一路"国家的环境管理信息，但是仅包括 37 个非洲国家，且因资料查找困难和语言差异等因素，基本的环保法律、环保标准、环境数据等信息尚且缺乏，对非洲国家环保信息的收集工作仍有待加强。

中非环境合作相关平台的成立对促进中非开展环境合作意义重大，尽管刚刚处于起步阶段，但为中非环境领域合作开了个好头，为后续丰富合作内容打下了扎实的基础，在双方的共同努力下，平台建设将会越来越完善，也将对双方开展合作发挥越来越重要的作用。

四　中非生态治理经验交流

中非在环境保护领域交往频繁，召开过多次交流研讨会，为双方分享环

---

① 以上数据来自"一带一路"绿色发展国际联盟官网，http://www.brigc.net/，最后访问日期：2022 年 2 月 14 日。

境保护的经验、促进生态合作提供了便利。

2012 年 7 月，"中非绿色合作　引导未来经济"研讨会在北京举行，该研讨会由中国环境与发展合作委员会和世界自然基金会联合主办。会议围绕加强环境和社会风险管理，推广清洁技术、清洁能源、清洁用水和食物，实现绿色经济发展等议题进行了深入研讨。针对中非双方面临的人口、资源和生态环境等问题，中方建议要促进环境保护与经济发展良性互动，进一步创新中非绿色发展合作模式，着重在环境无害化机制、清洁生产等方面深化合作，开展环境合作示范项目，协调区域环境能力的建设，促进中非双方绿色发展。①

2014 年 6 月，中非环境合作部长级对话会在肯尼亚举行，会议由联合国环境规划署、中国环境保护部、非洲国家环境部长会议共同主办，会议有40 多个非洲国家环境部门的 120 多名代表出席。双方同意合作打造中非环境合作升级版，共同提升中非环境合作水平，促进双方在生态环境保护等领域的交流与合作，扎实开展中非生态环保合作工程，会上中方还提议开展"中国南南环境合作-中非绿色使者计划"，共同分享环境治理经验，密切环境保护领域技术交流，加强环境保护能力建设，共同探索绿色发展之路。②为促使中非环境合作更加务实有效，会议期间中国还与南非等部分非洲国家签署了环保方面的双边备忘录，在保护野生动物、废品回收等方面做了更具可操作性的规定。③

中非合作论坛期间，环境保护一直都是一个重要议题，而且占据的分量越来越重，在论坛通过的宣言、计划中环境保护的篇幅越来越大，内容也从

---

① 《"中非绿色合作　引导未来经济"研讨会在京召开》，中国新闻网，2012 年 7 月 16 日，https：//www. chinanews. com. cn/cj/2012/07－16/4036595. shtml，最后访问日期：2022 年 2 月 17 日。

② 《环境保护部：积极打造中非环境合作升级版》，中国政府网，2014 年 6 月 26 日，http：//www. gov. cn/xinwen/2014－06/26/content_2708307. htm，最后访问日期：2022 年 2 月 17 日。

③ 《【中非合作世界说】环境事务部部长：中非合作令人瞩目》，央视网，2018 年 8 月 23 日，http：//m. news. cctv. com/2018/08/23/ARTIc2jMGIFNShAWyWWrNEPN180823. shtml，最后访问日期：2022 年 2 月 17 日。

官方合作逐渐拓展至民间商业合作，合作方式也从单一的环保部门合作延伸至金融、税务等部门的联动，交流方式逐渐增多，成效有了大幅提升，推动中非交流逐步走向务深务实。

近年来，非洲地区地震、台风、干旱等灾害以及恐怖主义等战乱导致非洲国家经常遭受人员伤亡和财产损失，我国尽己所能施以援手，对利比亚战乱、叙利亚动荡等提供了大量的救灾物资，还提供了大量的资金援助。以非洲国家2011年遇到的粮食危机为例，当年部分非洲国家遭遇了严重的旱灾，3000万多民众处于饥荒之中，为支援非洲国家受灾民众，我国2011年向肯尼亚、索马里、埃塞俄比亚等受灾国家提供了4.4亿元的紧急粮食援助，2012年向乍得、马里等受灾国家提供了7000万元的粮食援助。曾前往埃塞俄比亚的专家经过多年探索研究，帮助当地改良了甜瓜种植法，使得当年果农喜获大丰收，部分志愿者还将我国积累的沼气池修建经验传授给当地民众，帮助他们实现有效利用清洁能源的目的。为帮助非洲国家应对气候变化提供便利，我国与埃塞俄比亚、尼日利亚、贝宁、布隆迪、喀麦隆等国家签署了《关于应对气候变化物资赠送的谅解备忘录》，向相关国家捐赠了数以万计的节能灯和节能空调。我国对于非洲国家灾后的情况也非常关注，积极参与灾后重建工程，2012年刚果共和国发生爆炸事件后，我国帮助刚果援建了灾民住房，积极帮助该国进行灾后重建。[①]

我国还帮助非洲国家启动了自动气象观测站、高空观测雷达站等设施筹建工作，2019年12月，我国在太原执行"一箭九星"发射任务，其中一颗卫星是援助给埃塞俄比亚用于观测本国农业、林业、水资源等受气候变化影响的卫星，该卫星可以通过技术分析推演未来埃塞俄比亚的气候变化趋势，为其应对气候变化、制定灾害预警机制提供巨大的便利。在卫星的发射过程中，我国对埃塞俄比亚科研人员进行了专业培训，发射成功后的地面应用、

[①] 《〈中国的对外援助（2014）〉白皮书（全文）》，中华人民共和国商务部网站，2014年12月5日，http://yws.mofcom.gov.cn/article/m/policies/201412/20141200822172.shtml，最后访问日期：2022年2月18日。

卫星操控等技术还需要我国继续派遣专家协助埃塞俄比亚完成后期控制和使用。后续我国还将继续与埃塞俄比亚进行技术合作，联合研制第二颗卫星，提高当地的航空技术水平。① 帮助埃塞俄比亚发射首颗卫星，有助于其做好气候预警工作、发展现代农林业，是我国与非洲国家在应对气候变化领域合作的重大突破，也是我国应对气候变化"南南合作"的示范项目，对未来推动中非应对气候变化合作意义深远。

非洲野生动植物资源丰富，受经济利益驱使，偷猎和走私大象、犀牛、穿山甲等濒危动物的行为时有发生，威胁到珍稀物种的生存发展，破坏了当地的生态平衡。针对破坏野生动植物资源等违法犯罪行为，我国于2013年初、2013年末、2015年与有关非洲国家开展过三次打击走私濒危物种犯罪的联合行动，取得了显著的成绩，沉重地打击了偷猎珍稀动植物的犯罪行为，有效地遏制了走私濒危物种的高发势头。② 在肯尼亚走私象牙事件中，我国和肯尼亚有关部门协调配合，成功抓捕了走私象牙团伙的主犯；为配合非洲国家开展联合行动，我国选派了专业执法人员借调至卢萨卡议定书执法特遣队，与肯尼亚方面促成了打击濒危物种跨境犯罪的联合抓捕团队，取得了一定的成果；我国还邀请有关国际生物保护专家，在肯尼亚举办了控制濒危物种非法贸易研讨会，增强了培训人员的生态保护意识。③

加强人员培训也是我国开展对非环境援助和技术交流的重要途径。在2005年至2012年短短的数年间，我国政府拨付援外资金，由商务部、生态环境部联合组织举办了12期"中非环境管理研修班"，培训了非洲300多

---

① 《［新闻直播间］我国成功发射首颗援助埃塞俄比亚卫星》，央视网，2019年12月20日，http://tv.cctv.com/2019/12/20/VIDETHomonltdWpGmkUM5hun191220.shtml，最后访问日期：2022年2月18日。

② 《眼镜蛇一号行动》，国务院新闻办公室网站，2015年6月1日，http://www.scio.gov.cn/ztk/dtzt/2015/32899/32903/Document/1436130/1436130.htm，最后访问日期：2022年2月18日。

③ 《中国主导跨国联合行动 严厉打击走私濒危物种犯罪》，中国政府网，2014年2月10日，http://www.gov.cn/jrzg/2014-02/10/content_2582572.htm，最后访问日期：2022年2月18日。

名政府官员。培训的主题集中于非洲国家关注的水污染和水资源开发利用、环境保护管理、环境监测、评价机制等内容，分享了我国发展经济、改善环境的经验与教训，为非洲国家加强环境治理提供了切实可行的建议，得到了研修班学员的高度认可，成为南南合作的典范。[①]

2006 年中国政府发表了《中国对非洲政策文件》，提出中国愿意与非洲国家积极推动中非在气候变化、荒漠化防治和生物多样性等环境保护领域的合作，确定了中非在生态环境领域的未来合作方向。近几年，中国与非洲国家在推动可持续领域的环保合作项目已逐渐展开，在塞内加尔、马里、尼日尔等国农村大力推广使用太阳能集热器，与突尼斯、几内亚等国开展了沼气技术合作，为喀麦隆、布隆迪、几内亚等国援建水力发电设施，还与摩洛哥、巴布亚新几内亚等国开展太阳能和风能发电方面的合作，全方位、多角度与非洲国家开展了环保合作，取得了良好的经济效益和社会效益。

中国提出的绿色发展道路，在不损害基本生态平衡的条件下实现经济增长与发展模式的转变。为此，中方在绿色发展、生态环保等领域开展 50 个对非援助项目，包括海洋环境、应对气候变化、防治荒漠化、野生动植物保护等方面。此外，中方正在推进中非环境合作中心建设，加强环境政策交流对话，推动环境问题联合研究。这些项目有助于开展中非绿色使者计划，在环保管理、污染防治、绿色经济等领域为非洲培养专业人才。以竹文化为例，中非双方首先将在埃塞俄比亚建设中非竹子中心，以助力非洲发展竹藤产业。该中心将从促进就业、食品、建筑、文具、纺织、医药等方向对竹子的文化、种植及开发进行研究。中非共同体内的这些绿色发展倡议或已成为世界全面发展的先决条件。

中非双方在政府层面签署了环保合作的官方文件，搭建了沟通合作平台，为企业合作提供了制度保障。中非对优美环境有着共同的向往，

---

① 《环保部副部长：中非环境与发展合作进入绿色发展新阶段》，央视网，2012 年 7 月 16 日，http：//news.cntv.cn/20120716/116890.shtml，最后访问日期：2022 年 2 月 18 日。

自从中非合作论坛成立以来，双方一直在努力加强环境保护等方面的合作，出台相关政策，成立了多个促进中非环境合作的机构和平台，切实落实了习近平主席提出的"八大行动"中和谐共生的主张，取得了积极实效。

五　中非生态治理合作面临的新挑战

当前世界正处于百年未有之大变局，国际经济、环境领域都在经历着深刻的变革，加强中非环境保护领域的合作有利于推动构建人类命运共同体。在中非合作论坛的框架下，中非环境保护合作已经取得长足进步，但离非洲国家的期望仍有距离，双方合作也面临诸多挑战。首先，新冠疫情的暴发给双方合作带来的影响尤为明显，疫情阻断了中非民间的人文交往，原定的高层论坛、专业培训班等活动无法正常举行，环保领域人文交往也随之减少，我国援外环境工程项目被迫停滞，这些因素都对双方的交流合作造成一定影响。尽管可以通过视频等线上方式举行部分活动，但是活动内容和形式大为受限，难以达到预期的效果。疫情的影响还在持续，短时间内对中非开展交流合作仍会产生负面影响。其次，自中非合作论坛成立以来，我国对非洲投资额大幅上升，中非合作日益密切，引来部分西方国家的不满，对我国在非投资项目进行舆论误导，影响了我国政府多年来树立的良好形象。为争取非洲伙伴的继续支持，我们仍需持续发力，加快对非投资产业结构升级，创新环保技术在非洲的使用，帮助非洲国家提升应对气候变化的能力，继续赢得非洲国家的信任与支持。最后，我国对非投资企业的环保意识有待增强。以往我国部分企业存在重逐利、轻保护的情况，只看到短期的利益，社会责任意识不强，加上语言障碍导致解释力度不足，客观上造成了非洲当地民众的误解。"罗马不是一天建成的"，中非环境保护合作任重而道远，需要双方共同努力，进一步将环保合作推向务实合作。中非生态文明建设符合双方可持续发展的诉求，为中非合作提供了新的契机，也为中非实现绿色发展提供了广阔的平台。

第三节　中非生态治理合作前景展望

一　倡导绿色投资，加强对非投资建设过程中的环境保护

我国实施"一带一路"倡议以来，共建"一带一路"国家携手合作，聚焦发展问题，取得了良好的经济效益和社会效益。随着倡议的深入推进，"一带一路"绿色发展之路是高质量发展的必然选择，也是时代发展的大趋势。推动绿色发展，共同应对气候变化，是共建"一带一路"国家面临的共同课题。我国在实施"一带一路"绿色发展道路上具有天然的优势，曾经也走过先污染后治理的老路，在整治污染方面积累了一定的经验，近年来我国积极探索使用清洁能源和可再生能源取得良好效果，这些技术具有较强的可复制性，能在短期内将相关经验和技术在共建"一带一路"国家中推广。非洲是"一带一路"倡议的重要组成部分，是我国境外投资的重点地区，推动"一带一路"绿色发展能带动中非绿色发展向前推进。为实施"一带一路"绿色发展，在该框架下建立了"一带一路"生态环保大数据服务平台和"一带一路"绿色发展国际联盟，中国和非洲国家可以共享这些平台的相关数据，为双方开展务实环保合作提供了巨大便利。

此外，近年来，我国企业对非投资热情高涨，已有超过 3500 家企业在非洲投资设厂，为带动当地经济发展、促进就业发挥了积极作用。2020 年对非新增的直接投资达到 42 亿美元，是 2003 年的 56 倍，投资存量超过 434 亿美元，促使中国发展成为非洲第四大投资来源国。[①] 我国对非投资项目主要集中在基础设施建设、能源、交通等领域，当地民众存在一些误解，部分西方国家借机错误地引导舆论，宣称我国对非投资目的是攫取当地资源，破坏了当地生态平衡。为攻破西方国家的不利舆论、消除非洲国家的顾虑，我

---

① 《商务部：截至 2020 年底中国对非投资存量超过 434 亿美元》，央视网，2021 年 11 月 17 日，https://news.cctv.com/2021/11/17/ARTIUKpNpuPaxHg7wYaeNISG211117.shtml，最后访问日期：2022 年 2 月 18 日。

国企业要树立强烈的环保意识，在投资过程中要着重关注当地环境的保护，研究当地的环保标准，加快软环境建设，对照非洲国家环保标准及时调整企业的投资行为，可以向当地社会主动公开企业在环保节能方面作出的努力，树立中国企业注重环境保护的国际形象。同时，我国企业也要担起绿色发展的责任，加快产业结构优化升级，贯彻低碳环保的发展理念，创新节能环保技术，将更多节约资源和保护环境的项目投资到非洲大陆，用实际行动保护美丽山川和生物多样性，如此才能做到在国际竞争中具有竞争力。

随着经济社会的快速发展，非洲国家对改善生态环境的需求有了较大的变化，不再满足于以往对煤炭等不可再生资源的开发，更希望能承接一些低碳环保、有利于环境社会可持续发展的项目，且对高端新兴技术有了更高需求，希望能更多获得外国的高端科技项目的投资，帮助非洲国家加强能力建设，逐渐实现自主掌握相关技术，促进自身长远发展。为契合非洲国家对生态环保的需求，中国和非洲国家在开展生态环境保护交流中，应充分考虑当前非洲国家的需求，在环境新兴领域如光伏、风能、沼气等可再生资源以及低碳排放、高效节能技术等有利于生态环境保护的方面加强合作，减少高耗能高排放的项目，加大对绿色环保产业项目的投资，帮助非洲国家推动产业结构优化升级。

2022 年 1 月，生态环境部、商务部联合制定了《对外投资合作建设项目生态环境保护指南》，旨在推动对外投资合作可持续发展和绿色"一带一路"建设，鼓励企业将生态环境保护纳入自身发展战略中，提高企业环境管理能力。项目开工前，企业可以专门针对环境领域开展尽职调查和生物多样性调查，评估并购行为可能对环境造成的生态风险，采取必要措施降低不利影响；施工期间，坚持生态优先、绿色施工，做好噪声、辐射和固体废物污染的控制，减缓温室气体排放，减少土石开挖和临时场地占用，减轻对野生生物及周边居民的噪声和扬尘等影响；施工结束后，及时修复遭到破坏的生态环境，尽量使其恢复到施工以前的状态，减少施工行为对生态环境的影响。重大工程类项目选址应慎重考虑，避免占用自然保护区和重要生物栖息地，对野生动植物栖息地造成重大影响，确实无法避免的，也应尽量采取措施予以补偿。如果施工期间突发环境事件，施工企业要及时向驻外使领馆、企业总部及当地管理部门报告，妥善处理环境事件。[①] 我国企业要提高站位，清醒地认识到短期内强化环境保护责任对企业投资可能造成一定的负担，但是要想实现中非合作的可持续发展，想在国际竞争中提高竞争力，就应该积极响应非洲国家的环境保护诉求，从互利共赢的角度谋求发展，认真遵守全球应对气候变化的政策法规，为投资东道国应对气候变化作出贡献才能赢得当地的尊重，才能谋得长远的发展。

二 提升环保技术，建立健全环境保护法律体系

环境项目合作离不开金融领域的支持。中国对非投资的增长大大激发了绿色投融资的潜力，我国传统的对非投资项目主要集中在基础设施建设、能源、化工等行业，这些行业具有较高的环境敏感性，对绿色投融资的需求有大幅提升。环境保护和治理项目拓展了我国对非合作的空间，为绿色投融资发展带来了重大机遇。我国的绿色信贷政策也正在引导更多资金流向节能环保行业，成为推动中非环境保护事业发展的动力。非洲国家数量众多，对于环境保护的定义不尽相同，有些国家的环保标准与我国有较大差异，这给深化项目合作带来了挑战。为推动相关项目的顺利落实，中国可同非洲国家协商妥善处理不同标准造成的差异，量化投资绿色效应。非洲金融机构对中非项目合作前景发挥着重要作用，我国金融机构可与非洲国家金融机构、非洲开放银行等区域性金融机构在气候投融资领域加强合作，共享重大灾害、气候变化等信息，打造适合中非双方国情的绿色低碳供应链，使中非在信息传递、物资供应、资金流通等方面的沟通交流更顺畅。对于既符合环保准入条件又有利于经济社会发展的项目，如天然气发电、氢能发展项目等，可酌情给予政策上的倾斜与支持。

中非双方合作项目的顺利开展和推进离不开法律的保驾护航。国际环保

---

① 《关于印发〈对外投资合作建设项目生态环境保护指南〉的通知》，中华人民共和国生态环境部网站，2022 年 1 月 6 日，https：//www.mee.gov.cn/xxgk2018/xxgk/xxgk05/202201/t20220110_966571.html，最后访问日期：2022 年 2 月 18 日。

投资项目通常具有资金巨大、周期较长、涉及面广等特点，企业在项目开展前期应做好充分的尽职调查工作，包括投资所在地非洲国家的环境保护法、劳工法、税法、知识产权法、民法、商法等法典，使中国在非洲的投资符合当地政策法律，确保投资项目能正常实施下去。除成文法律之外，投资者也要充分了解当地的风土人情和风俗习惯，部分惯例法对投资者行为也进行了规范，如果违反了相关惯例法，可能会导致项目实施遇到障碍。鉴于非洲国家数量众多，官方语言不尽相同，非洲环境保护的法律规定也各有特点，要求一个计划前去投资的企业对上述如此纷繁复杂的法律进行翻译、理解、适用确实存在一定的困难，国内有关科研机构人才优势更为明显，且拥有对非洲法律问题研究的基础，更容易对上述法律问题进行说明阐释。鉴于此，建议国内相关科研机构加大对非洲环境相关法律的研究，为企业赴非洲投融资提供智力支持。

三　重视理念交流，展开多层次对非环境合作

作为世界上最大的发展中国家，尽管中国也同样面临着消除贫困、改善民生、保护环境等挑战，但是中国对非合作中始终秉持着真实亲诚理念，积极履行大国责任，践行人与自然和谐共生的主张，为深化中非生态文明合作努力奋斗。党的十八大以来，习近平总书记大力建设生态文明，人们推动绿色发展的自觉性和主动性显著增强，对外投资过程中也更重视对当地环境的保护。中非的发展在民心，要实现民心相通，需要我国企业和公民进一步强化环保意识，切实采取行动推动中非生态文明合作，通过多渠道提升非洲国家应对气候变化的能力，广泛宣传我国企业在改善当地环境采取的措施和有效成果，履行好社会责任，彰显责任担当，实现中非生态文明合作的长远发展。前进的道路从来都不是一帆风顺的。在中非生态文明合作的道路上遇到困难和挑战是必然的，但也只是暂时的，只要双方共同努力，团结起来，未来也将拥有广阔的发展前景。

对非环境合作是一项系统工程，需要上下联动，多部门配合完成。中非环境合作，可以从政府部门、投资企业、社会团体、国际合作等不同层次开

展，全面深化环境合作的深度与广度。

开展中非环境合作最重要的推手是相关政府部门，生态环境部是我国统筹生态环境保护工作的主管部门，负责应对气候变化工作，牵头参与气候变化的国际交往谈判，在国际生态环境合作中提出相关意见建议。在生态环境部的推动下，中非环境合作取得了显著成绩，中非环境合作中心应运而生，还与相关部门联合发布了《"一带一路"生态环境保护合作规划》，对中非联合开展环境合作提供了政策指导。日后，生态环境部还可以继续与非洲国家环境保护部门加强沟通交流，签署双边或多边的《环境合作备忘录》，更多地引进非洲国家环境保护标准及相关要求，为我国企业赴非洲投资提供环保信息。其他政府部门也可以联合开展行动，设立高效的协调机制，加强对非投资绿色低碳转型的顶层设计，推动更多环境友好型环保项目落地，对重点行业积极探索可复制推广的经验，引导企业在应对气候变化中发挥更大作用。

当前国际社会高度关注环境保护问题。联合国环境规划署是联合国系统内负责全球环境事务的权威部门，致力于促进环境领域内的国际合作，审查世界各国的环境政策并提供咨询意见。在联合国环境规划署的推动下，出台了《国际濒危物种贸易公约》《保护臭氧层维也纳公约》《生物多样性公约》《保护海洋环境免受陆上活动污染全球行动纲领》《巴黎协定》等国际公约，促进了国际社会加强生态文明领域合作。中非都是环境保护领域国际公约的参与者、践行者，愿意积极投身到环境保护工作中来，未来拥有广阔的合作发展空间。同属于发展中国家阵营，中非在应对气候变化国际合作层面应密切沟通，加强合作，坚持共同但有区别的责任，呼吁发达国家根据各自能力承担更多的责任，给予发展中国家资金和技术支持，并督促发达国家将作出的承诺落到实处，扎实推进中非环保领域的国际合作。

为顺利推进对非项目的实施，我国对非投资企业要转变传统发展观念，树立环保优先意识，要认真对照生态环境部和商务部联合发布的《对外投资合作建设项目生态环境保护指南》，自觉履行生态环境保护责任，遵守投资东道国关于环境保护的政策法规，提高企业的环境管理能力。企业在投资过程中也要注意加强环保宣传，主动公布为改善当地环境付出的努力，分享项目实施中践行环保理念的经验，取得东道国政府和民众的支持，为投资东道国应对气候变化作出积极贡献。

民间环保组织是中非开展环境保护合作的重要力量，随着中非环境合作中心的设立，中国和非洲国家开展环境合作有了务实的合作平台，成为中非环境合作的新起点。展望未来，还需要充分发挥该平台的沟通协调作用，共享环保信息和经验，探索建立稳定的合作机制，推动中非投融资项目的落实，促进中非生态环保合作形成合力。我国还有各种类型的民间环保组织，如中国环境科学学会、中国环境保护协会、中华环境保护基金会等，在推动我国改善生态环境方面作出了重大贡献。未来，可以鼓励这些民间环保组织积极投身中非环境保护事业，与非洲国家当地的环保组织加强交流，分享环境治理经验，共同推进中非环境保护事业的发展。

中非环境合作的长远发展离不开在国际事务中的相互配合。《生物多样性公约》（CBD）是联合国环境规划署发起的旨在保护地球生物资源的国际公约，呼吁各国最大限度地保护地球上多种多样的生物资源，以造福子孙后代。几乎所有的非洲国家都加入了该公约，我国也于 1992 年 6 月签署了该公约。《濒危野生动植物种国际贸易公约》（CITES）是旨在保护野生动植物种因为国际贸易而遭到过度开发利用的国际公约，该公约于 1981 年 4 月正式对我国生效。《生物多样性公约》和《濒危野生动植物种国际贸易公约》都是重要的环境保护国际公约，自我国加入上述公约后，一直认真履行公约义务，推动公约在中国的实行，如 1988 年 11 月通过了《野生动物保护法》，1996 年 9 月发布了《野生植物保护条例》，2006 年 4 月公布了《濒危野生动植物进出口管理条例》等，我国还建立了完善履约机制的监管体系，得到了国际社会的充分肯定。非洲国家是野生动植物濒危风险最大的地区之一，高度关注各国《生物多样性公约》和《濒危野生动植物种国际贸易公约》的实施情况，希望与成员国共同开展保护生物多样性行动，未来中非可以在以往基础上，继续在公约适用中，尤其是国际合作中加强沟通协调，密切合作配合，共同保护野生动植物的生活环境，保护生物多样性，维持生态平衡。

中国特色社会主义制度的显著优势是集中力量办大事。在以习近平同志为核心的党中央的坚强领导下，我国有能力整合集中各种优势资源，为开展中非生态文明合作做好服务。为改变污染防治上"九龙治水"的状况、加强生态环境保护统一监管，党中央组建了生态环境部，负责生态环境问题的统筹协调和监督管理。生态环境部下设国际合作司，负责组织开展生态环境国际合作交流，处理涉外生态环境事务及风险防范工作，其亚非拉处具体负责与非洲国家和地区有关环保部门的生态环保工作；应对气候变化司主要负责应对气候变化和温室气体减排工作，推进绿色低碳发展实施工作；其对外合作与交流处具体负责与有关国家实施应对气候变化的合作项目。为帮助发展中国家应对气候变化，我国还积极出资 200 亿元组建中国气候变化南南合作基金，主要向因气候变化造成恶劣影响的非洲国家，尤其是小岛屿国家和不发达国家提供用于应对气候变化的资金支持。致力于中非团结友好的决心、坚实的组织基础以及强大的资金支持就是中非开展生态文明合作的坚强后盾，相信未来在双方的共同努力下，中非生态文明合作将逐步深化，构建起更加紧密的中非命运共同体。

四 推进中非生态文明合作的示范性项目

中国在经济发展和环境保护过程中也经历过以牺牲生态环境换取经济发展的时期，经历过惨痛的教训。随着新时代生态文明思想的深入人心，我国的环保产业持续发展，技术水平不断提升，在开发清洁能源、污水治理、垃圾分类、可再生资源回收等方面积累了经验，生态环境大为改善，增强了人民的幸福感、获得感、安全感。中国作为世界上最大的发展中国家，与非洲国家经历类似，在环境污染治理方面积累的经验更适合非洲国家参考借鉴。"授人以鱼，不如授之以渔。"短期给予非洲国家有限的资金支持能缓解一时的困难，但不能解决其应对气候变化的根本问题，从长远来看，结合非洲国家当地实际情况设计出一套符合其特点的技术方案，推进示范项目建设，开展技术标准化务实合作，对这些国家而言更有实践价值。

2018 年，习近平主席在中非合作论坛上提到中国愿同非洲加强生态环保领域的交流合作。中非环境科技合作取得丰硕成果。迄今，中国已在非洲实施上百个清洁能源和绿色发展项目，支持非洲国家更好发挥太阳能、水电、风能、沼气等清洁能源优势。从 2022 年起的未来 3 年，中国将为非洲再援助实施 10 个绿色环保和应对气候变化项目，进一步扩大可再生能源、节能技术、碳捕捉和储存技术、绿色低碳产业等项目的对非投资规模，通过多元合作方式助力非洲实现绿色、低碳、高质量发展。①

上述措施在一定程度上能帮助非洲国家维护生态环境平衡情况，更重要的还是需要非洲国家自身努力提升应对气候变化能力，加强技术人员培训，吸引外国绿色投资，以中非环保技术产业合作为抓手，推动当地生态环保技术水平迈上新台阶。

---

① 张建珍、梁晓雨：《环境科技合作助推中非生态文明建设》，《光明日报》2022 年 6 月 5 日，第 3 版。

第十章　构建新时代中非命运共同体路径探析

发展中非关系的最终目的是构建紧密的中非命运共同体，相似的历史遭遇、共同的历史使命将双方紧紧联系在一起，中非从来都是命运共同体。当前的中非关系处于历史最好的时期，双方在政治、经济、国际合作等方面达到了前所未有的高度。特别是进入新时代以来，习近平主席提出真实亲诚的对非政策理念和正确义利观，推动构建更加紧密的中非命运共同体，为新时代的中非合作指明了方向。同时，构建中非命运共同体还面临着一些危机与挑战，有来自外部世界的挑战，也有来自中非内部的挑战，但同时在这些危机和挑战中也蕴藏着机遇。如何在当前百年未有之大变局和新冠疫情的背景下，攻坚克难，抓住时代赋予的机遇与使命，化危为机，与非洲国家共同构建新时代中非命运共同体是当前发展中非关系的关键所在。构建中非命运共同体必须以习近平外交思想为指引，充分发挥"一带一路"建设的作用，打造中非责任共同体、中非安全共同体、中非发展共同体、中非人文共同体以及"幸福共享"和"和谐共生"的中非命运共同体，致力于通过构建亚非文明联盟来巩固中非命运的根基，同时必须通过中非行动共同体积极落实中非合作的相关政策。

第一节　构建新时代中非命运共同体的机遇与挑战

首先是百年未有之大变局和新冠疫情带来的机遇。当前世界正在面临百年未有之大变局加速演进，同时受到新冠疫情的冲击，正在经历动荡变革期。百年未有之大变局和新冠疫情给中非合作带来了一定的阻碍，但同时也为构建更加紧密的中非关系提供了前所未有的机遇。当前的国际局势要求各个国家、地区和国际组织从人类共同福祉出发，坚持平等尊重、团结合作、开放共赢，从而解决人类面临的共同风险和挑战。正如习近平总书记所说，人类生活在同一个地球村里，生活在历史和现实交汇的同一个时空里，越来越成为你中有我、我中有你的命运共同体。① 特别是新冠疫情全球大暴发以来，更是证明了构建人类命运共同体的必要性和紧迫性。"国际形势越复杂多变，中非越要坚持携手构建中非命运共同体的根本方向。"② 发展同非洲国家的团结合作是中国对外政策的重要内容之一，也是中国长期坚持的选择。而非洲也迫切希望借鉴中国的发展经验，希望中国助力非洲早日实现繁荣和稳定。所以，中非双方必须抓住当前的机遇，构建新时代更加紧密的中非命运共同体。同时，疫情是当前非洲国家面临的最严峻的挑战，协助非洲国家战胜疫情，探索中非合作抗疫的新路径，构建中非命运共同体是推动构建更加紧密的新时代中非命运共同体的应有之义。

其次是中非之间、非洲国家内部之间的差异带来的挑战。中国和非洲之间存在很多政治差异，同时非洲国家之间还存在许多政治差异。"从内部来看，中国和非洲的发展并不处于同一个阶段。虽然中国与非洲同属于发展中国家，但非洲的发展更落后。非洲国家对自身的命运定位与中国相比是有较大差距的……如何平衡中国与非洲国家之间对各自命运定位的差异，是中非命运共同体建构所面临的一大挑战。"③ 另外，非洲是一组难以整合的政治集合体。中国对非政策中的"非洲"概念是指空间上的地理定义。然而，"非

---

① 《习近平：让人类命运共同体建设的阳光普照世界》，"央视新闻"百家号，2023 年 3 月 23 日，https：//baijiahao. baidu. com/s? id = 1761160128409593564&wfr = spider&for = pc，最后访问日期：2023 年 5 月 15 日。

② 王毅：《二十载命运与共，新时代再攀高峰——纪念中非合作论坛成立 20 周年》，《人民日报》2020 年 10 月 15 日，第 6 版。

③ 曹亚雄、孟颖：《"一带一路"倡议与中非命运共同体建构》，《陕西师范大学学报》（哲学社会科学版）2019 年第 3 期，第 61 页。

洲"的真实状态首先取决于非洲大陆不同地区之间政治、经济和社会关系的历史性与紧密度。比如，在政治方面，埃及与突尼斯、叙利亚和黎巴嫩的距离可能比与博茨瓦纳和南非的距离更近。因此，这就导致了非洲这一空间有其特殊的定义。我们有必要跳出地理的范畴，用关联性去定义整个，乃至"多个"非洲。此外，非洲国家官方政治文化较为多元，因此需要从多种意义上去阐释非洲的概念。讲法语的非洲、讲葡萄牙语的非洲和讲英语的非洲，这三者在政策的制定与解释上，以及在实现发展的方式上均有一定程度的不同。例如，喀麦隆和尼日利亚虽然在地理上是邻国，但彼此的制度安排却显示出了政治文化的距离。与此同时，我们观察到喀麦隆与塞内加尔之间的制度相似性比与冈比亚之间的更强，尽管前两者之间地理距离更遥远。此外，为了了解某个非洲国家的制度动态，参考地理上遥远的西方，可能比参考地理上的邻国更有成效。因此，在 1979 年 1 月，布基纳法索历史学家约瑟夫·基-泽尔博（Joseph Ki-Zerbo）在为埃尔维·布尔日（Hervé Bourges）和克罗德·沃蒂耶（Claude Wauthier）撰写的《五十个非洲》（*Les 50 Afriques*）一书所做的序言开头中写道："非洲确实存在，但我们很少见到它。"所以，必须认识到当前非洲还没有足够的能力整合不同区间，一些非洲国家仍然陷于政治上的陈旧与僵化，这源于前受托国（又称管理国，出自联合国国际托管制度）政治精英们积极推动的外向型政策。综上所述，非洲是一个政治制度多样化的集合体，是经济文化和发展轨迹差异巨大的集合体，其参与构建中非命运共同体的能力有待进一步提升。中国在政治上是共产党统一领导，而非洲政治却是充满了差异化与多元化，因此在制定对非政策时需要对不同的非洲国家和地区进行区分，做到和不同国家、地区的精准对接。与此同时，我们也要认识到，尽管非洲大陆的不同地区和国家在文化上、宗教上和发展程度上有不少差别，但应该说非洲在各大洲中仍是共性最多的一个大陆。①

最后是非洲国家内部的和平与安全问题，它影响了构建中非命运共同体的进程。2021 年以来，非洲军事政变再次回潮，政变次数明显高于此前的

---

① 刘贵今：《理性认识对中非关系的若干质疑》，《西亚非洲》2015 年第 1 期，第 7 页。

平均水平。西非马里、乍得、几内亚以及东非国家苏丹先后发生政变。而且，发生政变的非洲国家中不少是"一带一路"重点合作国，这对相关项目的正常开展造成了严重影响。同时，非洲仍是当前世界最动荡的地区之一。地区大国安全局势持续恶化，诸如埃塞俄比亚因为疫情导致 2020 年大选推迟，从而引发了提格雷冲突，并且不断升级；尼日利亚则面临极端组织袭击、牧民与农民冲突、分离运动、有组织犯罪等多重挑战，社会治安问题严重。非洲恐怖袭击的频率也在不断上升。非洲地区局势动荡对我国企业和公民在当地的发展生存带来了严峻挑战，也对中国在非洲的投资和利益保护带来了严峻挑战。同时，当前非洲的安全局势一定程度上影响了中国投资者的信心和意愿，对"一带一路"建设产生了负面影响。

此外，大国在非洲的战略博弈加剧。在当前国际局势剧烈变动的情况下，非洲的战略意义日益凸显，各国借助非洲竞逐地缘政治影响的意愿并未减弱，在非洲地区的"竞争性"和"排他性"更为突出。特别是美国作为当前世界上唯一的超级大国，将大国战略的博弈转移到非洲地区，严重影响到中非共建"一带一路"的进程。此外，欧洲与新兴国家对非洲也更加重视，中非共建"一带一路"将面临更大的竞争与压力。当前多边主义和单边主义激烈博弈，国际各方对非合作的形式也受到影响，在非洲博弈态势显著，导致了对非的第三方合作受到阻碍。此外，为了抵制中非共建"一带一路"，西方散布的"新殖民主义论""债务陷阱论""种族歧视论"，企图干扰破坏中非"一带一路"合作。部分非洲国家的政治反对势力、民粹主义势力趁机攀附西方势力，在非煽动反华情绪，给相关项目的进展带来阻碍。一些非洲国家在西方大国的挑唆之下，对"一带一路"倡议以及项目的负面评价正在增多。

第二节　以习近平外交思想为根本遵循和行动指南

2018 年 6 月，中共中央外事工作会议确立了习近平外交思想在中国外交工作中的指导地位，为新时代中国外交提供了根本遵循和行动指南。

"党的十八大以来，习近平总书记牢牢把握中国和世界发展大势，深刻思考人类前途命运，继承发扬新中国外交核心原则和优良传统，在对外领域进行一系列重大理论和实践创新，创造性提出一系列富有中国特色、体现时代精神、引领人类进步潮流的新理念新主张新倡议，形成了习近平外交思想。习近平外交思想是习近平新时代中国特色社会主义思想的重要组成部分，是马克思主义基本原理同中国特色大国外交实践相结合的重大理论成果，是以习近平同志为核心的党中央治国理政思想在外交领域的集中体现，是新时代我国对外工作的根本遵循和行动指南。"① "作为新时代中国特色社会主义思想的重要组成部分，习近平外交思想为新时代中国特色大国外交的稳步推进和创新发展提供了根本遵循和行动指南，充分展现了中国实现中华民族伟大复兴、推动构建人类命运共同体的大国使命与担当。"②

关于习近平外交思想的内涵。第一，党的集中统一领导、增强战略自信和定力是开创新时期外交工作的根本保障。"新时代中国外交的根本保证是加强党对对外工作的集中统一领导"，中国特色社会主义最本质的特征和最大的优势就是党的集中统一领导，这也是中国特色大国外交的根本特征、中国外交事业取得胜利的根本保障；"新时代中国外交的根本要求是坚持增强战略自信"，面对当前复杂多变的国际局势，必须坚持战略自信，保持战略定力，必须坚定不移地走中国特色社会主义道路。

第二，习近平外交思想明确把实现中华民族伟大复兴和推动构建人类命运共同体确立为新形势下我国对外工作的主要目标。"新时代中国外交的历史使命是推进中国特色大国外交，服务中华民族伟大复兴"，外交要服从国家的整体战略和发展大局，要坚持以实现中华民族伟大复兴为使命来推进中国特色大国外交；"新时代中国外交的总目标是推动构建人类命运共同体"，

---

① 王灵桂：《推动构建人类命运共同体的行动指南——深入学习〈习近平外交思想学习纲要〉》，《光明日报》2021年10月29日，第11版。

② 吴志成、吴宇：《习近平外交思想析论》，《世界经济与政治》2020年第2期，第5页。

习近平外交思想从维护全人类利益的角度出发，明确把坚持以维护世界和平、促进共同发展为宗旨推动构建人类命运共同体作为中国外交的另一重要目标。推动构建人类命运共同体也是在面对百年未有之大变局的形势下，习近平外交思想对于"这个世界怎么了，我们应该怎么办"的时代问题给出的中国方案。构建人类命运共同体，是习近平外交思想的核心理念，也是中国特色大国外交实践的鲜明特征。

第三，习近平外交思想把坚持和平发展道路、维护国家核心利益以及塑造中国外交特色作为推进中国特色大国外交的根本原则。"坚持以相互尊重、合作共赢为基础走和平发展道路"是中国特色大国外交的首要原则，中国始终是维护世界和平、促进共同发展的重要力量；"新时代中国外交的出发点和落脚点是坚决维护国家主权、安全、发展利益"，在涉及国家核心利益的重大问题上，中国外交将不惜一切代价维护国家核心利益的底线思维，同时，中国也尊重其他国家的核心利益和重大关切，致力于通过和平方式来解决各方冲突；"新时代中国外交的鲜明特质是塑造中国外交独特风范"，既要继承和发展中国外交的优良传统，又要结合时代特征，推动理论和实践的创新。

第四，习近平外交思想将"一带一路"建设、打造全球伙伴关系以及引领全球治理体系改革作为实现中国特色大国外交目标的路径。新时代中国外交的重要合作平台是积极促进共建"一带一路"国家合作，"一带一路"建设是实现中国特色大国外交战略目标的重要路径和平台，自"一带一路"倡议实施以来，得到了共建"一带一路"国家以及国际社会的广泛参与和支持，已经成为中国贡献给国际社会最重要的公共产品；"新时代中国外交的重要着力点是积极发展全球伙伴关系"，打造全球伙伴关系，坚持和维护多边主义，打造全方位、多层次、立体化的全球伙伴关系网络一直是中国特色大国外交所努力的方向；"新时代中国外交的大国担当是积极参与全球治理体系改革"，加强全球治理、推动全球治理体系改革是大势所趋，构建更加公平正义的全球治理体系已经成为国际社会的共识，中国始终坚持以公平正义的理念引领全球治理体系变革，实现从全球治理的参与者成为全球治理变革的参与者、推动者和引领者。①

当前中国对非政策理念就是习近平外交思想在对非合作中的生动体现。构建人类命运共同体是中国特色大国外交的总目标，构建中非命运共同体又是构建人类命运共同体的重要组成部分。构建新时代的中非命运共同体，必须以习近平外交思想为根本遵循和行动指南，深刻领悟习近平总书记关于人类命运共同体、中非命运共同体的相关讲话精神，将措施落到实处。

具体来讲，在习近平外交思想的指引下，应该从以下几个方面来构建中非命运共同体。

一　坚定战略定力，促进共同行动

坚定中非合作的战略定力。坚持以习近平主席关于构建中非命运共同体的相关讲话和中非通过的系列合作文件为指导，特别是习近平主席在 2021 年 11 月召开的中非合作论坛第八届部长级会议上提到的"四点共识"和"九项工程"以及此次论坛通过的《达喀尔宣言》、《中非合作论坛——达喀尔行动计划（2022—2024 年）》、《中非合作 2035 年愿景》以及《中非应对气候变化合作宣言》等系列文件，要积极践行中非合作精神，落实会议成果，通过切实的行动来推动构建新时代更加紧密的中非命运共同体。

中非双方要确保在思想上形成"中非合作"的共识，坚决反对外部势力对中非关系的抹黑与破坏。这需要中国坚定自己的发展战略，通过产业升级和内循环保证自身经济的健康运行，并继续深化改革开放，加大对外合作力度。而非洲国家之间则要从共同的文明基础出发，将殖民者为了"分而治之"所创造的种族、民族隔阂的负面影响降到最低，加强国家间的合作，打消对中国单方面主导中非关系的担忧。非洲各国政府要警惕某些宣传机器编造的"人权"陷阱，专注于"民生"这项最根本、最实质的人权，使全

---

① 关于习近平外交思想的内涵，主要参考吴志成、吴宇《习近平外交思想析论》，《世界经济与政治》2020 年第 2 期；中共中央宣传部、中华人民共和国外交部《习近平外交思想学习纲要》，人民出版社、学习出版社，2021。

体人民都能充分享受发展所带来的好处。对于西方国家对中非关系的无端指责和抹黑，中国和非洲都要坚决抵御西方的舆论攻势，讲好中国故事、非洲故事和中非友好合作故事。

二　以"一带一路"为抓手

"一带一路"是构建中非命运共同体重要的实践平台。共建"一带一路"是习近平主席深刻思考世界和中国的发展大势以及人类前途命运，推动中国和世界合作共赢、共同发展的重大决策，是我国今后长时期对外开放的总规划。

（一）打造中非卫生健康共同体，同心抗疫，共渡难关

疫情是当前非洲国家面临的最严峻挑战，协助非洲国家战胜疫情，是中非共建高质量"一带一路"的前提。中国应继续同非洲国家和相关组织分享疫情防控治疗经验，坚持科学防控，支持疫苗在非洲的可及性和可负担性，弥合"免疫鸿沟"。习近平主席在 2021 年 11 月召开的中非合作论坛第八届部长级会议上提出实施"卫生健康工程"，承诺为非洲国家提供 10 亿剂疫苗，并且向非洲国家援助医疗项目，派遣医疗队员和公共卫生专家。此外，共同探索中非"一带一路"抗疫合作的新路径，推动共建"一带一路"国家实现疫情的有效防控和经济社会的恢复发展，为共建疫情防控常态化时期的美好世界贡献中国力量。危机危机，危中有机，应该抓住疫情防控常态化时期的战略机遇期，在"一带一路"走深走实方面进行调整，确保重点地区和项目的进展。抓住此次疫情带来的各种新业态、新模式，加快共建"数字丝绸之路"、"健康丝绸之路"和"绿色丝绸之路"，让非洲各国在恢复经济的同时实现转型升级，共享高质量发展。

（二）加强海外利益保护

我国在非的政治经济利益、驻非机构及企业的安全、在非中国公民的人身及财产安全等海外利益安全日益关乎我国整体发展和国家安全。鉴于当前中国企业和公民在非洲受到的安全威胁，加强在非中国企业的利益保护和公民人身安全保护是当前迫切需要解决的问题。中国应该与非洲国家建立争端

解决机制，共同建立安全风险以及突发事件的预警和预防机制，共同制定应急预案和相应机制。此外，风险保障能力亟须加强，中非合作的制度保障和风险保障方面的能力有待加强，从而最大限度地保障在当事国政局发生变动时中国企业的海外利益。

（三）加强对非三方合作，互利共赢

非洲不是大国博弈的竞技场，而是国际合作的大舞台。"中美在非竞争论"在非洲不得人心，多位非洲领导人在公开场合表达过无意在中美之间"选边站队"。埃及外交学会会长赛义德博士在 2021 年 12 月 1 日的"新时代的中非合作：挑战与机遇"国际会议上表示，无论如何都要避免非洲大陆成为大国竞争的阵地，因为任何非洲国家都不愿意"选边站"，也会竭力避免自身处在这样的境况当中。第三方市场合作已成为国际合作的新模式和共建"一带一路"的新路径。非洲的发展需求足够庞大且多元，非洲的市场足够广阔，国际各方都可以在非洲发挥所长，与非洲开展互利共赢的合作。特别是抗疫合作、传染病防治、气候变化问题不仅仅是非洲的问题，是需要各方共同努力才能解决的问题。我们不能只盯着那些戴着有色眼镜看待"一带一路"建设的国家，而是应该注重开展多层次合作。应对各个国家、国际和地区组织实行开放态度，参与方可以是私营部门、官方或者半官方融资机构、共同经营者，坚持开放、多变、合作、共赢的精神价值。

（四）以更积极的姿态推动中非共建"一带一路"，彰显中国特色大国外交的独特风范

坚定中非合作的信心。2021 年 11 月，非洲知名民调机构"非洲晴雨表"发布报告显示，中国在非洲的影响力排名第一，其中 63% 的受访者认为中国对本国的政治经济影响"非常"或"比较"积极。所以，中国作为"一带一路"建设的发起者和中流砥柱，在疫情防控常态化时期应该更加积极主动，体现担当，以更加积极的姿态来推动中非共建"一带一路"。中国需进一步构建中非全面战略合作伙伴关系，加强政策沟通；进一步推动与非洲国家的外交关系，打造中非命运共同体，为推动非洲对接双循环格局提供政治支持；继续发挥中非合作论坛及非洲国家经贸联委会工作机制，同时就达喀尔会议通过的"九项工程"和《中非合作 2035 年愿景》与非洲国家的各项发展规划进行对接。

三　打造中非全面战略合作伙伴关系网络

积极发展全球伙伴关系是新时代中国外交的重要着力点。随着全球化进程的进一步深化，国与国之间、地区之间的联系越来越紧密，世界上已经没有与世隔绝的孤岛，只有发扬伙伴关系才能应对人类社会面临的共同挑战。中国致力于打造遍布全球的伙伴关系网络，推进大国协调合作，构建总体稳定、均衡发展的大国关系框架。习近平总书记在 2018 年的中央外事工作会议上指出，中国特色大国外交要"坚持以深化外交布局为依托打造全球伙伴关系"，这是顺应时代要求、实现中国特色大国外交目标的重要路径。非洲在中国特色大国外交中占据重要的地位，中国要继续秉持真实亲诚对非政策理念和正确义利观，加强同发展中国家的团结合作。正如习近平主席在会见喀麦隆总理菲勒蒙时指出，"中方将秉持真实亲诚的对非工作方针和正确义利观，支持非洲国家提高自我发展能力，推动中非新型战略伙伴关系更好惠及双方人民。中非应该紧密携起手来，为推动构建以合作共赢为核心的新型国际关系、促进国际秩序和国际体系朝着更加公正合理的方向发展，作出新的更大贡献"①。

2015 年 12 月，习近平主席在中非合作论坛约翰内斯堡峰会上发表致辞时提出将中非新型战略伙伴关系升级为中非全面战略合作伙伴关系。中非全面战略合作伙伴关系有三个内涵：一是，中国与非洲是合作伙伴而不是竞争对手，中非合作的根本目的是促进双方共同发展，从而打造更加紧密的中非命运共同体；二是，中国和非洲之间的伙伴关系具有战略性，具有深厚的合作基础，符合双方的核心利益；三是，中非伙伴关系是全方位的，涉及中非

---

① 李伟红、刘卫兵：《习近平会见喀麦隆总理菲勒蒙》，《人民日报》2015 年 6 月 20 日，第 1 版。

合作的各个领域，包括政治、经济、安全、文化、生态等领域的合作。① 这跟中非命运共同体的六大内涵——"责任共担""合作共赢""幸福共享""文化共兴""安全共筑""和谐共生"是一致的，由此，构建中非全面战略合作伙伴关系应该从以下几个方面着手。

（一）构建中非责任共同体

继续完善中非合作的物质基础，坚持为非洲地区经济的发展作出更大的贡献，彰显负责任大国的态度与担当。加强中非在构建责任共同体过程中的主体性，形成对彼此核心利益和共同利益的共识，从而应对西方的污蔑和质疑。中国应该继续着眼于促进第三世界国家的发展，坚持为第三世界国家发声，为中非人民谋求福祉，进而改善全人类的生存状况。同时还要加强与有诚意的西方国家开展合作，共同促进非洲发展。此外，打造中非责任共同体不能仅仅着眼于中非的共同利益和彼此的核心利益，更应该着眼于全世界的和平与可持续发展，通过传播效应来影响全世界人民。

（二）构建中非发展共同体

以发展为根本目的来推动中非合作，发展是实现人民幸福的关键。习近平主席在第七十六届联合国大会一般性辩论上提出构建全球发展命运共同体，并且指出当前人类社会深受新冠疫情的影响，必须尽快复苏经济，推动更加强劲、绿色、健康的全球发展。在疫情防控常态化时期，如何实现可持续发展是摆在世界面前的一个重大课题。由此，习近平主席提出了全球发展倡议：坚持发展优先、坚持以人民为中心、坚持普惠包容、坚持创新驱动、坚持人与自然和谐共生、坚持行动导向。我们应该切实将这些倡议和理念应用到构建中非发展共同体当中。促进以发展为目标的中非合作，是当前中非合作的关键所在，正如中国谚语所说："会当凌绝顶，一览众山小。"换句话说，当重要的事情提前解决时，附带的问题就不难处理了。中国与非洲的共同发展将为实现联合国 2030 年可持续发展目标作出重大贡献，中国

---

① 曹亚雄、孟颖：《"一带一路"倡议与中非命运共同体建构》，《陕西师范大学学报》（哲学社会科学版）2019 年第 3 期，第 63 页。

的发展经验可为非洲国家探索新的发展道路，并且为非洲国家实现可持续发展提供有益借鉴。经济合作是构建中非发展共同体最主要的核心部分，在促进中非经济合作方面，中国应该坚持合作共赢的理念，高举多边主义旗帜，继续发挥多边主义在对非合作中的作用，还要重视在非洲与第三方进行合作，为中非经济合作寻求更多伙伴。同时，中非经济合作也要警惕恶意的第三方竞争，加强与非洲国家的交流沟通和相互理解，将中方对非合作的政策理念传达到位，争取话语权。此外，还要促进中非发展战略的精准对接，助力非洲的工业化进程。中非经济合作应该紧紧围绕中非发展战略对接来开展。

（三）构建中非人文共同体

首先，布局中非人文交流的战略体系，优化对非战略整体实施方案，加强与非政府组织之间的合作，充分激活各类对非人文交流人员的动能。其次，探索对非交流人才的培养路径，加强对区域国别研究专业和非洲通用语人才的培养工作，同时还要培养研究中的非洲人才；加强对非交流人才的培训工作；加强非洲研究人才队伍建设。再次，要加强人文交流领域的智库建设、跨学科研究、期刊建设等方面合作。此外，还要加强对非的文化本土化传播，促进中国文化和思想走进非洲，实现和非洲本土文化的融合；充分发挥妇女、青年在中非文明互鉴中的桥梁作用，特别是留华归国的非洲青年；加强和非洲媒体的合作，充分发挥中国媒体的作用。最后，加强对非传播话语体系建设，努力向非洲展现可信、可爱、可敬的中国形象，展现具有中国特色的对外形象。

（四）构建中非安全共同体

构建中非安全共同体，既要有政策的延续性，又要有实施的灵活性，既要有原则，又要根据形势的变化来进行调整。构建中非安全共同体要坚持以习近平总书记关于总体国家安全观、人类命运共同体、中非命运共同体的相关论述为指导，以构建全球安全共同体为最终目标，坚持通过促进发展来解决非洲安全问题。支持非洲国家自主解决冲突，注重同非盟及非洲安全框架对接并提供所需要的支持。坚持多边性，维护非洲安全需要多方面的共同努力，要维护联合国框架下的多边行动就是维护联合国的地位、尊重以国际法为基础的国际秩序和践行真正的多边主义，同时也有助于提升我国在国际安全领域的影响力。注重大国关系对非洲安全的影响，充分发挥大国外交优势，特别是加强和欧洲在非洲安全领域的合作。此外，还要出台和完善相关的政策法规，为安全合作设置一套中非双方共同遵守的标准、制度和程序，使得中非在安全领域的合作有法可依。最后，面对当前疫情对非洲造成的影响，中国应该重点聚焦抗击疫情等非传统安全领域并加大全球安全治理的国际合作力度。

（五）构建幸福共享的中非命运共同体

坚持以"人民至上"的理念为根本立场，始终以增进中非人民利益和民生福祉为中非合作的出发点与落脚点，坚持正确的义利观和真实亲诚的对非政策理念，以发展为增进双方人民民生福祉的根本途径。将中非民生领域合作纳入中国外交的全局规划当中，从而服务于新时代大国外交的整体战略布局。注重和联合国 2030 年可持续发展议程、非盟《2063 年议程》对接，制定宏观战略布局、确定重点发展领域。同时还要建立和完善民生合作的组织体系和机构，鼓励多方参与中非民生合作，包括协调各政府职能部门的行动，加强政府、市场、社会之间的合作，同时鼓励民众、企业和社会组织积极参与到民生合作当中。此外，应该丰富民生合作的形式，加强对非能力建设，形成机制性合作。最后，要加强民生领域的国际合作，积极参与全球民生治理体系，积极推进三方合作，使受援国受益，增强其自主发展的能力。

（六）构建和谐共生的中非命运共同体

中非生态文明建设符合双方可持续发展需求，为中非实现绿色发展提供了新契机，中非环境保护合作任重道远，需要双方共同努力。首先是加大对非投资建设中的环境保护力度。我国企业要树立强烈的环保意识，对照当地的环保标准及时调整投资行为，依据《对外投资合作建设项目生态环境保护指南》来开展建设，遵守全球应对气候变化的政策法规。其次是开展多层次对非环境合作，上下联动，多部门配合，从政府部门、投资企业、社会

团体、国际社会等不同层次展开合作，深化广度和深度。最后是加强在绿色
投资、环保技术、环保法律等领域的技术和政策交流，充分考虑当前非洲国
家的需求，同时加强在环保项目领域的资金支持以及法律支持。此外，推动
中非生态文明合作的示范性项目，结合非洲国家的实际情况设计出一套符合
其特点的技术方案，推进示范性项目建设，开展技术标准化务实合作，对非
洲国家来说是有益的。

四　促进中非文明交流互鉴

亨利·柏格森认为，人类漫长历史中的成就保存在各个领域之中，即科
学、技术、传统、制度、法律、惯例和词汇之中。这所有的一切组成了文明
和文化，塑造了一个民族的认同。一个文化长久以来的成就构成了一个社
会、一个民族和一个国家的灵魂。身处这个文化之中的人们无法摆脱其影
响。文化模式具有可持续性，它与人类的存在完美契合。每个人都享受着其
所在文化的无穷宝藏。这种文化的影响深入每个人的毛孔和感官之中。其
中，最为重要的是每个民族和国家文化中所蕴含的价值，这种价值在人们身
上烙下不可磨灭的印记。民族文化通过语言与文学、诗歌与史诗、传说与神
话、信仰与宗教等塑造了个人。这些文化表现了一个民族的创造性天赋。一
个民族和国家的土壤给予了这个国家文化和文明独特的色调，塑造了其独特
的价值观、现实观和世界观。各个民族的历史和文化与政治传统存在差异甚
至是冲突。因此，试图以单一的标准评价各个民族的文化价值是不正当的。
比如，当今自由民主已经成为一种教条，成为寻求国际援助的国家所必须满
足的条件，这是不合理的。我们应当承认伦理原则来源的多样性，它可以与
无神论者或者信仰者的世俗主义有关，也可以与马克思主义、基督教伦理相
关，也可以与万物有灵论者或者佛教等伦理原则相关。萨米尔·阿明认为，
所有这些奇妙的精神支流都最终合流于人性的长河。这是文化和文明多样性
的深刻意蕴。这种多样性应当得到尊重，只要其能服务于人类的共同未来，
那它的丰富发展应当被期待和鼓励，这才符合解放理性真正的传统。

德国哲学家黑格尔认为，政治文明是一个民族的精神和道德最高的形态范

畴。习近平总书记认为："政治制度是用来调节政治关系、建立政治秩序、推动国家发展、维护国家稳定的，不可能脱离特定社会政治条件来抽象评判，不可能千篇一律，归于一尊。……'橘生淮南则为橘，生于淮北则为枳。'"① 人们可以借鉴别的国家政治文明的有益成果，但是绝不能放弃自己国家政治制度的根本。"世界上不存在完全相同的政治制度，也不存在适用于一切国家的政治制度模式。"② 因为各国国情不同，每个国家都会有一个独特的政治制度，这是这个国家历史演变和内生性演化决定的。一个民族的文化精粹和民族认同是在长期斗争、无数次的试验和经历很多考验的理性选择基础上才形成的。这适用于所有的文明，尤其是像中国这样有着几千年历史的文明。

（一）以兼容并蓄的胸怀促进中非文明交流

在中国共产党第十九次全国代表大会上，习近平总书记提出，"要尊重世界文明多样性，以文明交流超越文明隔阂、文明互鉴超越文明冲突、文明共存超越文明优越"③。这跟万隆会议的精神不谋而合。《亚非会议最后公报》指出："会议在看待亚洲和非洲国家之间的文化合作的发展时，不是抱着任何排外或者同其他国家集团以及其他文明和文化相敌对的观念。会议忠于宽容和协和的悠久传统，认为亚洲和非洲的文化合作应当在更大的世界合作的范围内发展。"④ 中国坚定地维护自身的主权，同时帮助其他发展中国家提升维护自身独立和主权的能力。尊重文明的多样性和发展模式是维护每个国家依据自身的历史和价值选择最适合自己的政府和体制模式的权利。这是一个公正和平等的问题。中国反对以大欺小、以强凌弱、以富压贫。同样，中国反对干涉别国内政，为了增强发展中国家的韧性，中国支持发展中国家增强自主发展能力。

承认文明多样性和发展模式的多样性能够让我们避免走向一个单向度的

① 习近平：《习近平谈治国理政》（第二卷），外文出版社，2017，第286页。
② 习近平：《习近平谈治国理政》（第二卷），外文出版社，2017，第286页。
③ 习近平：《决胜全面建成小康社会 夺取新时代中国特色社会主义伟大胜利——在中国共产党第十九次全国代表大会上的报告》，人民出版社，2017，第59页。
④ 《亚非会议最后公报》，载《中华人民共和国条约集》（第四集），法律出版社，1955，第16~17页。

世界。我们现在正被迫朝着这种单向度的世界发展。正如习近平主席和萨米尔·阿明呼吁尊重文化多样性那样，人类天生具有无限的创造性。这种创造性不仅体现在科学和技术上，同样也体现在文化和制度上。文明多样性倡导发展模式的多样性和经济与社会制度的多样性。只有尊重文明的多样性，人类才有未来。承认这种多样性使不同的生产模式在同一个地球上能够共存。这种共存意味着不同的生产模式并非处于你死我活的互相对立、互相排斥、互相摧毁的状态。文明的多样性将让我们的世界更加丰富和美丽。"文明优劣论""文明中心论""历史终结论""文明冲突论"等理论已经破产。对自身情况、自身价值和制度的洞悉足以为一个社会提供稳定的基础。西方国家怎么会觉得存在一套适用于不同国家的政治制度呢？制度、文化和价值是照搬不了的。看到别的国家有而我们没有就简单认为有欠缺，要搬过来，或者看到我们有而别的国家没有就简单认为是多余的，要去除掉。这两种观点都是简单化的、片面的，也是不正确的。因为每个国家的政治制度都是建立在其经济和社会基础之上，要尊重各国自主选择社会制度和发展道路的权利，尊重文明多样性，倡导国家不分大小、贫富、强弱，要坚持平等和公正的原则。

加强同非洲国家的关系，打造亚非文明极是中国对外战略的重要方面。中国志在构建一个能够影响国际事务的亚非文明极，并提出了实现这一目标的计划，包括加速非洲大陆的工业化进程，加强同非洲在政治、文化、产业互联、产能提升、基础设施领域以及安全领域的合作。打造亚非文明极的前提条件是"互利共赢"和"共同发展"，这也是亚洲和非洲人民的共同利益所在。文明的交流互鉴是中非全面战略合作伙伴关系的重点所在，互鉴意味着相互尊重、平等、分享和互惠，从而丰富彼此的内涵。"对丰富多彩的世界，我们应该秉持兼容并蓄的态度，虚心学习他人的好东西，在独立自主的立场上把他人的好东西加以消化吸收，化成我们自己的好东西，但决不能囫囵吞枣、决不能邯郸学步。"①

---

① 习近平：《习近平谈治国理政》（第二卷），外文出版社，2017，第 286 页。

（二）从传统文化中探索中非文化的新融合

加强亚非文明极建设具有重大的政治、经济和文化的迫切性，而建设共同的未来必须在共同的历史之中寻找基础性元素。从前文分析可以得知，亚非社会所共有的文明特点包括对共识与和谐的追求，对好战精神的拒斥，对不同社会之间互联互通的倡导以及幸福共享等。非洲文明与中华文明的一个重要融合点是为世界贡献了普遍秩序、国家内部与国家间和谐、文明间的平等重要理念，这是亚非国家对人类社会的贡献。亚洲和非洲国家提供了一种宽容和值得尊重的道德：在人与人之间、民族与民族间不平等问题上毫不妥协的道德；这是一种青睐共识、拒绝竞争、拒绝对抗和统治的道德。我们的这种道德倡导所有人和所有民族间的平等以及人类属于一个共同家族的理念。这种倡导就足够让人与人之间、国家与国家之间、文明与文明之间的战争变得毫无意义。中国和非洲国家均有独特文化，乌班图思想与人类命运共同体的理念契合相通。

民族历史文化的互融，是最具文化的光芒和力量，更能实现中非之间的民心相通，有助于打破西方对华的不实言论。习近平总书记强调："要把优秀传统文化的精神标识提炼出来、展示出来，把优秀传统文化中具有当代价值、世界意义的文化精髓提炼出来、展示出来。"[①] 中国和非洲传统文化具有相似性和相通性，要从各自的传统文化中提炼出具有当代价值的精神标识，同时还要从中非交流的历史中提炼文化精髓，诸如习近平总书记曾经提出大力弘扬万隆精神，赋予其新的内涵。"新形势下，万隆精神仍然具有强大生命力。我们要大力弘扬万隆精神，不断赋予其新的时代内涵，推动构建以合作共赢为核心的新型国际关系，推动国际秩序和国际体系朝着更加公正合理的方向发展，推动建设人类命运共同体，更好造福亚非人民及其他地区人民。"[②] 例如对郑和下西洋与中非文明交流互鉴的探讨就是促进中非关系

---

① 《举旗帜聚民心育新人兴文化展形象　更好完成新形势下宣传思想工作使命任务》，《人民日报》2018 年 8 月 23 日，第 1 版。

② 习近平：《弘扬万隆精神　推进合作共赢——在亚非领导人会议上的讲话》，《人民日报》2015 年 4 月 23 日，第 2 版。

发展的一大文化宝库。

作为首批移居非洲的华人，郑和使团成员以自己的实际行动为中国人在非洲赢得了赞誉，他们与其后登陆非洲的欧洲殖民者形成了强烈反差，判若云泥之别。二者主要区别表现在：（1）与非洲当地居民的关系——平等与压迫；（2）对待非洲资源的方式——共享与掠夺；（3）与非洲当地居民的情感——亲近与遥远；　（4）与非洲传统文化的关系——融合与摧毁；（5）对非洲历史进程的影响——微弱与巨大；（6）访问与定居非洲的目的——友好与侵略、贸易与掠夺、偶然与必然。一言以蔽之，前者水乳交融，后者水火不容。非洲华人与欧洲殖民者在非洲大陆宛如云泥之别的差距，与东西方文化传统直接相关，进而一直影响到今日中国和欧洲各自与非洲的关系及其对非洲的政策。相互尊重、平等相待始终是中非关系发展的基石，正如习近平主席指出的："中非友好历久弥坚、永葆活力，其根本原因就在于双方始终坚持平等相待、真诚友好、合作共赢、共同发展。"①习近平主席强调的中非关系"关键词"亦是中非关系的本质特征，进而构成中非合作的核心要义。仅就"平等相待"这一点而言，西方老牌殖民主义者就做不到，或者根本就不想这样做。他们不但动辄对非洲事务指手画脚，而且对别国与非洲的正常交往说三道四。对于中国与非洲国家的合作交流，面对中国在非洲不断扩大的影响力，老牌殖民主义者一方面横加指责和干涉，一方面又表示要学习中国的态度与做法，但是，欧洲殖民主义者依然难以真诚平等地对待非洲，进而赢得非洲人民的尊重。

（三）增强亚非文明自信

亚洲和非洲曾经被外部势力主导了几个世纪，如今亚非大陆还没有完成他们重拾"历史主动性"的进程。我们不能根据西方世界的需求、利益和指令去定义非洲、亚洲、拉丁美洲等在整个世界中的位置。建立亚非文明极的前提是要理解这种认同的实质。这种认同是一种主权行为，有着建立独立

---

① 习近平：《开启中非合作共赢、共同发展的新时代——在中非合作论坛约翰内斯堡峰会开幕式上的致辞》，《人民日报》2015年12月5日，第2版。

自主文明极的坚定意志。同时还要有坚定的决心，要为新世界奠定基础，消除战争、压迫、剥削和不平等。建立一个独立自主的亚非文明极并非是所有人都期待得到的结果。我们必须注意那些非洲大陆内部争取权力、独立和自主的思潮。很多声音不仅质疑非洲民族国家关于主权的主张，同时也质疑我们构建一个强大独立的泛非力量，并与中国一起成为世界舞台中坚力量的理想。

在非洲反殖民斗争时期，非洲地区的认同感非常强烈，还有那种归属于几千年文化的自豪感。这个时期，没有人感觉嘲笑非洲的历史文化。但是，当今一些后殖民思想家却这么做了，这是对帝国主义的完全屈服，消解了人们建立一个自主的亚非文明极的努力。产生这种思潮的原因跟非洲的经济衰退、政治上的不确定性、国民教育的衰退以及福利国家及其制度丧失信誉有关。因此，非洲团结的理念也遭到了攻击。特别是《拉各斯行动计划》的破产，这一行动计划是非洲统一组织 20 世纪 80 年代初制定的，强调非洲的独立主权和繁荣发展。该计划旨在推动"经济和社会领域的国家与集体自足"以及"建立新的国际经济秩序"。《拉各斯行动计划》明确主张非洲国家对本国的自然资源享有主权，有权独立制定实现自主工业化和新技术发展的政策等。《拉各斯行动计划》的破产便利了世界银行和国际货币基金组织推行新自由主义政策。这些新自由主义政策通过大规模的去工业化、推崇外向型经济和损害主权的方式削弱了非洲各国国内的生产能力。非洲各国落后的生产力与其外向型经济模式有着紧密的内在联系。工业和农业发展落后的国家也是对国际贸易最为依赖的国家。对原材料的依赖是不发达经济体的先天缺陷。对外向型经济依赖程度较低的国家能够通过国内产业体系满足国内市场需求，从而增强本国的生产能力。发展强大的国内工业体系是真正融入世界市场的前提条件。正是因为非洲国家经济的过度外向型发展让它们没能很好地融入世界市场。

后殖民主义的本质是讽刺奚落非洲文化和文明。后殖民主义对现代非洲国家的建国叙事展开了大规模的攻击，包括对现代化、理性化和国家观念的攻击。即使是非洲后殖民小说也充满这样的攻击。后殖民理论所展示出的非洲形象非常糟糕。也正是这一群人通过大众传媒、出版社以及广播电视媒体邀请外部势力来惩罚非洲国家反抗侵略的活动，即通过军事占领、领土分割以及消灭非洲领导者的方式来惩罚非洲国家，从而导致非洲地区的冲突和战争。后殖民理论认为非洲和亚洲应该立即无条件地融入美国和北约所主导的后现代帝国。20世纪80年代到21世纪初这一代的非洲知识分子创立了一套理论话语，旨在歌颂非洲对西方的依附关系，主张加强非洲和西方的联系，并且帮助西方国家宣传中国对非洲的劫掠。

后殖民主义者并不满足于批评理性，而且还要对自己祖国的"孱弱"状态进行合法化。其意识到了个体在面对市场和国家时的无力感，于是认为，由于国际权力斗争，"非洲没办法创造自己的历史"。出于道德层面的考虑，不抵抗成为"所有生活政治和自由政治的核心"，后殖民主义已经先发制人地将非洲和亚洲的崛起视为一种罪行。他们首先攻击的是"以人民为核心所动员起来的集体行动"。穆本贝认为，这种动员唤起了弱者的愤恨，他们一旦掌权之后就会伺机复仇。但是，他没有意识到，在他指责中国和非洲的时候，美国和北约在增强它们在全世界的存在感，包括非洲地区。根据最新数据，仅仅美国就在近80个国家建立了约800个军事基地。没有哪个大洲能够幸免于美国加强自身在全球范围内经济、政治和文化影响力的这种活动。西方的军事基地满足了他们追求势力范围的政策需要。

我们必须认识到这种思想的危害性以及亚非传统文明文化的价值所在。

"中国奇迹"和中华文明悠久的历史传统分不开。在这种传统的支持下，中国能够建立起独立的意识形态体系。中国根据其几千年的传统建立了一套民主体制，不仅确保了中国的繁荣，也确保了中国的稳定。习近平指出，"中华民族有着深厚文化传统，形成了富有特色的思想体系，体现了中国人几千年来积累的知识智慧和理性思辨"①。与其他民族一样，中华民族

---

① 《（授权发布）习近平：在哲学社会科学工作座谈会上的讲话（全文）》，新华网，2016年5月18日，http：//www.xinhuanet.com//politics/2016-05/18/c_1118891128_3.htm，最后访问日期：2022年4月8日。

的文化是数千年的发展积淀而成的，经历了斗争、失败和成功，失败和成功的尝试，错误和纠错，暂时的挫折和突破。习近平总书记认为其中蕴藏着中华文明"无与伦比的力量"，中华文明"延续着我们国家和民族的精神血脉，既需要薪火相传、代代守护，也需要与时俱进、推陈出新"①。此外，习近平总书记提出了"文化基因"的概念，指出"要加强对中华优秀传统文化的挖掘和阐发，使中华民族最基本的文化基因与当代文化相适应、与现代社会相协调，把跨越时空、跨越国界、富有永恒魅力、具有当代价值的文化精神弘扬起来"②。在今天所有的文明之中，中华文明是唯一一个从史前到现在在地理、种族、民族和国家层面一直保持着高度一致的文明。当今的世界，除了中国，我们再也找不出一个民族有着如此悠久的历史。尽管经历了无数的内部和外部的冲击，中国成功传承了其种族、领土、民族、意识形态和文化根基。中国的语言、历史和文化连续性是世界历史中最非凡的现象，这是中华文明所取得的奇迹的最个性化的根本原因所在。

中国通过自己仍在进行中的实践为无数亟待解决的问题提供了自己的解决方案。长期以来，社会主义被认为没有能力有效管理现代经济和战胜贫困。中国大体上已经消除了人们的这种偏见。不是有人说社会主义只会让人们平等穷困吗？这种说法认为社会主义先天地就无法创造财富和解救人们于困苦。中国让数亿民众摆脱了贫困，给他们提供良好的教育、较好的医疗卫生服务、消遣以及安全和健康的环境。人权不就是这种含义吗？再加上社会和谐与政治共识，民主不就是这样的吗？"西方认为中国破坏了它们在非洲推行'民主'的努力，对于中国在非洲的行为横加指责。我们若看透其中的缘由，大可不必纠结，反倒可以释然，因为时和势都在中国一边……西方国家出于双重或多重标准，诬称中国在非洲进行'新殖民主义'和'掠夺

---

① 《（授权发布）习近平：在哲学社会科学工作座谈会上的讲话（全文）》，新华网，2016年5月18日，http：//www.xinhuanet.com//politics/2016-05/18/c_1118891128_3.htm，最后访问日期：2022年4月8日。

② 《（授权发布）习近平：在哲学社会科学工作座谈会上的讲话（全文）》，新华网，2016年5月18日，http：//www.xinhuanet.com//politics/2016-05/18/c_1118891128_3.htm，最后访问日期：2022年4月8日。

资源'，实在不值一驳。"①

　　毫无疑问，非洲也有自己值得骄傲和自豪的文明文化。例如乌班图思想。乌班图（Ubuntu）是奠定诸多非洲社会信仰体系基础的一个概念，其团结友爱的处事方式在南部、中部和东部非洲社会与群体中延续着，这些社会延续着在共同体环境或者说在"金合欢树"下解决政治事务的传统，包括科萨人（Xhosa）、祖鲁人（Zulu）、斯威士人（Swazi）和恩德贝勒人（Ndebele）。乌班图思想认为，人类始终存在着内在互联性或关联性（interconnectedness）。所谓关联性，即人与人之间不可避免的密切关联。在乌班图思想中，"我"与"他"、个人与集体相互依赖、相互成就。在科萨人看来，"一个人只有通过他人才能最终获得完满"。祖鲁人认为，"我之所以成为人，是因为我归属于一分子，我参与，我分享"。这一思想对非洲解决冲突有着深刻影响，这就是通常所说的"大树下的民主"。换言之，这种冲突解决机制通常是召集一个具有包容性和集体性的调和会议，一群由长老组成的理事会或者国王本人会对冲突进行调解。调解的过程使用乌班图的概念，强调通过互惠、包容和命运共享的原则实现和平的重要性。在践行乌班图精神的社会中，整个社会都在各个层面参与解决问题，因为这些问题被认为会损害共同体的凝聚力。社会的任何成员都有权质询受害者、作恶者以及目击者，同时有权向长老理事会提出解决问题的建议。长老理事会作为仲裁者有调查的职能，同时也扮演着国王顾问的角色。通过倾听社会成员的观点，长老理事会提出在当事人之间实现和平与和解的方案，这样就可以实现维护集体团结和凝聚力的总体目标。乌班图思想包含多方面的内容，其中内联性的逻辑基础是平等，即平等是乌班图的一个核心内容；其次是博爱和宽容，强调人性中的友爱同情；再次是责任与团结，在非洲传统部落中，人们对外要遵守自然规律，对内要遵守部落内部的规则和文化，以慷慨之心分享自己的所得所有，建立稳固的团体关系。中非可通过构建人文共同体使得自身的传统文化文明闪耀世界，这是一个国家和地区赖以生存和发展的根基和基础。

---

　　① 刘贵今：《理性认识对中非关系的若干质疑》，《西亚非洲》2015年第1期，第10页。

参考文献

一 中文文献

（一）中文著作

《国语》，陈桐生译注，中华书局，2013。

《论语》，张燕婴译注，中华书局，2007。

《荀子》，安小兰译注，中华书局，2007。

艾周昌、沐涛编著《中非关系史》，华东师范大学出版社，1996。

李新峰主编《中国非洲研究年鉴2020》，中国社会科学出版社，2020。

李新烽、吴传华、张春宇：《新时代中非友好合作：新成就、新机遇、新愿景》，中国社会科学出版社，2018。

全国干部培训教材编审指导委员会组织编写《全面践行总体国家安全观》，人民出版社、党建读物出版社，2019。

王公龙等：《构建人类命运共同体思想研究》，人民出版社，2019。

习近平：《摆脱贫困》，福建人民出版社，2021。

习近平：《论坚持人与自然和谐共生》，中央文献出版社，2022。

习近平：《论推动构建人类命运共同体》，中央文献出版社，2018。

习近平：《习近平谈治国理政》（第二卷），外文出版社，2017。

习近平：《习近平谈治国理政》，外文出版社，2014。

杨立华等：《中国与非洲经贸合作发展总体战略研究》，中国社会科学出版社，2013。

郑鹤声、郑一钧编《郑和下西洋资料汇编》，海洋出版社，2005。

中共中央党史和文献研究院编《习近平关于总体国家安全观论述摘编》，中央文献出版社，2018。

中共中央宣传部、中华人民共和国外交部：《习近平外交思想学习纲要》，人民出版社、学习出版社，2021。

中国现代国际关系研究院主编《国际战略与安全形势评估（2021/2022）》，时事出版社，2021。

（二）期刊文章

曹亚雄、孟颖：《"一带一路"倡议与中非命运共同体建构》，《陕西师范大学学报》（社会科学版）2019年第3期。

〔毛里塔尼亚〕古尔默·阿布杜罗：《非洲与中国：新殖民主义还是新型战略伙伴关系?》，马京鹏译，《国外理论动态》2012年第9期。

贺文萍：《中国经验与非洲发展：借鉴、融合与创新》，《西亚非洲》2017年第4期。

景兆玺：《试论唐代的中非交通》，《西北第二民族学院学报》（哲学社会科学版）2000年第2期。

黎文涛：《非洲政治多元化趋势探析》，《现代国际关系》2020年第5期。

刘贵今：《理性认识对中非关系的若干质疑》，《西亚非洲》2015年第1期。

马艳、李俊、王琳《论"一带一路"的逆不平等性：驳中国"新殖民主义"质疑》，《世界经济》2020年第1期。

马勇田、席桂桂：《中共十八大以来的民生外交》，《当代中国史研究》2016年第3期。

邵发军：《人类命运共同体视阈下的共同发展与全球治理问题研究》，《社会主义研究》2021年第1期。

孙竞昊：《郑和下西洋军事行动的研究述评——兼析海外"原始殖民主

义论"的若干论调》，《学术月刊》2020 年第 9 期。

孙毓棠：《汉代的中国与埃及》，《中国史研究》1979 年第 2 期。

吴远鹏：《航海游历家汪大渊与〈岛夷志略〉》，《中国港口》2018 年增刊第 1 期。

吴志成、吴宇：《习近平外交思想析论》，《世界经济与政治》2020 年第 2 期。

姚桂梅、许蔓：《中国的引领作用与国际对非经贸合作的新特点》，《国际经济合作》2018 年第 3 期。

张春：《中国在非洲的负责任行为研究》，《西亚非洲》2014 年第 5 期。

张静、马超：《论习近平人类命运共同体思想对中华传统文化的传承与超越》，《学术论坛》2017 年第 4 期。

张象：《论中非关系的演变：历史意义、经验与教训》，《西亚非洲》2009 年第 5 期。

张忠祥、陶陶：《非洲经济发展的新态势》，《现代国际关系》2020 年第 9 期。

周玉渊：《开放包容的中非合作与中非关系的前景——以中非合作论坛为主线》，《外交评论》2021 年第 3 期。

（三）报纸文章

《习近平向第八届北京香山论坛致贺信》，《人民日报》2018 年 10 月 26 日，第 1 版。

《习近平在白俄罗斯媒体发表署名文章 让中白友好合作的乐章激越昂扬》，《人民日报》2015 年 5 月 9 日，第 1 版。

《习近平在缅甸媒体发表署名文章 续写千年胞波情谊的崭新篇章》，《人民日报》2020 年 1 月 17 日，第 1 版。

《习近平在沙特媒体发表署名文章 做共同发展的好伙伴》，《人民日报》2016 年 1 月 19 日，第 1 版。

滕文生：《构建人类命运共同体是世界发展的历史必然》，《人民日报》2019 年 1 月 11 日，第 9 版。

王灵桂：《推动构建人类命运共同体的行动指南——深入学习〈习近平外交思想学习纲要〉》，《光明日报》2021 年 10 月 29 日，第 11 版。

王毅：《二十载命运与共，新时代再攀高峰——纪念中非合作论坛成立 20 周年》，《人民日报》2020 年 10 月 15 日，第 6 版。

习近平：《共创中韩合作未来　同襄亚洲振兴繁荣——在韩国国立首尔大学的演讲》，《人民日报》2014 年 7 月 5 日，第 2 版。

习近平：《共担时代责任，共促全球发展》，《求是》2020 年第 24 期。

习近平：《共同构建人类命运共同体——在联合国日内瓦总部的演讲》，《人民日报》2017 年 1 月 20 日，第 2 版。

习近平：《共同构建人与自然生命共同体——在"领导人气候峰会"上的讲话》，《人民日报》2021 年 4 月 23 日，第 2 版。

习近平：《共同谱写中拉全面合作伙伴关系新篇章——在中国—拉共体论坛首届部长级会议开幕式上的致辞》，《人民日报》2015 年 1 月 9 日，第 2 版。

习近平：《共同维护和发展开放型世界经济——在二十国集团领导人峰会第一阶段会议上关于世界经济形势的发言》，《人民日报》2013 年 9 月 6 日，第 2 版。

习近平：《弘扬"上海精神"构建命运共同体——在上海合作组织成员国元首理事会第十八次会议上的讲话》，《人民日报》2018 年 6 月 11 日，第 3 版。

习近平：《弘扬"上海精神"深化团结协作　构建更加紧密的命运共同体——在上海合作组织成员国元首理事会第二十次会议上的讲话》，《人民日报》2020 年 11 月 11 日，第 2 版。

习近平：《弘扬传统友好　共谱合作新篇——在巴西国会的演讲》，《人民日报》2014 年 7 月 18 日，第 3 版。

习近平：《弘扬万隆精神　推进合作共赢——在亚非领导人会议上的讲话》，《人民日报》2015 年 4 月 23 日，第 2 版。

习近平：《决胜全面建成小康社会　夺取新时代中国特色社会主义伟大

胜利——在中国共产党第十九次全国代表大会上的报告》，人民出版社，2017。

习近平：《开放共创繁荣　创新引领未来——在博鳌亚洲论坛2018年年会开幕式上的主旨演讲》，《人民日报》2018年4月11日，第3版。

习近平：《开启中非合作共赢、共同发展的新时代——在中非合作论坛约翰内斯堡峰会开幕上的致辞》，《人民日报》2015年12月5日，第2版。

习近平：《迈向命运共同体　开创亚洲新未来——在博鳌亚洲论坛2015年年会上的主旨演讲》，《人民日报》2015年3月29日，第2版。

习近平：《凝心聚力　务实笃行　共创上海合作组织美好明天——在上海合作组织成员国元首理事会第十九次会议上的讲话》，《人民日报》2019年6月15日，第2版。

习近平：《让多边主义的火炬照亮人类前行之路——在世界经济论坛"达沃斯议程"对话会上的特别致辞》，《人民日报》2021年1月26日，第2版。

习近平：《深化改革开放　共创美好亚太——在亚太经合组织工商领导人峰会上的演讲》，《人民日报》2013年10月8日，第3版。

习近平：《深化文明交流互鉴　共建亚洲命运共同体——在亚洲文明对话大会开幕式上的主旨演讲》，《人民日报》2019年5月16日，第2版。

习近平：《顺应时代潮流　实现共同发展——在金砖国家工商论坛上的讲话》，《人民日报》2018年7月26日，第2版。

习近平：《同舟共济，继往开来，携手构建新时代中非命运共同体——在中非合作论坛第八届部长级会议开幕式上的主旨演讲》，《人民日报》2021年11月30日，第2版。

习近平：《团结合作战胜疫情　共同构建人类卫生健康卫生体——在第73届世界卫生大会视频会议开幕式上的致辞》，《人民日报》2020年5月19日，第2版。

习近平：《团结抗疫　共克时艰——在中非团结抗疫特别峰会上的主旨讲话》，《人民日报》2020年6月18日，第2版。

习近平：《团结行动　共创未来——在二十国集团领导人第十六次峰会第一阶段会议上的讲话》，《人民日报》2021年10月31日，第2版。

习近平：《为建设更加美好的地球家园贡献智慧和力量——在中法全球治理论坛闭幕式上的讲话》，《人民日报》2019年3月27日，第3版。

习近平：《携手共命运　同心促发展——在二〇一八年中非合作论坛北京峰会开幕式上的主旨讲话》，《人民日报》2018年9月4日，第2版。

习近平：《携手共命运　一起向未来——在中国同中亚五国建交30周年视频峰会上的讲话》，《人民日报》2022年1月26日，第2版。

习近平：《携手构建合作共赢新伙伴　同心打造人类命运共同体——在第七十届联合国大会一般性辩论时的讲话》，《人民日报》2015年9月29日，第2版。

习近平：《携手建设更加美好的世界——在中国共产党与世界政党高层对话会上的主旨讲话》，《人民日报》2017年12月2日，第2版。

习近平：《携手努力共谱合作新篇章——在金砖国家领导人巴西利亚会晤公开会议上的讲话》，《人民日报》2019年11月15日，第2版。

习近平：《携手谱写亚太合作共赢新篇章——在亚太经合组织第二十五次领导人非证实会议第一阶段会议上的发言》，《人民日报》2017年11月12日，第3版。

习近平：《携手推进"一带一路"建设——在"一带一路"国际合作高峰论坛开幕式上的演讲》，《人民日报》2017年5月15日，第3版。

习近平：《携手推进新时代中阿战略伙伴关系——在中阿合作论坛第八届部长级会议开幕式上的讲话》，《人民日报》2018年7月11日，第2版。

习近平：《永远做可靠朋友和真诚伙伴——在坦桑尼亚尼雷尔国际会议中心的演讲》，《人民日报》2013年3月26日，第2版。

习近平：《与世界相交　与时代相通　在可持续发展道路上阔步前行——在第二届联合国全球可持续交通大会开幕式上的主旨讲话》，《人民日报》2021年10月15日，第2版。

习近平：《在第二届"一带一路"国际合作高峰论坛记者会上的讲话》，

《人民日报》2019年4月28日，第2版。

习近平：《在第七十五届联合国大会一般性辩论上的讲话》，《人民日报》2020年9月23日，第3版。

习近平：《在第十七届中国－东盟博览会和中国－东盟商务与投资峰会开幕式上的致辞》，《人民日报》2020年11月27日，第2版。

习近平：《在纪念孔子诞辰2565周年国际学术研讨会暨国际儒学联合会第五届会员大会开幕会上的讲话》，《人民日报》2014年9月25日，第2版。

习近平：《在企业家座谈会上的谈话》，《人民日报》2002年7月22日，第2版。

习近平：《在庆祝改革开放40周年大会上的讲话》，《人民日报》2018年12月19日，第2版。

习近平：《在庆祝中国共产党成立100周年大会上的讲话》，《人民日报》2021年7月2日，第2版。

习近平：《在庆祝中国共产党成立95周年大会上的讲话》，《求是》2021年第8期，第15页。

习近平：《在全国脱贫攻坚总结表彰大会上的讲话》，《人民日报》2021年2月26日，第2版。

习近平：《在中华人民共和国恢复联合国合法席位50周年纪念会议上的讲话》，《人民日报》2021年10月26日，第2版。

习近平：《中非合作论坛约翰内斯堡峰会上的总结讲话》，《人民日报》2015年12月6日，第2版。

杨义芹：《人类命运共同体的责任担当》，《光明日报》2021年1月4日，第15版。

二　英文文献

（一）英文著作

Afolayan, Adeshina and Toyin Falola, eds., *The Palgrave Handbook of*

African Philosophy, New York: Palgrave Macmillan, 2017.

Asante, Molefi Kete, *The History of Africa*, New York: Routledge, 2019.

Beaujard, Phillipe, *The Worlds of the Indian Ocean: A Global History* (Vol. II), Cambridge: Cambridge University Press, 2019.

Gbadegsin, Segun, *African Philosophy: Traditional Yoruba Philosophy and Contemporary African Realities*, New York: Peter Lang, 1991.

Mawere, Munyaradzi and Tapuwa R. Mubaya, *African Philosophy and Thought Systems*, Bamenda: Langaa RPCIG, 2016.

Moyo, Sam and Yoichi Mine, eds., *What Colonialism Ignored: 'African Potentials' for Solving Conflicts in Southern Africa*, Bamenda: Langaa RPCIG, 2016.

Wiredu, Kwasi, ed., *A Companion to African Philosophy*, Oxford: Blackwell, 2004.

（二）英文文章和报告

Chigangaidze, R. K., et al., "Ubuntu Philosophy as a Humanistic-Existential Framework for the Fight Against the COVID-19 Pandemic," *Journal of Humanistic Psychology*, Vol. 62, No. 3, 2021.

Fagunwa, Temitope, "Ubuntu: Revisiting an Endangered African Philosophy in Quest of a Pan-Africanist Revolutionary Ideology," *Genealogy*, Vol. 3, No. 3, 2019.

Link, Jordan, "5 Things U. S. Policymakers Must Understand About China-Africa Relations," Center for American Progress, October 5, 2021. https://www.americanprogress.org/article/5-things-u-s-policymakers-must-understand-china-africa-relations/.

Ngubane, N. I. and Manyane Makua, "Intersection of *Ubuntu* Pedagogy and Social Justice: Transforming South African Higher Education," *Transformation in Higher Education*, 2021.

Selormey, Edem, "Africans' Perceptions about China: A Sneak Peek from 18

Countries," Afrobarometer, September 3, 2020, https://www.afrobarometer.org/wp-content/uploads/migrated/files/africa-china_ relations-3sept20.pdf.

U. S. -China Economic and Security Review Commission, "Hearing on China's Strategic Aims in Africa," United States-China Economic and Security Review Commission, May 8, 2020.

UNESCO, *General History of Africa* (vol. III), Paris: UNESCO Publishing, 1988.

Wissenbach, Uwe, "The EU's Response to China's Africa Safari: Can Triangulation Match Needs?" *European Journal of Development Research Special Issue*, Vol. 24, No. 1, 2009.

World Bank Group, "Poverty in a Rising Africa," 2016.

后 记

《新时代中非命运共同体构建》是中国非洲研究院"新时代中国与非洲丛书"的一部。本书以习近平总书记关于中非命运共同体的重要论述为依据，阐述了中非构建命运共同体的历史基础、哲学基础和现实需求。同时聚焦中非命运共同体的六大内涵——"责任共担""合作共赢""幸福共享"、"文化共兴""安全共筑""和谐共生"，系统论述了中非双方在这六个方面的合作概况、取得的成就，并对未来合作进行了展望。本书还对构建新时代中非命运共同体的机遇、挑战及构建路径进行了全面分析。希望本书的出版能够为加强新时代中国非洲研究、促进高水平中非命运共同体构建贡献学术力量。

本书共十章，由集体合作完成。李新烽和谷亚平主要负责整体框架章节设计、全书统稿修改工作，以及第一章、第二章和第十章的撰写。第三章作者为中国社会科学院大学世界历史系博士研究生孟醒，第四章作者为中国社会科学院大学国际政治经济学院博士研究生谈天，第五章作者为中国社会科学院大学国际政治经济学院博士研究生贾继元，第六章作者为中国社会科学院大学国际政治经济学院博士研究生卫白鸽，第七章作者为中国社会科学院大学国际政治经济学院博士研究生王媛媛，第八章作者为中国社会科学院大学国际政治经济学院博士研究生曾珠，第九章作者为中国社会科学院大学国际政治经济学院博士研究生许颖。

感谢社会科学文献出版社的领导和编辑所作出的贡献，你们的辛勤付出保证了本书的顺利出版。因能力所限，书中难免存在错漏之处，欢迎各位读者批评指正。

图书在版编目（CIP）数据

新时代中非命运共同体构建／中国非洲研究院主编；
李新烽等著．--北京：社会科学文献出版社，2023.10
（新时代中国与非洲丛书）
ISBN 978-7-5228-2393-5

Ⅰ.①新…　Ⅱ.①中…　②李…　Ⅲ.①中外关系-研
究-非洲　Ⅳ.①D822.34

中国国家版本馆 CIP 数据核字（2023）第 162881 号

新时代中国与非洲丛书
新时代中非命运共同体构建

主　　编／中国非洲研究院
著　　者／李新烽　谷亚平　等

出 版 人／冀祥德
责任编辑／李明伟　胡晓利　宋琬莹
文稿编辑／陈丽丽
责任印制／王京美

出　　版／社会科学文献出版社·国别区域分社（010）59367078
　　　　　　地址：北京市北三环中路甲 29 号院华龙大厦　邮编：100029
　　　　　　网址：www.ssap.com.cn
发　　行／社会科学文献出版社（010）59367028
印　　装／三河市尚艺印装有限公司

规　　格／开本：787mm×1092mm　1/16
　　　　　　印张：17　字数：257 千字
版　　次／2023 年 10 月第 1 版　2023 年 10 月第 1 次印刷
书　　号／ISBN 978-7-5228-2393-5
定　　价／128.00 元

读者服务电话：4008918866